财经商贸大类专业通用创新系列教材 · 富媒体智能型

Python Basics and Applications in Financial Big Data

Python财经大数据基础与应用

乔冰琴 主编

东北财经大学出版社
Dongbei University of Finance & Economics Press
大连

图书在版编目（CIP）数据

Python财经大数据基础与应用 / 乔冰琴主编．—大连：东北财经大学出版社，2024.12．—（财务商贸大类专业通用创新系列教材·富媒体智能型）．—ISBN 978-7-5654-5315-1

Ⅰ．F275-39

中国国家版本馆CIP数据核字第2024WG2614号

东北财经大学出版社出版

（大连市黑石礁尖山街217号　邮政编码　116025）

网　　址：http://www.dufep.cn

读者信箱：dufep@dufe.edu.cn

大连天骄彩色印刷有限公司印刷　　东北财经大学出版社发行

幅面尺寸：185mm×260mm　字数：414千字　印张：17.25　插页：1

2024年12月第1版　　2024年12月第1次印刷

责任编辑：包利华　　责任校对：何　群

封面设计：原　皓　　版式设计：原　皓

定价：45.00元

教学支持　售后服务　　联系电话：（0411）84710309

如有印装质量问题，请联系营销部：（0411）84710711

前言

当前，数字技术正以新理念、新业态、新模式全面融入人类经济、政治、文化、社会、生态文明建设各领域和全过程，给人类生产生活带来广泛而深刻的影响。党的十八大以来，党中央高度重视发展数字经济，先后发布了《数字经济发展战略纲要》《“十四五”数字经济发展规划》，将其上升为国家战略。党的二十大报告提出，加快构建新发展格局，着力推动高质量发展，加快建设数字中国。

作为财经商贸领域的学生，在数字化转型的大趋势下，如何向数字化成功转型？当前，“专业视角+业务理解+数据分析能力”成为财会、金融、市场营销等人员转型突破的方向之一。Python作为现阶段非常流行的数据分析工具，不仅语言简洁、容易上手，而且具有强大的数据分析和数据可视化能力，如何利用大数据技术帮助企业构建管理新模式，进一步提升信息的透明度和管理工作的效率等成为编写本书的不竭动力。

本教材共包括九个项目：Python财经大数据应用认知、Python基本数据类型入门、Python分支结构程序设计、Python循环结构程序设计、Pandas数据类型入门、数据清洗、数据分析和Seaborn可视化、时间序列分析及可视化、聚类分析与三维可视化。项目一介绍了Python与财经大数据的关系，引导学生重视数字经济时代下的Python编程技能培养；项目二至项目四介绍了Python的基本知识，重点培养学生掌握Python基本应用技能；项目五至项目九重点介绍了Pandas数据分析、Seaborn数据可视化、Statsmodels库的时间序列季节性分解、sklearn的聚类算法、Matplotlib的三维绘图等，重在培养学生了解和掌握使用Python相关库完成财经大数据分析和可视化的思维和能力。

本教材的主要特点有：

1.融通“岗课赛证”综合育人理念设计教材内容

教材主要面向要求具备大数据分析与可视化能力的财经商贸领域的相关岗位，匹配教育部发布的《职业教育专业简介（2022年修订）》中的财经商贸大类中的各专业的培养目标、主要专业能力要求及主要专业课程中的大数据处理能力相关要求，对接全国职业院校技能大赛中的业财税融合大数据应用、智慧金融、会计实务、商务数据分析等赛项中提出的与Python有关的技术技能要求，兼顾“1+X”考证中的Python证书考试要求，将这些要求落实在本书的教学项目和任务中。

2.选拔跨专业、结构化优秀师资组建编写团队

教材编写团队由计算机、统计、财税、金融和证券等专业师资组成，团队中有获得全国职业院校技能大赛业财税融合大数据应用（教师分赛）国家一等奖教师1名、全国职业院校技能大赛智慧金融赛项国家二等奖指导教师1名、全国工业和信息化技术技能

大赛工业大数据算法赛项国家二等奖教师1名；计算机应用技术专业博士和金融专业博士各1名。团队确保教材中的Python财经大数据应用工具编写的正确性和先进性、案例所用数据分析方法的科学性和准确性、Python财经应用案例的典型性和代表性。

3. 引入校企合作企业的Python财经大数据应用典型案例

中联企业管理集团有限公司为本书提供了大量对接岗位、直通大赛、融通“1+X”证书的真实应用案例数据及案例设计思路，使教材内容极大地区别于工科专业的Python编程语言类书籍，体现应用Python解决财经领域大数据应用所需的相关知识和实用技能，有针对性解决财经商贸领域相关专业开设Python课程的难题。

4. 构建项目驱动、理实结合、思政融入、素养提升的一体化新形态教材

2024年全国两会（中华人民共和国第十四届全国人民代表大会第二次会议和中国人民政治协商会议第十四届全国委员会第二次会议）提出“大力推进现代化产业体系建设，加快发展新质生产力”。发展新质生产力的关键在劳动者。数字经济时代下传统财经商贸领域急需数字化转型升级，培养高素质、高技能的财经人才队伍是当前教育面临的重任。本书以赋能财经商贸领域新质生产力人才培养为出发点，以项目任务组织教材内容，蕴Python基本知识应用于项目任务中，融解决问题能力训练于任务实施中，植创新意识培养于项目案例设计中，形成理论与实践深度融合、思政教育自然渗透、职业素养全面提升的富含数字教学资源的新形态教材（教学资源索取邮箱：tianlai.qiao@foxmail.com）。

本教材由山西省财政税务专科学校大数据学院院长乔冰琴担纲主编，并负责教材的总体设计与规划、教材编写思路、框架和方向；由广东南华工商职业技术学院刘泽芃及山西省财政税务专科学校宋陆军、郭子君、赵丹、魏来担任副主编。各项目编写分工如下：赵丹负责项目一和项目三的撰写，郭子君负责项目二和项目八的撰写，乔冰琴负责项目四、项目六和项目七的撰写，宋陆军负责项目五的撰写，魏来负责项目九的撰写，刘泽芃负责对教材中的示例代码进行测试与验证。中联企业管理集团有限公司的技术团队为本书提供了项目设计思路和部分项目数据。全书由乔冰琴负责总纂定稿。

由于新技术正以令人目不暇接的速度更新迭代，加之编者水平有限，因而教材中难免存在疏漏与不妥之处，希望在得到您支持的同时，请您多提宝贵意见和建议。具体联系方式如下：

电话：0411-84711800

邮箱：184510119@qq.com

任课教师可用手机QQ扫描下方二维码加入QQ群（群号：469922248）进行交流：

编　者

2024年12月于太原

目录

项目一
Python财经大数据应用认知

学习目标

【知识目标】

- 了解财经大数据及应用
- 认识Python及其编程环境
- 了解Jupyter Notebook的基本使用方法

【技能目标】

- 会下载和安装Anaconda软件
- 会简单使用Jupyter Notebook工具

【素质目标】

- 通过对财经大数据的认知学习，培养学生的数据敏感性
- 通过对Python编程环境的认知学习，培养学生用工具分析解决财经数据难题的意识

项目说明

大数据时代的悄然来临，带来了信息技术发展的巨大变革，并深刻影响着社会生产和人们生活的方方面面。大数据宛如一股“洪流”注入世界经济，成为全球各个经济领域的重要组成部分。大数据已经无处不在，社会各行各业都已经融入了大数据的印迹。财经商贸领域亦是如此。新技术层出不穷地出现与应用，使财经商贸类行业一直走在与新信息技术共同发展的路上。在数字化转型的大趋势下，财经商贸领域的学生如何提升数字素养和技能水平就显得尤为重要当前，具备“专业视角+业务理解+数据分析能力”的复合型数字人才成为财

会、金融、市场营销等专业人才培养的方向之一。Python作为现阶段非常流行的数据分析工具，不仅语言简洁、容易上手，而且具有强大的数据分析和数据可视化能力。本项目将以财经商贸领域大数据应用认知、财经大数据分析利器——Python认知、Jupyter Notebook环境认知三个任务为例，讲解Python的基础知识，带领同学们走上Python学习之路，为同学们掌握Python大数据分析技能、在未来职业生涯中提升自身价值做好铺垫。

任务一 财经商贸领域大数据应用认知

任务分析

大数据无处不在，大数据的应用在我们身边比比皆是，大数据已经与我们日常的衣食住行密不可分。大数据对各行各业的渗透，不仅大大推动了社会生产和生活的发展，而且对各行各业的创新与变革带来极大的冲击与挑战。大数据对财经商贸领域也已经产生了重大而深远的影响。本任务通过讲解大数据在财经商贸领域的应用等内容，使初学者对大数据形成初步的认知。通过本任务的学习，同学们应该能够独立回答：大数据技术应用于财经商贸领域具有什么样的划时代意义？

任务实施

随着新一代信息技术的快速发展，数据已经发展成新型生产要素。人们需要对数据进行采集、存储、处理和分析，从而获取有价值的信息和洞见。在大数据的众多应用领域中，财经商贸领域大数据的发展和应用尤为突出。财经商贸大数据不仅是一种资源，更是一种关键的驱动力，它能为人们提供一个深入了解经济运行和市场变化的全新视角，帮助人们理解各种经济现象和市场趋势，发现潜在的商机和风险。

本任务主要完成财经商贸领域的大数据技术应用解读，帮助同学们理解大数据技术应用于财经商贸领域的划时代意义。

一、大数据+税务

大数据与税务的结合，是数字化时代税务管理创新的重要体现。通过大数据技术的应用，税务领域对海量涉税数据的采集、整合、分析得以实现，从而为企业提供更加高效、精准的税务管理解决方案，也为税务部门提供了强大的监管工具。

（一）大数据与税务管理的融合

大数据与税务管理的融合，使得税务工作更加智能化、精细化。传统的税务管理方式往往依赖于人工审核和纸质报表，效率低下且容易出错。而借助大数据技术，税务部门可以实时收集企业的涉税数据，并进行自动化的处理和分析，大大提高了工作效率和准确性。

同时，大数据还能够揭示涉税数据背后的潜在价值和规律，帮助税务部门发现企业的税务风险和问题。通过对数据的深入挖掘和分析，税务部门可以更加精准地定位税务违规行为，为税务监管提供更加有力的支持。

（二）大数据在税务工作中的应用

在税务工作中，大数据的应用主要体现在数据采集与整合、税务风险预警和税务决策支持等方面。

其一，大数据技术能够实现对涉税数据的高效采集和整合。税务部门可以通过构建统一的数据平台，收集来自企业、金融机构、第三方服务机构等各个渠道的涉税数据，并进行清洗、转换和标准化处理，形成全面、准确的数据基础。

其二，大数据分析工具可以帮助税务部门实现税务风险的实时预警。通过对涉税数据的实时监控和分析，税务部门可以及时发现企业的异常交易和潜在税务风险，并采取相应的监管措施，确保税收的合规性和安全性。

其三，大数据还可以为税务决策提供有力支持。通过对历史数据和市场信息的深入挖掘和分析，税务部门可以了解行业的税务趋势和规律，为制定税收政策提供可靠的依据。同时，大数据还可以帮助企业进行税务筹划和合规管理，降低税务风险，提高企业的经济效益。

（三）大数据与税务监管创新

大数据技术的应用也推动了税务监管的创新。传统的税务监管方式往往依赖于事后审核和处罚，难以实现对税务违规行为的实时发现和预防。而借助大数据技术，税务部门可以实现对企业的实时监控和预警，将监管关口前移，提高监管的效率和准确性。

此外，大数据还可以帮助税务部门实现跨部门的信息共享和协同监管。通过与其他政府部门、金融机构等的信息共享，税务部门可以更加全面地了解企业的经营状况和税务情况，形成监管合力，提高监管效果。

（四）大数据与税务服务提升

大数据的应用也提升了税务服务的水平和质量。通过对涉税数据的深度挖掘和分析，税务部门可以更加精准地了解企业的需求和痛点，为企业提供个性化的税务咨询和解决方案。

同时，大数据还可以帮助税务部门优化办税流程和提高服务效率。通过构建智能化的办税系统，实现办税流程的自动化和实时化，降低企业的办税成本和时间成本，提高办税满意度。

（五）大数据与税务的未来发展与挑战

随着技术的不断创新和发展，大数据与税务的结合也将迎来更加广阔的发展前景。未来，大数据将进一步推动税务管理的智能化和精细化，为税务部门提供更加全面、深入的监管手段和服务方式。

然而，大数据在税务领域的应用也面临着一些挑战。例如，数据安全和隐私保护问题、数据质量和准确性问题、数据共享和协同监管的机制问题等都需要得到妥善解决。因此，税务部门在推进大数据应用的过程中，需要注重数据的安全性和合规性，加强与其他部门和机构的合作与沟通，共同推动大数据与税务的深度融合和发展。

二、大数据+财务

财务大数据是财务领域与大数据技术深度融合的产物，它涵盖了海量的结构化和非结构化数据，为企业提供了前所未有的决策支持和发展机遇。通过大数据技术的应用，财务大数据不仅能够提升财务管理的效率和准确性，还能够揭示数据背后的潜在价值和规律，为企业的战略决策提供有力支撑。

（一）财务大数据的价值

财务大数据的价值主要体现在以下三个方面：

其一，财务大数据能够帮助企业实时掌握财务状况和经营成果，及时发现和解决潜在问题。

其二，通过对大数据的深入分析，企业能够洞察市场趋势和竞争态势，为制定更加精准的市场策略提供依据。

其三，财务大数据还能够促进企业内部的流程优化和效率提升，推动企业向数字化、智能化方向发展。

（二）大数据在财务工作中的应用

在财务工作中，大数据的应用主要体现在数据采集与整合以及自动化报表与分析两个方面。

其一，大数据技术能够实现对财务数据的高效采集和整合。通过构建统一的数据平台，企业可以收集来自各个业务系统的财务数据，并进行清洗、转换和标准化处理，形成全面、准确的数据基础。这不仅提高了数据的可用性和可靠性，还为后续的财务分析提供了有力支持。

其二，大数据分析工具能够实现财务报表的自动化生成和实时更新。传统的财务报表编制过程烦琐且耗时，而利用大数据分析工具，企业可以实时获取财务数据并自动生成报表，大大提高了工作效率和准确性。同时，通过对大数据的深入挖掘和分析，企业还能够获得更多有价值的财务信息，为决策提供更加全面的参考。

（三）大数据与财务流程优化

大数据技术的应用也推动了财务流程的优化和重组。

其一，大数据促进了财务共享中心的建设和发展。通过构建财务共享中心，企业可以实现财务数据的集中存储和管理，实现数据的共享和协同工作。这不仅提高了数据的透明度和一致性，还降低了数据管理的成本和风险。

其二，大数据技术的应用也有助于实现财务流程的灵活处理。通过对数据的深入挖掘和分析，企业可以及时发现流程中的瓶颈问题，并进行有针对性的优化和改进。这不仅可以提高流程的效率和质量，还可以降低企业的运营成本。

（四）大数据与预算管理及决策支持

在预算管理方面，大数据的应用使得预算管理更加精准和科学。通过收集和分析历史数据和市场信息，企业可以制订更加合理的预算方案，并实时监控预算执行情况。这有助于企业及时发现预算偏差并采取相应的调整措施，确保预算目标的实现。

同时，大数据也为企业的决策层提供了有力的支持。通过对大数据的深入分析和挖掘，企业可以了解市场的变化和趋势，评估潜在的风险和机遇，为制定战略决策提供可靠的依据。此外，大数据还可以帮助企业进行竞争对手分析和客户需求预测，为企业的市场竞争和业务拓展提供有力支持。

（五）财务大数据的未来发展与挑战

随着技术的不断创新和发展，财务大数据领域也面临着新的机遇和挑战。

其一，人工智能、机器学习等技术的应用将进一步推动财务大数据的发展。这些技术可以帮助企业实现更加精准的财务分析和预测，提高决策的效率和准确性。

其二，财务大数据在数据安全、隐私保护等方面也面临着严峻的挑战。企业需要加强对数据的保护和管理，确保数据的合法合规使用，避免数据泄露和滥用等风险。

三、大数据+金融

大数据与金融的融合，无疑是现代金融领域的一次深刻变革。随着大数据技术的深入应用，金融行业对海量金融数据的收集、整理、分析和挖掘得以实现，从而为金融决策提供有力支撑，为金融服务创新提供无限可能。

（一）大数据与金融决策的智能化

传统金融决策往往依赖于有限的历史数据和经验判断，而大数据技术的应用，使得金融决策得以向智能化方向迈进。通过对海量数据的分析，金融机构可以更加精准地预测市场趋势，评估潜在风险，制定更加科学的投资策略和风险管理方案。这不仅提高了决策的效率和准确性，也降低了决策的主观性和不确定性。

（二）大数据与金融服务的个性化

在金融服务方面，大数据的应用使得服务更加个性化和精准化。通过对客户数据的深入分析，金融机构可以了解客户的消费习惯、风险偏好和潜在需求，从而为客户提供量身定制的金融产品和服务。例如，基于大数据的信用评估模型可以更加准确地评估客户的信用状况，为贷款审批提供更加可靠的依据；基于大数据的营销策略可以更加精准地推送个性化的金融产品和服务信息，提高营销效果和客户满意度。

（三）大数据与金融风险管理的精细化

在风险管理方面，大数据的应用使得金融机构能够实现对风险的实时监控和预警。通过对市场数据、客户数据、交易数据等的深入挖掘和分析，金融机构可以及时发现潜在风险点，并采取相应的措施进行防范和控制。这不仅可以降低风险损失，还可以提高金融机构的风险抵御能力。

（四）大数据与金融创新的发展

大数据技术的应用也为金融创新提供了强大的动力。通过对数据的深入挖掘和分析，金融机构可以发现新的业务机会和盈利模式，推动金融产品和服务的创新。例如，以大数据为基础的供应链金融、区块链金融等新兴业态正在蓬勃发展，为金融行业注入了新的活力。

（五）大数据与金融的未来发展与挑战

展望未来，大数据与金融的结合将更加紧密和深入。随着技术的不断进步和数据的不断积累，金融行业将拥有更加丰富的数据资源和更加强大的分析能力，推动金融服务的智能化、个性化和精细化发展。

然而，大数据在金融行业的应用也面临着一些挑战。数据安全和隐私保护问题是首要考虑的因素。金融机构需要加强对数据的保护和管理，确保数据的合法合规使用。同时，数据的准确性和可靠性也是大数据应用的关键，金融机构需要建立完善的数据采集、整合和清洗机制，确保数据的质量和有效性。此外，随着大数据应用的不断深入，金融行业还需要加强与其他行业的合作与交流，共同推动大数据在金融领域的应用和发展。

四、大数据+营销

大数据与营销的紧密结合，为现代市场营销带来了革命性的变革。通过大数据技术的应用，企业能够更加深入地理解消费者需求，精准定位目标市场，制定个性化的营销策略，从而实现更高效的市场推广和销售增长。

（一）大数据与消费者洞察

大数据为企业提供了丰富的消费者数据资源，包括购买记录、浏览行为、社交互动等。通过对这些数据的深入挖掘和分析，企业可以了解消费者的兴趣偏好、消费习惯、购买决策过程等信息，进而洞察消费者的真实需求和心理。这为企业制定精准的营销策略提供了有力支持。

（二）大数据与精准营销

基于大数据的消费者洞察，企业可以实现精准营销。通过细分市场和目标客户，企业可以制定有针对性的营销策略，如定向广告推送、个性化产品推荐等，这不仅可以提高营销效果，降低营销成本，还可以增强消费者的购物体验和忠诚度。

（三）大数据与营销效果评估

大数据还可以帮助企业实时评估营销效果，为后续的营销策略调整提供数据支持。通过对营销活动的数据跟踪和分析，企业可以了解活动的曝光量、点击率、转化率等指标，从而评估营销活动成功与否。这有助于企业及时发现问题，优化营销策略，提高营销效果。

（四）大数据与营销创新

大数据的应用也推动了营销创新。通过对数据的深入挖掘和分析，企业可以发现新的营销机会和趋势，如基于用户行为的预测营销、基于社交媒体的口碑营销等。这些创新的营销方式不仅可以提高企业的市场竞争力，还可以为消费者带来更加新颖、有趣的购物体验。

（五）大数据与营销的未来展望

随着技术的不断进步和数据的不断积累，大数据在营销领域的应用将更加广泛和深入。未来，企业可以利用更加先进的数据分析工具和算法，实现更加精准、智能的营销策略制定和执行。同时，大数据也将推动营销与其他领域的融合，如营销与供应链、营销与售后服务等的协同，形成更加全面、高效的营销体系。

然而，大数据在营销领域的应用也面临着一些挑战。数据安全和隐私保护问题仍然是首要考虑的因素。企业需要加强数据管理和保护，确保数据的合法合规使用。此外，如何有效地整合和利用不同来源、不同格式的数据，以及如何从海量数据中提取有价值的信息，也是企业需要思考和解决的问题。

总之，大数据与营销的结合为现代市场营销带来了无限可能。企业需要积极探索和实践，充分利用大数据技术的优势，推动营销创新和业务发展。大数据营销，作为现代营销领域的一大创新，正以其强大的数据分析和精准定位能力，引领着广告行业的变革。依托多平台的数据采集与大数据技术，大数据营销使得广告能够精准投放到目标受众，实现营销效果的最大化。

◎提示

大数据营销能够充分利用大数据技术的优势，实现精准营销和个性化服务，提升广告的传播效果和品牌影响力。然而，大数据营销也需要不断关注数据安全和隐私保护等问题，确保在合法合规的前提下进行营销活动。

五、大数据+供应链管理

随着信息技术的迅猛发展，大数据已经成为企业提升竞争力、实现创新发展的重要工具。在供应链管理领域，大数据的应用正日益广泛，为企业提供了优化供应链、降低成本、提高效率的新途径。

（一）大数据在供应链管理中的价值

供应链管理涉及物流、采购、库存等多个环节，其中每个环节都产生大量的数据。大数据技术的应用可以帮助企业实时收集、整合和分析这些数据，从而揭示供应链中的潜在问题和优化空间。通过大数据分析，企业可以更加精准地预测市场需求、优化库存水平、提高物流效率，实现供应链的协同和整合。

（二）大数据在供应链管理中的应用场景

1.需求预测与库存管理

传统的库存管理往往依赖于经验和直觉，而大数据可以提供更加准确的需求预测。通过对历史销售数据、市场趋势、消费者行为等多方面的数据进行挖掘和分析，企业可以预测未来的销售量和需求变化，从而制订合理的库存计划，避免库存积压和缺货现象的发生。

2.物流路径优化

大数据可以帮助企业实现物流路径的优化。通过对物流数据的分析，企业可以了解运输过程中的瓶颈和问题，制定更加合理的运输路线和配送计划。同时，利用实时定位技术，企业还可以实时监控货物的位置和状态，确保货物能够按时、安全地送达目的地。

3.供应商选择与评估

大数据可以帮助企业更加全面地评估供应商的性能和信誉。通过对供应商的交货时间、产品质量、价格等多方面的数据进行收集和分析，企业可以筛选出优质的供应商，建立长期稳定的合作关系。同时，大数据还可以实时监测供应商的运营状况和风险情况，为企业提供风险预警和应对措施。

（三）大数据驱动下的供应链协同

大数据的应用不仅可以帮助企业优化单个环节的运营，还可以推动供应链的协同和整合。通过数据共享和协同工作，企业可以实现供应链各环节的无缝对接和高效运转。例如，通过实时共享销售数据和库存数据，企业和供应商可以共同制订生产计划和采购计划，实现库存的实时调整和优化。此外，大数据还可以促进企业与客户之间的沟通和互动，提高客户满意度和忠诚度。

（四）大数据在供应链管理中应用的挑战与应对

尽管大数据在供应链管理中的应用前景广阔，但也面临着一些挑战。

数据安全和隐私保护是首要考虑的问题。企业需要加强数据管理和保护措施，确保供应链数据的安全性和合法性。

数据的质量和准确性对于分析结果至关重要。企业需要建立完善的数据采集和清洗机制，确保数据的准确性和可靠性。

另外，还需要培养具备大数据分析和供应链管理专业知识的复合型人才，以推动大数据在供应链管理中的深入应用。

（五）大数据在供应链管理中应用的未来展望

随着技术的不断进步和应用场景的不断拓展，大数据在供应链管理中的应用将更加广泛和深入。未来，大数据将与物联网、人工智能等技术更加紧密地结合，为企业提供更加智能、高效的供应链解决方案。同时，随着数据安全和隐私保护技术的不断完善，大数据在供应链管理中的应用将更加安全和可靠。

总之，大数据为供应链管理提供了强大的数据支持和决策依据，有助于企业优化供应链、降低成本、提高效率。企业需要积极探索和实践，充分利用大数据技术的优势，推动供应链管理的创新发展。

【思考】

大数据在财经商贸领域的应用广泛而深远，除了金融、营销、税务、财务、供应链管理这些核心领域外，还有商业智能与决策支持、客户关系管理、风险管理、商业创新与模式探索等，请同学们查阅资料并思考大数据技术与上述各类应用融合的意义和价值。

任务二 财经大数据分析利器——Python认知

任务分析

在这个数字化飞速发展的时代，财经大数据分析已经成为了行业发展的关键驱动力。对于财经领域而言，如何有效地处理和分析海量的财经数据，提取出有价值的信息，以辅助决策和预测未来趋势，是一项至关重要的任务。Python作为一种功能强大、易于学习且拥有丰富库资源的编程语言，成为了财经大数据分析领域的得力工具。

“工欲善其事，必先利其器。”本任务首先从Python特性出发，讲解为何Python在财经大数据分析领域具有独特的优势。接着介绍Python程序编写环境——Anaconda的下载和安装，为后续使用Anaconda环境进行Python大数据处理及分析做好准备。

相关知识

一、Python在财经大数据分析领域的优势

Python在财经大数据分析领域具有一系列独特的优势，这些优势使得Python成为财经从业者进行数据分析的首选工具。

（一）Python拥有丰富的数据分析库

Python拥有众多专为数据分析设计的库，如Pandas、NumPy、Matplotlib等。这些库提供了强大的数据处理、转换、计算和可视化功能，使得财经从业者能够轻松应对复杂的数据分析任务。

（二）Python具有高效的数据处理能力

Python在处理大数据方面表现出色，能够高效地处理和分析海量的财经数据。无论是读取、清洗、转换还是计算数据，Python都能以较快的速度完成，极大地提高了工作效率。

（三）Python具有强大的机器学习能力

Python拥有丰富的机器学习库（如Scikit-learn），使得财经从业者能够利用机器学习算法进行预测和决策。通过对历史数据的学习和分析，Python可以帮助预测市场趋势、评估投资风险，为财经决策提供有力支持。

（四）Python具有灵活的数据可视化能力

Python提供了多种数据可视化工具，如Seaborn、Plotly等，能够将数据分析结果以图表、图像等形式直观地展示出来。这有助于财经从业者更好地理解数据，发现数据中的规律和趋势，从而做出更明智的决策。

（五）Python易于学习和使用

Python语法简洁明了，易于学习和掌握。同时，Python社区庞大且活跃，拥有丰富的教程、资源和经验分享，使得财经从业者能够快速上手并应用Python进行数据分析。

（六）Python具备跨平台兼容性

Python可以在多种操作系统上运行，包括Windows、Linux和Mac OS等。这使得财经从业者无论使用哪种操作系统，都能够轻松地使用Python进行数据分析。

二、Python环境介绍

计算机本质上只能识别0和1。然而，如果仅仅用0和1来书写程序难度太大，因此计算机的先驱者们发明了编程语言，这种语言非常接近于人类语言，适合人类使用。在将人类编写的程序交给计算机运行前，需要有一个翻译，以把编程语言编写的程序翻译成计算机能读懂的内容，然后计算机才能按照要求去完成工作。能够提供程序编写界面、承担程序翻译和运行等工作的平台就是开发环境。

像人们上网使用的浏览器有许多不同的浏览器软件、聊天有许多不同的聊天软件、看

视频有许多不同的视频软件一样，Python语言也有很多不同的开发环境可供使用，这些环境各具特色，为开发者提供了丰富的选择。常用的Python开发环境有：

（一）IDLE

IDLE是Python自带的标准开发环境，具有简单、实用的特点。IDLE随Python安装包一起提供，无须额外安装。IDLE拥有基本的代码编辑、运行和调试功能，适合初学者入门使用。然而，对于复杂的大型项目或需要高效协作的团队来说，IDLE功能略显单薄。

（二）PyCharm

PyCharm是一款由JetBrains公司开发的商业级Python集成开发环境，它提供了丰富的代码编辑、调试、测试等功能，并集成了版本控制系统，支持多种框架和库。PyCharm还具有智能代码提示、代码重构、快速导航等特性，极大地提高了开发效率。虽然PyCharm是商业软件，但也提供了社区版供初学者或小型项目免费使用。

◎提示

需要注意的是，虽然PyCharm社区版功能强大且免费，但它相比于专业版还是存在一些限制。例如，社区版可能不支持某些高级功能或特定框架的集成。因此，对于大型项目或需要使用高级功能的开发者来说，专业版可能是一个更好的选择。

（三）Spyder

Spyder是一款广受欢迎的开源Python集成开发环境。Spyder基于Python科学计算库SciPy开发，特别适用于数据分析、科学计算和机器学习等领域。它提供了变量查看器、文件查看器、命令行接口等实用工具，并支持多语言界面，方便不同国家和地区的开发者使用。Spyder还集成了NumPy、SciPy、Matplotlib等常用科学计算库，使得开发者能够更方便地进行科学计算和数据分析。

（四）Anaconda

Anaconda是一个专为科学计算和数据分析设计的Python发行版，它集成了Python解释器、Conda包管理器和一系列常用的科学计算库，为用户提供了一个全面且高效的开发环境。Anaconda的核心优势在于其丰富的科学计算库。这些库涵盖了数据处理、统计分析、可视化等多个方面，如Pandas用于数据处理和分析，NumPy用于科学计算，Matplotlib用于数据可视化等。通过集成这些库，用户可以轻松应对各种科学计算和数据分析任务。

本书选择Anaconda作为编写和执行Python代码的集成环境，利用Anaconda内置的Python第三方库，数据分析者能方便地编写Python程序，完成数据分析和可视化的工作。

任务实施

本任务主要完成两大操作：一是下载Anaconda安装文件；二是安装Anaconda环境。

下载和安装Anaconda

一、下载Anaconda安装文件

步骤1：打开浏览器，在地址栏中输入Anaconda官方下载地址https://www.anaconda.com/download，打开如图1-1所示的界面。单击图中的“Skip registration”跳过注册。

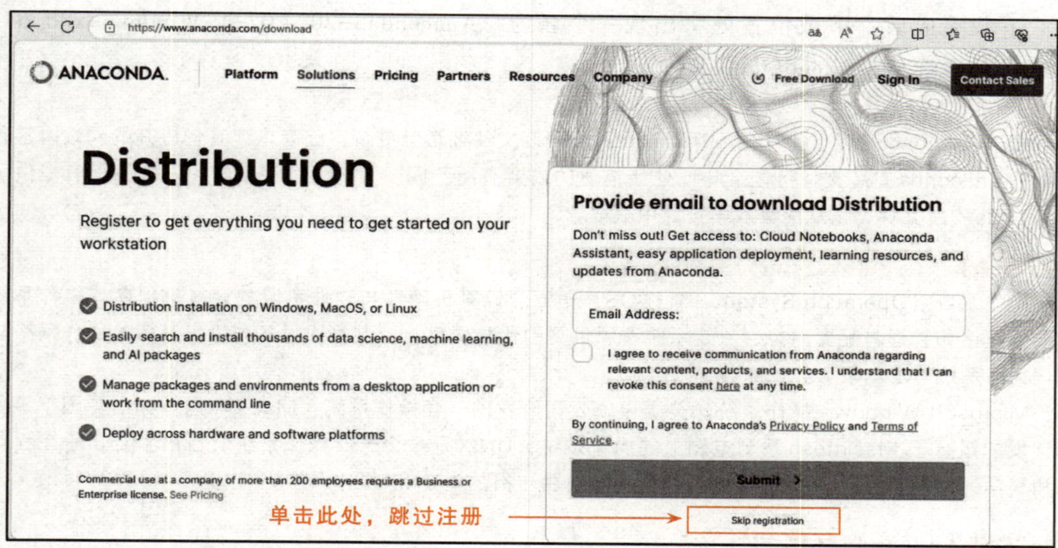

图 1-1　Anaconda官方网站下载界面

步骤2：打开如图1-2所示的界面，从图中可以看出，Anaconda官方提供了Windows、Mac和Linux三种操作系统适用的Anaconda下载文件。选择与自己计算机操作系统相匹配的安装文件进行下载（本书此处选择适用于Windows操作系统的Anaconda安装文件）。单击图中所示位置开始下载，等候下载直到完成。

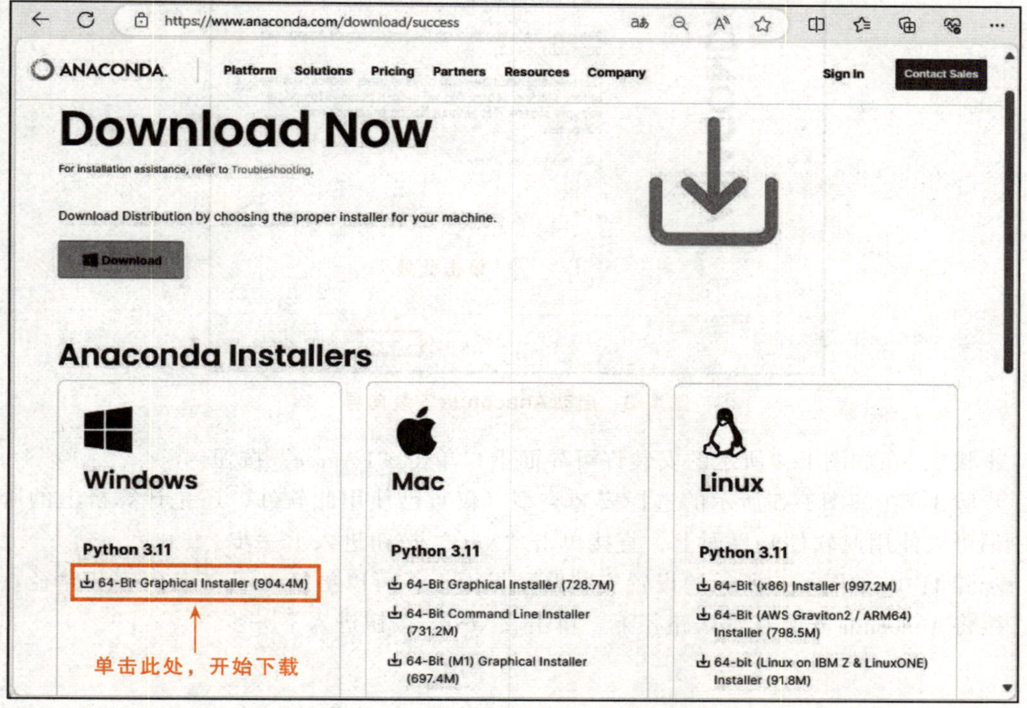

图 1-2　Anaconda官方下载选择界面

下载完成后，下载位置处将出现一个名为“Anaconda3-2024.02-1-Windows-x86_64”的文件，这就是Anaconda安装文件。

◎提示

由于Anaconda的官方下载网站和Anaconda安装文件经常会更新，因而，读者们打开的网站内容和下载的Anaconda安装文件可能会与此处所描述的内容有所不同。为方便读者们学习，本书配套提供了Anaconda安装文件，请从配套教学资源中获取。

【知识拓展】

操作系统（Operation System，简称OS）是管理计算机硬件与软件资源的计算机程序。操作系统需要处理诸如管理与配置内存、决定系统资源供需的优先次序、控制输入设备与输出设备、操作网络与管理文件系统等基本事务。

Microsoft Windows 操作系统是美国微软公司研发的一套操作系统；Mac OS是一套由美国苹果公司开发的运行于 Macintosh 系列电脑上的操作系统；UNIX是一个分时操作系统，目前主要用于工程应用和科学计算等领域；Linux是一个免费使用和自由传播的类UNIX操作系统。

二、安装Anaconda环境

步骤1：双击Anaconda安装文件，打开如图1-3所示的Anaconda安装向导。单击“Next”按钮进入下一步。

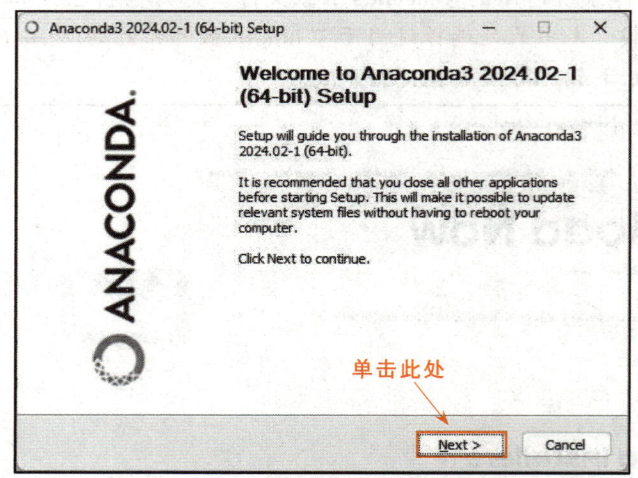

图1-3　启动Anaconda安装向导

步骤2：在如图1-4所示的安装许可界面上，单击“I Agree”按钮。

步骤3：在如图1-5所示的选择安装类型（仅自己使用此软件，还是计算机上的所有用户都可以使用此软件）界面上，直接单击“Next”按钮进入下一步。

步骤4：在如图1-6所示的设置安装路径界面上，可以更换Anaconda的安装路径。此处直接将Anaconda安装在默认路径下。单击“Next”按钮进入下一步。

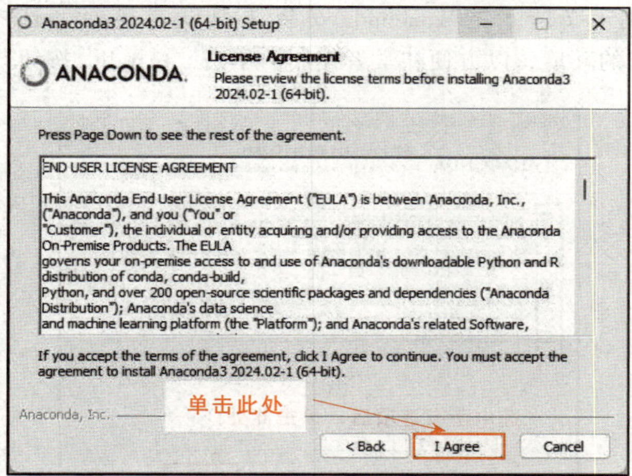

图 1-4　Anaconda的安装许可界面

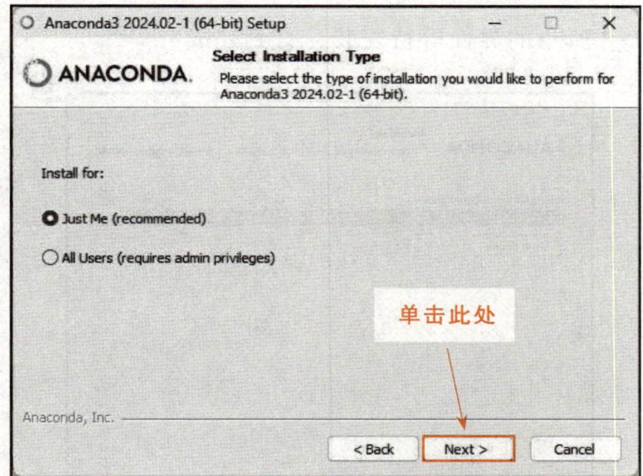

图 1-5　选择Anaconda安装类型界面

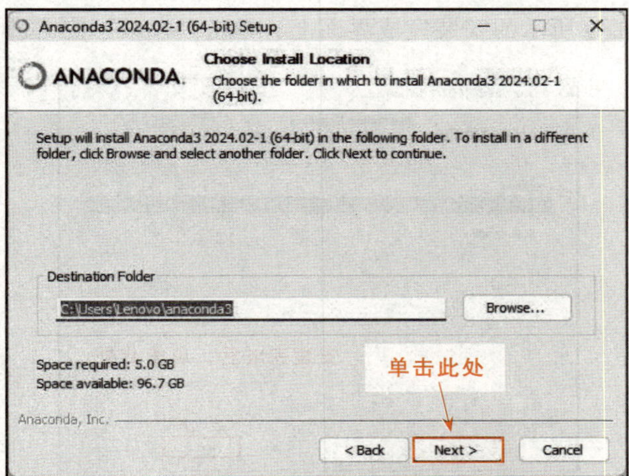

图 1-6　设置Anaconda安装路径界面

步骤5：在如图1-7所示的Anaconda安装选项设置界面，选中所有的选项，让Anaconda配置好所有的环境，以方便初学者使用。单击“Install”按钮开始安装Anaconda。

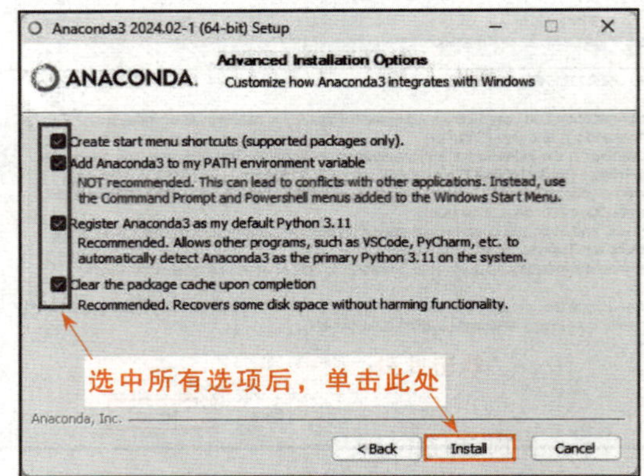

图1-7　Anaconda安装选项设置界面

步骤6：在如图1-8所示的界面等待安装，直到完成。

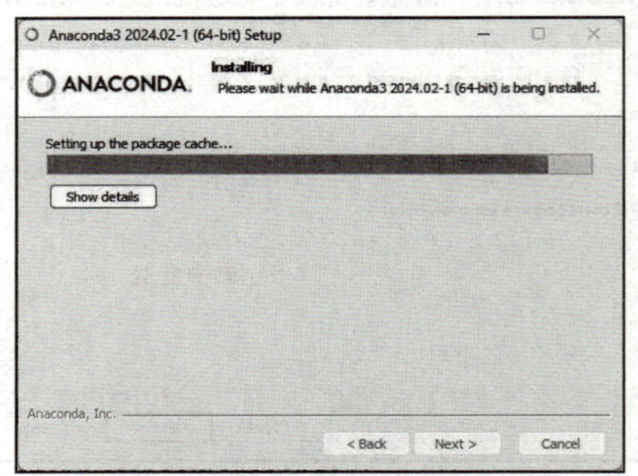

图1-8　Anaconda安装过程界面

步骤7：在如图1-9所示的安装完成界面上，单击“Next”按钮进入下一步。

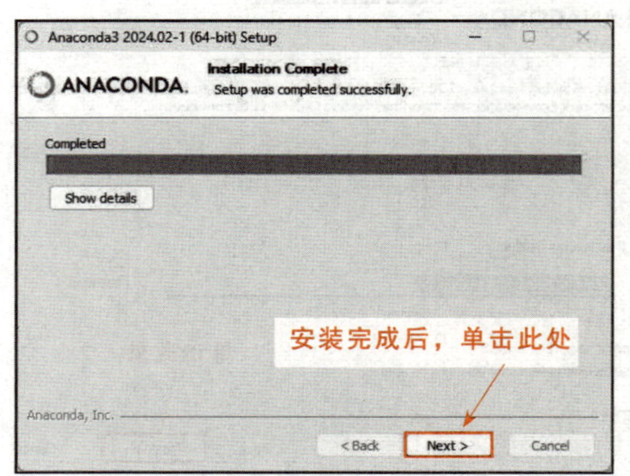

图1-9　Anaconda安装完成界面

步骤8：在如图1-10所示的界面上，继续单击“Next”按钮进入下一步。

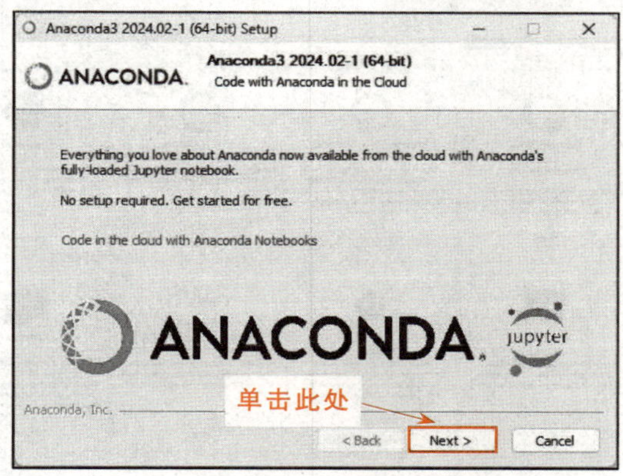

图1-10 继续单击“Next”

步骤9：在如图1-11所示的全部安装完成界面上，直接单击“Finish”按钮。

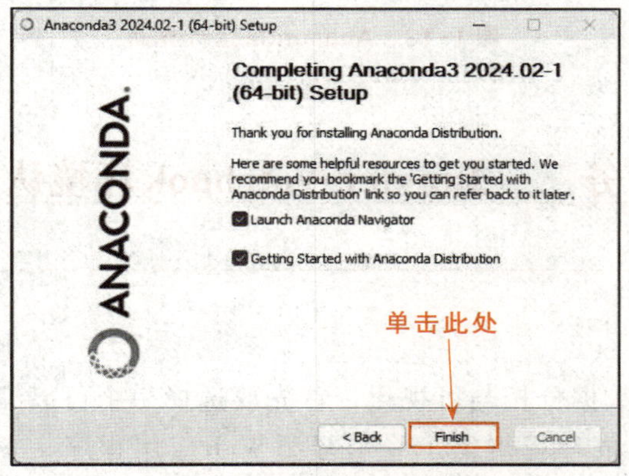

图1-11 Anaconda全部安装完成界面

步骤10：安装完成后，将自动打开如图1-12所示的网站和如图1-13所示的Anaconda运行界面。

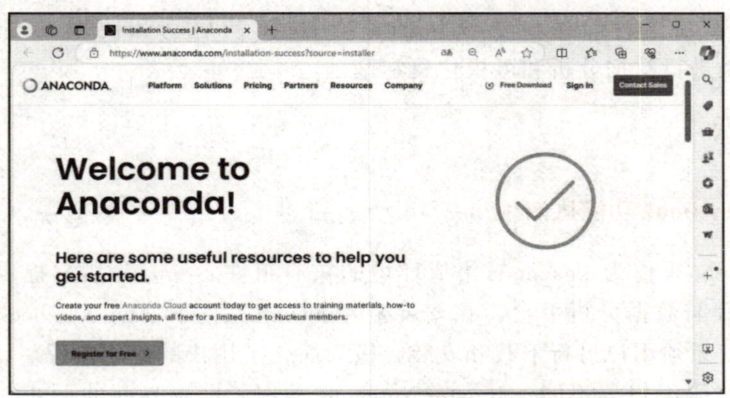

图1-12 Anaconda网站界面

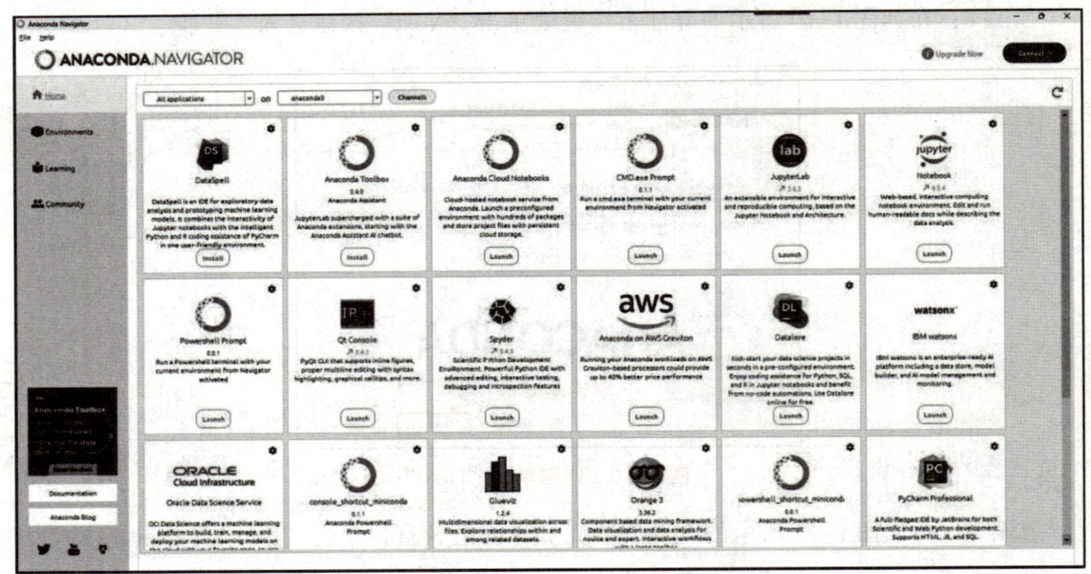

图 1-13　Anaconda运行界面

任务三　Jupyter Notebook环境认知

任务分析

要使用Python进行数据分析与可视化，首先要选择一个可以编辑和运行Python程序代码的环境。Anaconda集成环境提供了一个开源Web应用程序——Jupyter Notebook，它允许用户创建和共享包含实时代码、注释和可视化的文档。通过Jupyter Notebook，用户可以在浏览器中编写和运行代码，查看输出结果，并将整个过程以及相关的说明和可视化结果保存为一个独立的网页文件。Jupyter Notebook的这一特性使其成为数据科学家、分析师和开发人员等广泛用户群体进行交互式数据探索和建模的理想工具。

本任务将带领读者们初步学习Jupyter Notebook的启动和使用方式，为后续使用Jupyter Notebook进行数据分析和可视化奠定基础。

相关知识

一、Jupyter Notebook功能认知

Jupyter Notebook作为Anaconda集成环境的核心组件之一，为用户提供了一个功能强大的交互式编程与数据分析平台。在安装了Anaconda后，Jupyter Notebook即作为其中一部分直接可用，无须用户另行下载和安装，极大简化了用户的使用流程。

与传统的代码编辑器不同，Jupyter Notebook采用了网页界面的形式，为用户提供了更为直观和便捷的操作体验。在这个特殊的网页环境中，用户可以直接编写并运行代

码，同时实时查看代码执行结果，从而实现了编程与数据分析的即时反馈和高度互动。

对于数据分析工作而言，Jupyter Notebook的最大特色在于其出色的过程重现能力。它能够完美地将数据分析过程中的文本说明、程序代码、数学公式、图表展示以及分析结论等整合在同一个文档中，形成了一个完整且结构化的数据分析报告。这种整合性不仅提高了数据分析的系统性和规范性，更便于用户将分析结果以文档的形式分享给他人，使得数据的使用者能够清晰地了解整个分析过程及结论，从而增强了数据的可读性和可信度。

此外，Jupyter Notebook支持多种编程语言，包括Python、R等，使得用户可以根据具体需求选择最合适的编程语言进行编程和数据分析。同时，它还提供了丰富的可视化工具和库，使得用户能够轻松创建出专业且易于理解的可视化图表，进一步提升了数据分析的效率和准确性。

二、Jupyter Notebook主界面认知

Jupyter Notebook
主界面认知

在“开始|程序”菜单中，单击“Anaconda3”下的“Anaconda Navigator”，打开如图1-13所示的Anaconda运行界面。单击该界面中 jupyter Notebook 图标下的 Launch 按钮，启动“Jupyter Notebook”环境，如图1-14所示。Jupyter Notebook的主界面既直观又实用。无论是数据科学家、分析师，还是其他研究人员，都可以通过这个界面轻松地进行数据处理、模型训练和可视化等工作。

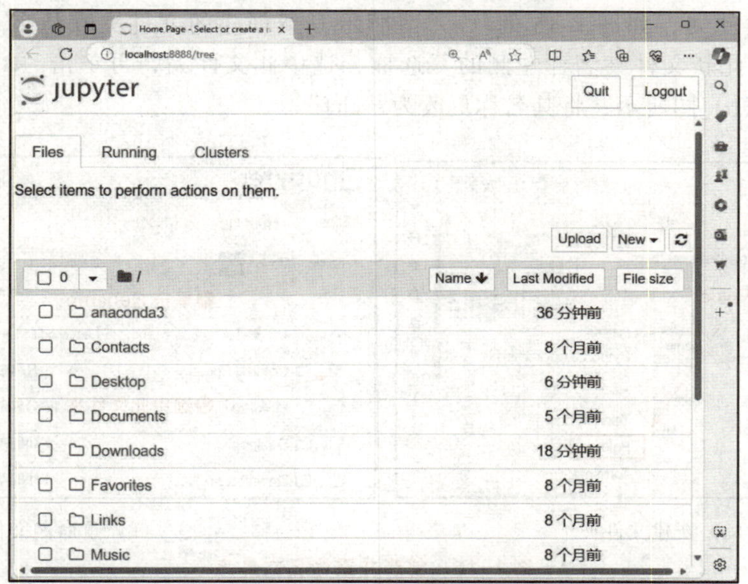

图1-14 Jupyter Notebook的主界面

从图1-14中可以看出，Jupyter Notebook的主界面呈现了一个条理清晰的文件管理和代码执行环境：

（1）顶部的导航栏简洁明了，标明了当前用户位于Jupyter Notebook的主页。URL

地址“localhost:8888/tree”清晰地显示了当前访问的是本地主机上的Jupyter Notebook服务。

（2）“Files”是文件浏览区域，列出了当前路径下所有的文件夹和文件的基本信息（如文件名、最后修改时间和文件大小等），这些信息以列表的形式呈现，使用户能够快速了解文件的状态和属性。用户可以通过单击某个文件或文件夹对相关对象进行进一步的查看和操作。

（3）右侧界面展示了一系列操作按钮和功能选项。用户可以通过“New”的下拉菜单创建所需的文件或文件夹等。“Upload”按钮允许用户上传本地文件到Jupyter Notebook中，方便用户导入数据和其他资源。

任务实施

本任务主要完成两大操作：一是在Jupyter Notebook中新建Python文件；二是编写简单的Python程序。

一、在Jupyter Notebook中新建Python文件

步骤1：在“开始|程序”菜单中，单击“Anaconda3”下的“Anaconda Navigator”，打开Anaconda运行界面。在该界面中单击“Jupyter Notebook”图标下的“Launch”按钮，启动“Jupyter Notebook”环境，打开Jupyter Notebook工作主界面。

新建Python文件

步骤2：在Jupyter Notebook主界面中，单击“New”菜单下的“Folder”，创建一个新文件夹，如图1-15的（a）图所示。新创建的文件夹默认名称为“Untitled Folder”，单击此新文件夹名称左侧的复选框，选中此文件夹，再单击“Rename”按钮，如图1-15的（b）图所示，将其名称更改为“ch1”。

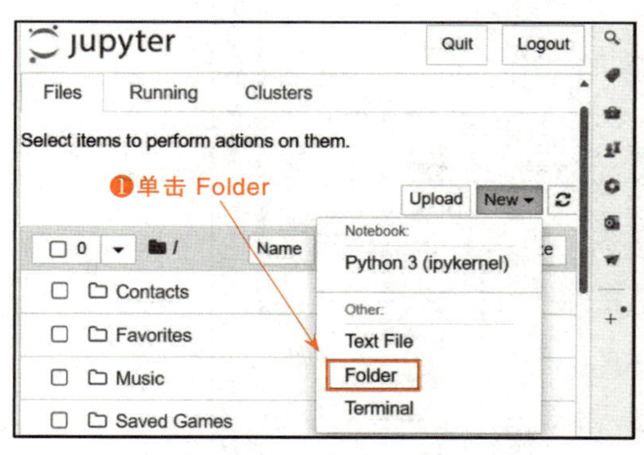

（a）新建文件夹

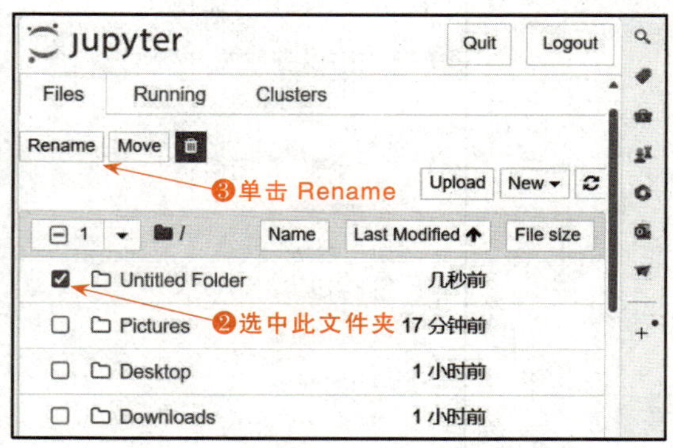

（b）重命名文件夹

图1-15　创建并重命名文件夹

步骤3：单击“ch1”进入ch1文件夹界面。在此界面中，所有新建的文件夹或文件都会保存到“ch1”中。单击“New”下拉菜单中的“Python 3”（“Python 3”中的“3”是Python的版本编号），新建一个Python文件，如图1-16所示。

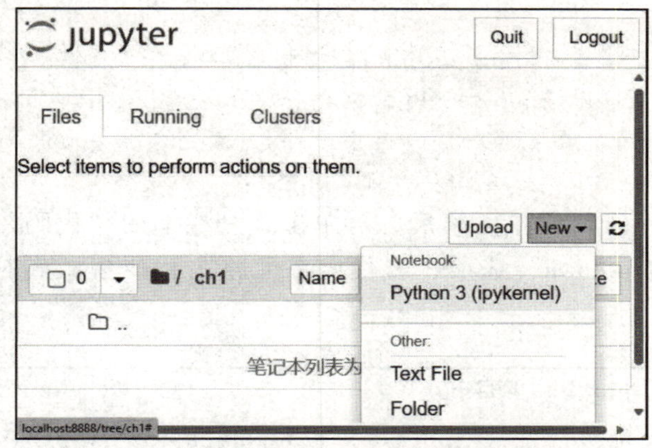

图 1-16　在"ch1"中新建 Python 程序文件

步骤 4：Jupyter 自动为新建的 Python 程序文件打开代码编辑窗口（也称 Jupyter Notebook 窗口），同时自动将新文件命名为"Untitled"，如图 1-17 所示。

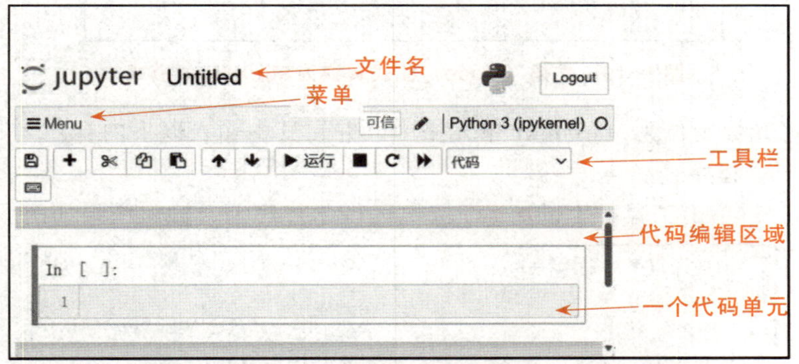

图 1-17　Jupyter Notebook 程序界面

步骤 5：在代码编辑窗口中，单击"Untitled"，打开"重命名笔记本"对话框，输入新文件名"项目一"，如图 1-18 所示，单击"重命名"按钮完成文件重命名。

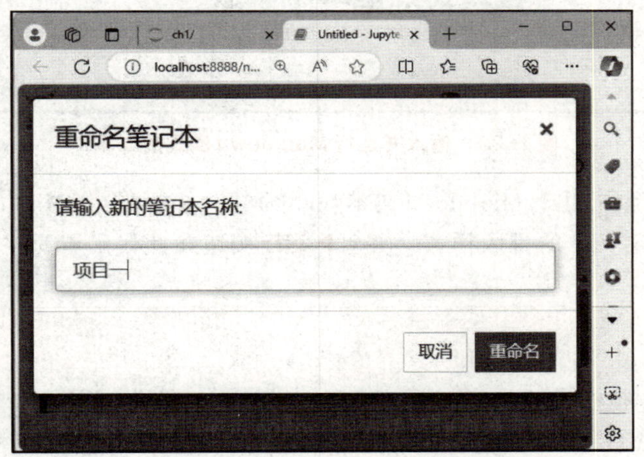

图 1-18　文件重命名

【知识拓展】

如图1-17所示的代码编辑窗口中，还出现了菜单和工具栏，它们提供了程序代码编辑、运行等功能。此界面中另一个主要区域是Jupyter Notebook代码编辑区域，此区域可由一至多个代码单元格（Cell）组成，而每个代码单元格又可以书写一至多行代码。新建的Notebook只有一个代码单元格，用户可以根据需要利用菜单或者工具栏增加多个代码单元格。

步骤6：选中第一个代码单元格后，再单击工具栏上的“代码”下拉框，在展开的下拉列表中选择“Markdown”选项，将代码单元格由代码模式转换成Markdown模式，如图1-19所示。

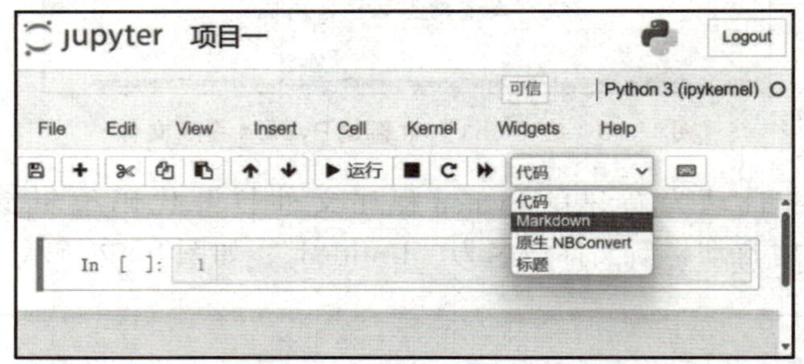

图1-19　代码（Code）模式转换为Markdown模式

步骤7：将光标定位到Markdown单元格中，并在其中输入以下内容：

```
# 这是我的第一个程序
```

输入完成后，单击工具栏上的▶运行按钮运行此行代码，输出结果如图1-20所示。

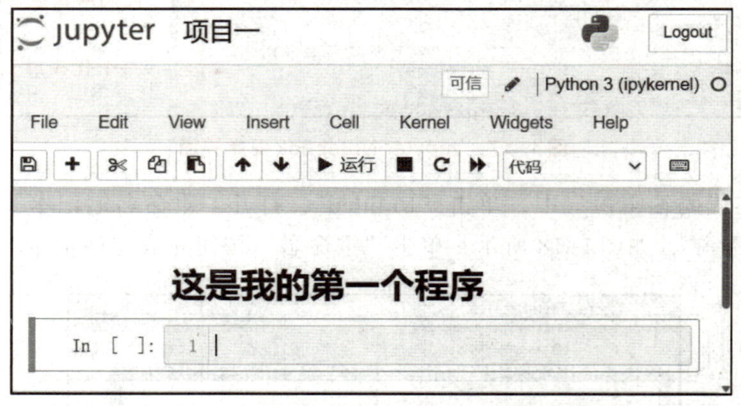

图1-20　输入并运行Markdown模式的文本

从图1-20中可以看出，Markdown文本显示为“一级标题”（Markdown内置的具有一定排版格式的样式定义）的排版样式，并且▶运行按钮在此代码单元格下新增了另一个空白代码单元格。

◎提示

▶运行按钮的功能是“运行单元格，并选中下面的单元格”。

步骤8：光标定位到新代码单元格后，再单击工具栏上的“代码”下拉框，在展开的下拉列表中选择“Markdown”选项，将代码单元格由代码模式转换成Markdown模式，再在此单元格中输入以下内容：

```
## 这是我的第一个程序
```

输入完成后，单击工具栏上的▶运行按钮运行此行代码，输出结果如图1-21所示。

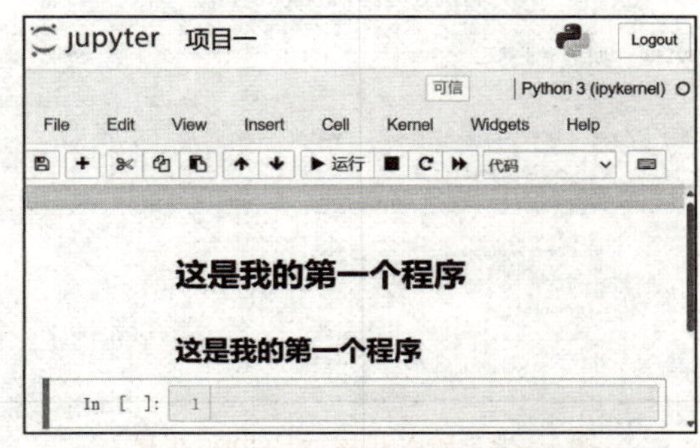

图1-21　输入并运行Markdown模式的文本

从图1-21中可以看出，Markdown文本显示为"二级标题"（Markdown内置的具有一定排版格式的样式定义）的排版样式，并且▶运行按钮在此代码单元格下新增了另一个空白代码单元格。

【知识拓展】

Jupyter Notebook是一个非常强大的交互式计算环境，它允许用户创建和共享包含实时代码、注释和可视化的文档。用户可以根据需要将代码单元格设置为代码模式（Python代码模式，此类型的单元格以"In[序号]:"开头）或者Markdown模式（Markdown文本模式，Jupyter Notebook使用Markdown文本对程序功能、数据分析过程、可视化结果等作说明）。默认情况下，新增的代码单元格是代码模式。

在Jupyter Notebook中，Markdown是一种轻量级标记语言，用于格式化文本。Markdown以易于阅读和编写的纯文本格式编写文档，然后将其转换为格式化的输出。

如上例是使用#号来创建标题，#号的数量决定了标题的级别，标准的Markdown共支持六级标题。需要注意的是，#号和其后的文字之间要用至少一个空格隔开。

二、编写简单的Python程序

步骤1：在ch1文件夹下新建一个名为"项目一-任务三.ipynb"的文件。（注意：此文件名中，.ipynb是Jupyter Notebook创建的Python程序的扩展名）

步骤2：在代码单元格中输入如下代码（注意：每输入完一行代码后，按回车键将输入光标定位到下一行，再继续输入其他行的代码）：

```
# 欢迎走进Python世界
print("Hello World! ")
```

此段代码中，第1行代码是以#号开头的语句。此种语句在Python中称为注释语句。注释语句的作用是对代码功能作说明，Python在遇到#符号时，会将该符号右侧的内容作为注释（即注释语句不会被运行）。第2行代码使用Python的print()函数在屏幕上显示"Hello World!"。

单击工具栏上的"运行"按钮运行程序，运行结果如图1-22所示。从图中可以看出，print()函数的输出结果显示在代码单元格的下方，同时输入光标自动移动到下一个新代码单元格中。

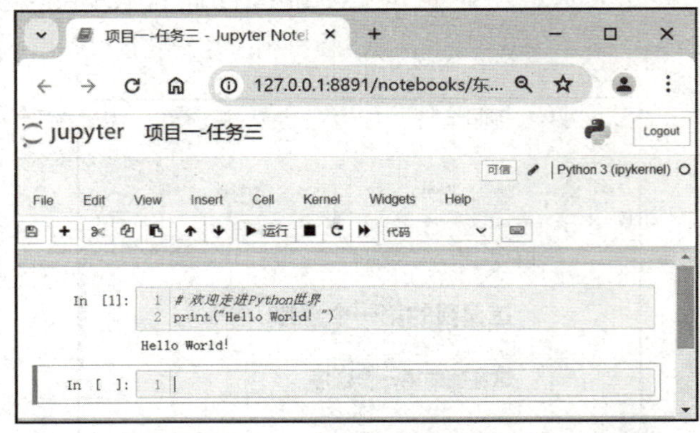

图 1-22　输入并运行 Python 程序

步骤 3：在上步骤的代码单元格前添加一行对 Python 代码进行说明的 Markdown 文字。选中第一个代码单元格（鼠标单击代码单元格左侧的空白处），单击“Insert”菜单下的“Insert Cell Above”菜单项，如图 1-23 所示，在当前代码单元格之前插入一个新代码单元格。

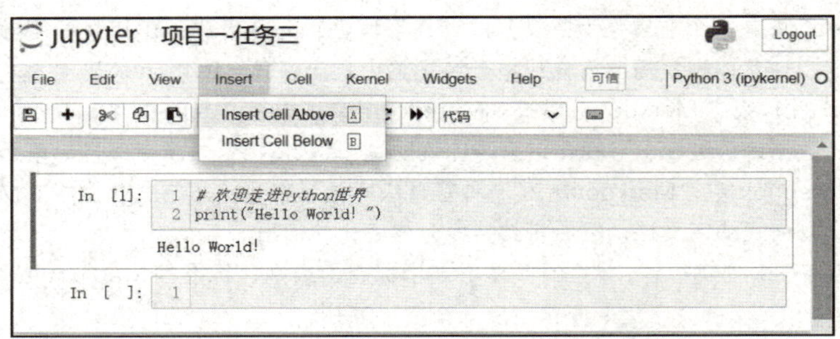

图 1-23　添加文字说明

步骤 4：选中新代码单元格，将其切换为“Markdown”模式，再在此单元格中输入“## 这是我的第一个 Python 程序”并运行，结果如图 1-24 所示。

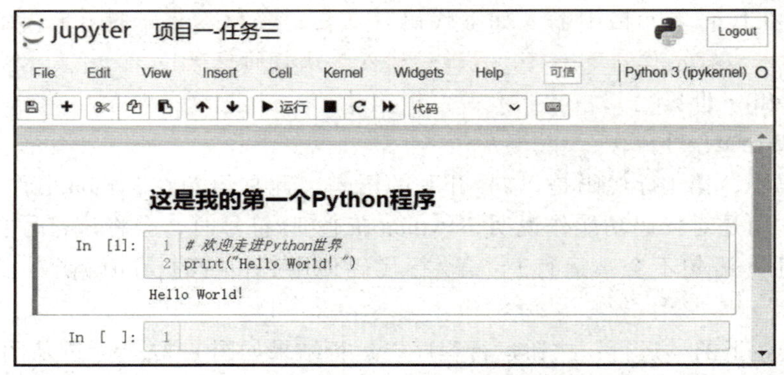

图 1-24　输入 Markdown 文字并运行

步骤5：单击工具栏上的按钮保存当前程序文件。

步骤6：关闭“项目一-任务三.ipynb”文件。

步骤7：在Jupyter Notebook主界面中，选中ch1文件夹，单击“Rename”按钮，将ch1文件夹名更改为“项目一”，如图1-25所示。

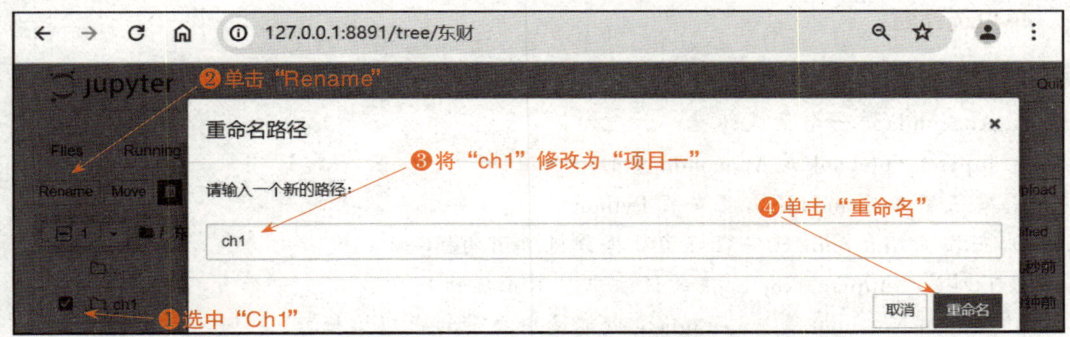

图1-25　重命名文件夹

本任务主要介绍如何使用Jupyter Notebook，因而只简单解释代码含义。更多、更详细的内容将在后续项目中学习。

项目小结

Python是一种高级编程语言，使用Python进行数据分析需要安装第三方工具包，而Anaconda集成了常用的数据分析工具包，因此Anaconda是编写和执行Python数据分析代码的首选环境。Jupyter Notebook是Anaconda集成环境中的一个组件，是一个交互式的网页型Python代码编辑器。Jupyter Notebook页面中有两种可编辑单元格模式：Markdown模式和代码模式。这两种模式允许用户方便地将说明性文字、程序代码、计算公式图表和分析结论都整合在一个Notebook文件中。

通过三个任务的学习，带同学们认识了财经商贸领域大数据及其重要编程工具，为深入学习Python做好了准备。

素质提升

在财经领域数据化和智能化的浪潮中，提升个人素质不仅要求精通传统财经知识，还需掌握财经大数据的分析能力。Python及其强大的数据处理能力和Jupyter Notebook的交互式开发环境，为财经数据分析提供了高效工具。通过深入学习与实践，可以培养我们对数据的敏感性，洞察市场趋势，并提升解决问题的效率与能力。这种素质的提升对于职场成功和应对经济挑战至关重要，青年学生应持续追求新知，提升综合素质等数字素养。

实战演练

一、单项选择题

1.下列说法不正确的是（　　）。

A. Anaconda是一个集成环境

B. Jupyter Notebook是Anaconda中的一个组件

C. 安装了Anaconda还需要安装Python

D. 安装了Anaconda就安装好了数据分析所用的模块

2.下列关于Jupyter Notebook的说法中，不正确的是（　　）。

A. Jupyter Notebook是Anaconda集成环境中自带的代码编辑器

B. Jupyter Notebook是一个网页程序

C. Jupyter Notebook页面的单元格中不仅可以输入代码，还可以输入文字

D. 在Jupyter Notebook的Markdown单元格中只能输入文字

3.在大数据与税务的结合中，以下不是大数据技术在税务工作中的应用的是（　　）。

A. 实现对涉税数据的高效采集和整合

B. 实时监控和预警税务风险

C. 税务部门依赖人工经验为企业提供个性化的税务咨询和解决方案

D. 为税务决策提供可靠的历史数据和市场信息支持

4.在财务大数据的应用中，以下不是大数据在财务工作中的应用体现的是（　　）。

A. 实现财务数据的高效采集和整合

B. 财务决策流程的优化和重组

C. 财务报表的自动化生成和实时更新

D. 以主观判断代替数据分析进行预算管理及决策支持

5.将Jupyter Notebook编写的文件保存后，文件扩展名为（　　）。

A. .ipynb　　B. .py　　C. .class　　D. .conda

二、简答题

1.简述大数据与税务监管创新的关系，并说明大数据如何推动税务监管的创新。

2.简述财务大数据在预算管理及决策支持方面的重要性，并说明大数据如何帮助企业提高预算管理和决策的准确性。

3.简述大数据在金融服务个性化方面的作用，并举例说明如何通过大数据实现金融服务的个性化。

4.请简述大数据在营销中如何帮助企业实现精准定位目标市场，并举例说明。

5.请简述大数据在供应链管理中的需求预测与库存管理的应用场景，并讨论其对企业运营的影响。

项目二 Python基本数据类型入门

学习目标

【知识目标】

- 掌握Python基本数据类型
- 理解列表结构，掌握列表的用法
- 理解字典结构，掌握字典的用法

【技能目标】

- 能正确书写Python表达式
- 能熟练操作列表
- 能熟练操作字典

【素质目标】

- 培养学生的基本数据素养，提高学生对基础数据存储的理解和应用能力
- 培养学生灵活应用数据进行计算分析的能力

项目说明

CRHC公司是一家全球规模领先、品种齐全、技术一流的轨道交通装备供应商，其主要业务涵盖各类轨道交通车辆、工程机械、机电设备、电子设备及零部件、电子电器及环保设备产品的研发、设计、制造、修理、销售、租赁与技术服务。现有该公司2021—2023年年末的资产负债表（部分数据），见表2-1，请根据这些数据，通过计算该企业年末速动比率，对其进行短期偿债能力分析。

表 2-1　CRHC公司资产负债表相关数据　单位：万元

报表项目	2023/12/31	2022/12/31	2021/12/31
流动资产	29 045 505.00	27 988 263.00	24 972 722.50
存货	6 313 601.50	6 142 002.10	6 296 612.30
流动负债	22 740 375.10	21 555 631.70	19 749 291.10

速动比率是指速动资产对流动负债的比率，用于是衡量企业流动资产中可以立即变现用于偿还流动负债的能力。该指标的计算公式如下：

速动比率=速动资产/流动负债=（流动资产−存货）/流动负债

本项目包括以下三项任务：

1. 使用变量计算年末速动比率，完成企业的短期偿债能力分析；
2. 使用列表计算年末速动比率，完成企业的短期偿债能力分析；
3. 使用字典计算年末速动比率，完成企业的短期偿债能力分析。

任务一　使用变量计算2023年的年末速动比率

任务分析

速动比率是衡量企业短期偿债能力的重要指标之一，用于衡量企业流动资产中可以迅速变现用于偿还流动负债的能力。一般来说，较高的速动比率通常表示企业具有较强的短期偿债能力，能够更容易地应对短期债务的偿付。年末速动比率的计算公式如下：

年末速动比率=（年末流动资产−存货）/年末流动负债

结合表2-1所示的数据，若要计算2023年年末速动比率，则应将2023年12月31日对应的流动资产、存货和流动负债代入公式，得到（29 045 505.00−6 313 601.50）/ 22 740 375.10 =1.00。想要通过Python实现运算，须将相应的数据赋值给变量，再以变量代替公式中的数据进行计算。

相关知识

使用Python编写程序进行数据运算与处理时，需要格外注意数据的类型，不同类型的数据有着不同的存储方式和不同的操作方式。

一、变量及数据类型认知

（一）Python标识符的命名规则

变量及数据类型认知

标识符是一个名字。就像房间有房间号、书籍有书名一样，Python标识符是用来识别变量、函数、类、模块或其他对象的名称。Python标识符有一定的命名规则，用户必须遵守此规则，否则将导致程序出现各种错误。Python标识符命名规则如下：

（1） 标识符由字母（大写或小写）、数字和下划线（_）组成。

（2）标识符必须以字母或下划线开头，不能以数字开头。

（3）标识符区分大小写，这意味着account和Account是两个不同的标识符。

（4）不能使用Python保留字作为变量名（Python保留字是指那些已经被Python赋予特定意义的单词）。例如，不能使用print作为标识符。

【知识拓展】

Python标准库提供了一个keyword模块，可以输出当前版本的所有关键字，如图2-1所示。

```
import keyword
print(keyword.kwlist)
```

```
['False', 'None', 'True', '__peg_parser__', 'and', 'as',
'assert', 'async', 'await', 'break', 'class', 'continue',
'def', 'del', 'elif', 'else', 'except', 'finally', 'for',
'from', 'global', 'if', 'import', 'in', 'is', 'lambda',
'nonlocal', 'not', 'or', 'pass', 'raise', 'return', 'try',
'while', 'with', 'yield']
```

图2-1　Python关键字

（二）变量与赋值

Python中的变量在使用前都必须赋值，只有赋值后该变量才会被创建。在Python中，等号（=）用来给变量赋值，因此等号（=）也叫赋值运算符。等号（=）运算符左边为变量名，等号（=）运算符右边为存储在变量中的值。例如，counter=12345。在程序中需要改变变量值时，只需要重新赋一个新值即可，例如，counter=54321，此时counter变量的值不再是12345，而是54321。如图2-2所示的代码给出了变量的定义示例。

```
counter=12345      # counter被赋值为12345
print(counter)     # 输出变量的值
counter=54321      # counter被赋值为54321
print(counter)     # 输出变量的值
```

```
12345
54321
```

（a）counter变量

```
age=20              # age被赋值为20
name='李明'         # name被赋值为字符串李明
print(name, age)    # 同时输出两个变量的值
```

```
李明 20
```

（b）age变量

图2-2　定义变量

◎提示

单击“View”菜单下的“Toggle Line Numbers”菜单项或者按下“Shift+L”组合键，可在代码前显示行号。

（三）Python的数据类型

Python中有6个标准的数据类型：数值（number）、字符串（string）、列表（list）、元组（tuple）、集合（set）及字典（dictionary）。如图2-3所示的代码给出了常用数据类型的简单示例。

```
# 定义一个数值型变量
number = 42.8     # 数值类型为浮点型，即小数
# 定义一个字符串变量
string = 'Hello, World!'
# 使用print函数输出这两个变量
print('数值变量的值是:', number)
print('字符串变量的值是:', string)
```

```
数字变量的值是: 42.8
字符串变量的值是: Hello, World!
```

图2-3　变量常用数据类型简单示例

二、运算符与优先级认知

（一）运算符认知

运算符是编程语言中用于执行计算的特殊符号。Python提供有算术运算符、比较（关系）运算符、逻辑运算符等。

运算符认知

1.算术运算符

Python中的算术运算符包括加法（+）、减法（-）、乘法（*）、除法（/）、取模（%）、整除（//）和幂运算（**）。其中，取模运算（%）用于返回两个数相除后的余数；整除（//）运算用于获取两个数相除后的整数部分，即直接去除小数部分，不进行四舍五入。图2-4所示的代码给出了一些算数运算符示例。

```
# 加法运算示例
a = 5
b = 3
result = a + b
print(result)
```

```
8
```

```
# 乘法运算示例
a = 2
b = 3
result = a * b
print(result)
```

```
6
```

```
# 取模运算示例
a = 7
b = 3
result = a % b
print(result)
```

```
1
```

```
# 整除运算示例
a = 10
b = 3
result = a // b
print(result)
```

```
3
```

```
# 减法运算示例
a = 10
b = 5
result = a - b
print(result)
```

```
5
```

```
# 除法运算示例
a = 6
b = 3
result = a / b
print(result)
```

```
2.0
```

```
# 取模运算示例
a = 5.6
b = 2.3
result = a % b
print(result)
```

```
1.0
```

```
# 幂运算示例
a = 2
b = 3
result = a ** b
print(result)
```

```
8
```

图2-4 算术运算符示例

2.比较（关系）运算符

比较运算符，也称关系运算符，用于对变量或表达式的计算结果进行关系比较，关系成立则返回True（真），关系不成立则返回False（假）。比较运算符有等于（==）、不等于（!=）、大于（>）、小于（<）、大于或等于（>=）和小于或等于（<=）等。图2-5所示的代码给出了一些比较（关系）运算符示例。

```
a = 5
b = 6
print('a == b:',a == b)
print('a > b:',a > b)
print('a < b:',a < b)
print('a != b:',a != b)
print('a >= b:',a >= b)
print('a <= b:',a <= b)
```

```
a == b: False
a > b: False
a < b: True
a != b: True
a >= b: False
a <= b: True
```

图2-5 比较（关系）运算符示例

3. 逻辑运算符

逻辑运算符是对True和False两种布尔值进行运算，运算后的结果仍是一个布尔值。逻辑运算符主要有与（and）、或（or）、非（not），这些逻辑运算符的功能说明见表2-2。图2-6所示的代码给出了一些逻辑运算符示例。

表2-2　Python 逻辑运算符功能说明

运算符	名称	逻辑表达式	说明
and	逻辑与	a and b	a和b同时为真，a and b的结果为真； a和b有一个为假，a and b的结果就为假
or	逻辑或	a or b	a和b有一个为真，a or b的结果为真； a和b同时为假，a or b的结果就为假
not	逻辑非	not a	若a为True，则返回False；若a为False，则返回True

```
a = True
b = False
print(a and b)
print(a or b)
print(not a)
```

```
False
True
False
```

图2-6　逻辑运算符示例

（二）运算符的优先级

运算符的优先级是解决一个Python表达式中出现的多种运算符谁先运算、谁后运算的问题，与数学中的四则混合运算应遵循“先乘除，后加减”是一个道理。

运算符的优先级

Python运算符的运算规则是：优先级高的运算符先运算，优先低的运算符后运算，同一优先级的运算符按照从左到右的顺序进行。Python运算符的优先级定义为：算术运算符优先于比较运算符，比较运算符优先于逻辑运算符。可以使用圆括号（）来改变运算符的优先级顺序。

运算符及优先级示例代码如图2-7所示。

```
# 运算符优先级
a,b=2.5,5.2   # =右边的值按顺序赋给=左边的变量
print('a与b的和、差都大于3吗？',a+b>3 and a-b>3)
print('a与b的和、差有一个是大于3吗？',a+b>3 or a-b>3)
print('a与b的和为正、差为负吗？',a+b>0 and a-b<0)
```

```
a与b的和、差都大于3吗？ False
a与b的和、差有一个是大于3吗？ True
a与b的和为正、差为负吗？ True
```

图2-7　运算符及优先级示例

三、print()函数认知

Python的print()函数是一个非常基础且常用的函数，用于在程序中输出信息。其基本语法如下：

print函数认知

print(*objects,sep='',end='\n')

各参数含义如下：

*objects：表示要输出的对象，可以是一个或多个。

sep='':用于指定输出对象之间的分隔符。默认值为一个空格。

end='\n':用于指定输出结尾的字符。默认值为换行符\n，表示在每个\n输出后换行。

print()函数还可以使用f-string对字符串进行格式化输出，其基本语法为：

f'要输出的字符串{要拼接的变量}'

此种语法是在字符串的引号前加上字母f，然后在字符串中通过大括号嵌入其他数据。实际运行print()时，系统会运算f-string表达式，形成格式化后的输出。print()函数示例如图2-8所示。

```
print('Hello, World!')    # 输出字符串
x=5;y=10; print(x,y)      # 输出x和y的值
print(x, y, sep=',')      # 指定分隔符
print(x, end='!')         # 更改结尾字符
name='小明'; age=25; print(name, age)
print(f'我的名字是{name}，我今年{age}岁') # 使用格式串
```

```
Hello, World!
5 10
5,10
5!小明 25
我的名字是小明，我今年25岁
```

图2-8　print()函数示例

print()函数的更多用法请参见本项目任务实施。

input函数认知

四、input()函数认知

若程序在执行过程中需要从键盘输入值时，可以使用Python中的input()函数来接收键盘输入值。input()函数的基本语法如下：

input(prompt)

其中，prompt是一个可选项，用于在输入之前给用户显示一个提示信息。用户输入的内容将作为字符串返回。input()函数示例如图2-9所示。需要注意的是，程序运行到input()函数时，将暂停运行，等待用户从键盘输入值，用户输入完成后，切记要按下回车键结束输入，然后程序才会接着往下运行其他代码。

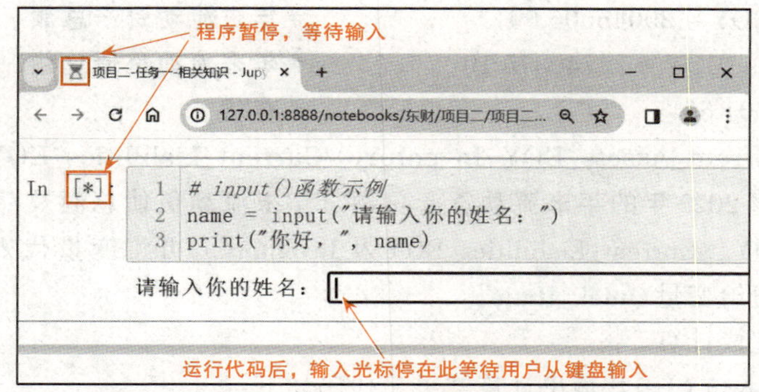

图 2-9　input()函数示例

input()函数的更多用法请参见本项目任务实施。

任务实施

本任务讲解用三种不同的方法来计算年末速动比率。第一种，直接将数据代入公式计算；第二种，先将数据赋值给变量，然后通过变量进行计算；第三种，计算用的数据由用户自行输入，这种方法更具有通用性，任何企业、任何时间的年末速动比率都能计算。

使用三种方法计算年末速动比率

一、使用数值完成计算

计算CRHC公司2023年年末速动比率时，可以直接使用数值计算，具体步骤如下：

步骤1：打开Jupyter Notebook，在Jupyter Notebook中新建Python程序，命名为“项目二-任务一.ipynb”。

步骤2：计算2023年年末速动比率，在代码单元格中输入相应的计算公式，代码如下：

```
# 计算CRHC公司2023年年末速动比率
(29045505.00-6313601.50)/ 22740375.10
```

运行代码，结果如图2-10所示。

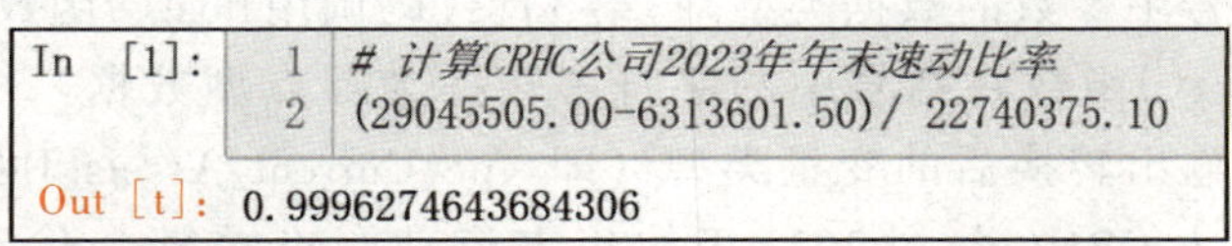

图 2-10　使用数值直接计算年末速动比率

需要注意的是，这里并没有使用print（）函数输出计算结果，但计算结果由Jupyter Notebook直接在代码单元下方显示出来，这是Jupyter Notebook环境的优点之一。Jupyter Notebook会用红色的Out［］标记这种输出结果。

二、使用变量完成计算

步骤1：将计算用的数据赋值给变量，再使用变量计算年末速动比率。代码如下：

```
Current_Assets_EOY = 29045505.00                    # 年末流动资产总额
Current_Liabilities_EOY = 22740375.10               # 年末流动负债总额
Inventory = 6313601.50                              # 存货
Quick_Ratio=(Current_Assets_EOY-Inventory)/Current_Liabilities_EOY
```

此代码分别将2023年的年末流动资产总额、年末流动负债总额及存货等值赋给变量Current_Assets_EOY、Current_Liabilities_EOY及Inventory。再将变量代入公式进行计算，并将计算结果赋值给变量Quick_Ratio。

运行代码，完成计算。

步骤2：使用print()函数输出计算结果。代码如下：

```
print(Quick_Ratio)                                          # 直接输出计算结果
print('CRHC公司2023年年末速动比率为:',Quick_Ratio)   # 输出提示和计算结果
```

此代码使用print()函数对计算结果进行输出，第1行print()只输出了计算结果：0.9996274643684306，第2行print()同时输出了文字提示和计算结果两项内容：CRHC公司2023年年末速动比率为：0.9996274643684306。

三、使用input()函数接收用户数据，并计算年末速动比率

步骤1：使用input()函数接收用户从键盘输入的年末流动资产总额。由于input()函数返回的键盘输入是字符串形式，因此需要根据实际数据的类型进行合理的数据类型转换。此处由于年末流动资产总额应为数值型数据，故应在代码中将其转换为数值类型，以使其能参与后续的数值计算。代码如下：

```
Current_Assets_EOY = input('请输入CRHC公司2023年年末流动资产总额:')
print(f'input()接收的值,其数据类型为{type(Current_Assets_EOY)}')
Current_Assets_EOY = float(Current_Assets_EOY)  # 将字符串转换成浮点型数值
print(f'float()转换后的值,其数据类型为{type(Current_Assets_EOY)}')
```

第1行代码调用input()函数将用户输入的年末流动资产总额以字符串形式赋值给变量Current_Assets_EOY；第2行代码调用print()函数以格式串形式输出该值的数据类型（type()函数返回括号中参数的数据类型）；第3行代码调用float()函数将字符串数据转换为浮点型数值（float()函数将括号中的字符串转换为浮点型数据）；第4行调用print()函数以格式串形式输出转换后的变量类型（即type(Current_Assets_EOY)的值）。

运行代码，输入CRHC公司2023年的年末流动资产总额，代码最终结果输出如图2-11所示。

```
请输入CRHC公司2023年年末流动资产总额: 29045505.00
input()接收的值，其数据类型为<class 'str'>
float()转换后的值，其数据类型为<class 'float'>
```


图2-11　接收键盘输入的年末流动资产总额

【知识拓展】

type()函数的基本语法为type(object)，其功能是返回括号里的对象的数据类型。

float( )函数的功能是将一个数据类型转换为浮点数类型。基本语法为 float(object)，其中，object 是要转换为浮点数的对象，此对象的类型可以为整数、字符串、列表、元组等。

除了 float( )函数可以转换数据类型外，int(object,base=10)函数可用于将诸如字符串、浮点数等数据类型转换为整数类型，其中，object 是要转换为整数的对象，base 是可选参数，用于指定转换的基数(默认为 10)。str(object)函数可用于将诸如整数、浮点数、列表、字典、元组等数据类型转换为字符串类型。

步骤 2：使用 input( )函数接收用户从键盘输入的年末流动负债总额和存货。代码如下：

```
Current_Liabilities_EOY =float(input('请输入CRHC公司2023年年末流动负债总额:'))
Inventory =float(input('请输入CRHC公司2023年存货:'))
# 计算年末速动比率
Quick_Ratio=(Current_Assets_EOY-Inventory)/Current_Liabilities_EOY
print(f'CRHC公司2023年年末速动比率为:{Quick_Ratio:.4f}')   # 带格式输出
print(f'CRHC公司2023年年末速动比率为:{Quick_Ratio:.4%}') # 输出结果保留4位小数
```

第 1 行代码调用 input( )函数接收从键盘输入的年末流动负债总额，float( )用于将 input( )返回的值转换为浮点类型；第 2 行代码调用 input( )函数接收从键盘输入的存货，float( )用于将 input( )返回的值转换为浮点类型；第 4 行代码计算速动比率，最后 2 行代码以不同格式输出速动比率。

运行代码，依次输入 CRHC 公司 2023 年的年末流动负债总额及存货，最终结果输出如图 2-12 所示。

```
请输入CRCH公司2023年年末流动负债总额：22740375.10
请输入CRCH公司2023年存货：6313601.50
CRHC公司2023年年末速动比率为：0.9996
CRHC公司2023年年末速动比率为：99.9627%
```

从键盘输入的数据

图 2-12　使用 input 函数接收用户数据

任务二　使用列表计算 2021—2023 年的年末速动比率

任务分析

任务一使用变量计算了 2023 年年末速动比率，若采用此方法计算 2021—2023 年连续多年的年末速动比率，则需定义多个变量保存计算所需的各年年末流动资产总额、年末流动负债总额和存货，这将导致计算很烦琐。本任务将使用 Python 中的容器类型变量——列表来存储表 2-1 中的初始数据，并基于列表编程实现 2021—2023 年各年年末速动比率的计算。

相关知识

一、列表认知

列表（List）既是 Python 中最基本的数据结构又是最常用的数据类型，是一种有序的数据集合，它可以包含任意类型的对象：数字、字符串、其他列表（即嵌套列表），甚至是自定义的对象等。列表创建很简单，将列表元素写在方括号[]内，各相邻元素间用英文逗号分隔开即可。

可以使用赋值运算符“=”直接将列表赋值给变量，如图2-13所示，在该代码中，将一个包含字符串、整数型数值、浮点型数值及布尔值的列表赋值给变量my_mixed_list。

```
my_mixed_list = [1, 'two', 3.0, True, 'five']
print(my_mixed_list)
```

```
[1, 'two', 3.0, True, 'five']
```

图2-13　创建列表示例

二、列表的常见操作

列表中的每个元素按照顺序都有一个位置编号，这个位置编号也称为索引。索引可以从左到右编号（正索引），也可以从右到左编号（负索引）。列表元素和索引的对应关系见表2-3。在实际编程时，可以根据需要选择不同的索引。

表2-3　列表元素和索引的对应关系

列表元素	元素1	元素2	元素3	元素4	…	元素n-1	元素n
正索引	0	1	2	3	…	n-2	n-1
负索引	-n	-（n-1）	-（n-2）	-（n-3）	…	-2	-1

（一）访问列表元素

定义列表后，可以通过索引访问列表中的元素，也可以通过切片访问列表中一片连续的元素。

访问列表元素

1.使用索引访问列表元素

使用索引可以访问列表中的任何元素。访问列表元素的基本语法为：list[index]，其中，list是待访问的列表，index表示要访问元素的索引。示例如图2-14所示。

```
my_list=['a','b','c','d','e']  # 创建列表
print(my_list[0])              # 输出索引为0的元素
print(my_list[-2])             # 输出索引为-2的元素
```

```
a
d
```

图2-14　通过索引访问列表元素

2.使用切片访问列表元素

可以使用切片从列表中截取一片连续的元素，即从列表中截取子序列。切片的基本语法如下：

```
list[start:end:step]
```

其中，list是待切片的列表，start表示切片的开始位置（包括该位置），如果不指定，默认为0（即从列表的开头进行切片）；end表示切片的结束位置（不包括该位置），如果不

指定，则默认为列表长度（即截取到列表末尾）；step 表示切片时，隔几个位置（包含当前位置）取一次元素，如果不指定，默认为1，表示从左至右逐个取值，step既可以为正也可以为负，正表示从左至右取值，负表示从右至左取值；如果省略 step，则最后一个冒号也可省略。切片示例如图2-15所示，此示例中列表data各元素与索引的关系如图2-16所示。

```
data = [10, 11, 12, 13, 14, 15, 16, 17, 18, 19]
print('1:',data[2:6]) # 截取索引为2至5的所有元素，省略step
print('2:',data[:6])  # 截取自第1个元素至索引为5的所有元素，省略start和step
print('3:',data[2:])  # 截取自索引为2开始至最后的所有元素，省略end和step
print('4:',data[:])   # 截取列表中的所有元素，省略start、end和step
print('5:',data[1:6:2])# 自索引为1的元素开始，至索引为5的元素为止，步长为2
print('6:',data[1:-1]) # 截取自索引为1，至索引为-2的所有元素
print('7:',data[-1:-9:-2])# 自索引为-1的元素开始，至索引为-8的元素为止，步长为-2
```

```
1: [12, 13, 14, 15]
2: [10, 11, 12, 13, 14, 15]
3: [12, 13, 14, 15, 16, 17, 18, 19]
4: [10, 11, 12, 13, 14, 15, 16, 17, 18, 19]
5: [11, 13, 15]
6: [11, 12, 13, 14, 15, 16, 17, 18]
7: [19, 17, 15, 13]
```

图2-15　通过切片截取列表

正索引	0	1	2	3	4	5	6	7	8	9
列表data	10	11	12	13	14	15	16	17	18	19
负索引	-10	-9	-8	-7	-6	-5	-4	-3	-2	-1

图2-16　列表data的各元素和索引的对应关系

（二）添加列表元素

列表是一种可变长度的数据结构，这意味着可以在列表创建后对其进行修改，比如添加元素、删除元素或修改元素等。添加列表元素有如下三种方法：

添加列表元素

1. 使用append()方法添加列表元素

append()方法用于在列表末尾添加元素。图2-17所示的是使用append()方法添加列表元素的示例。第4行和第5行代码分别向my_list末尾添加一个字符串类型的元素，而第6行代码在my_list末尾添加了一个列表型元素。最终，my_list列表共有3个元素，其索引为2的元素本身也是一个列表，此时my_list可以称为嵌套列表。

```
1  # 创建一个空列表
2  my_list = []
3  # 使用append()方法添加元素
4  my_list.append('apple')
5  my_list.append('banana')
6  my_list.append(['peach','watermelon'])
7  # 输出列表
8  print(my_list)
```

```
['apple', 'banana', ['peach', 'watermelon']]
```

图2-17　使用append()方法添加列表元素

2. 使用extend()方法添加列表元素

extend()方法用于在列表末尾添加另一个列表中的多个元素。图2-18所示的是使用extend()方法添加列表元素的示例。第2行和第4行代码分别定义了一个列表，第6行代码调用my_list.extend(fruits)，将fruits列表中的各个元素添加在my_list末尾。最终，my_list列表共有5个元素。

```
1 # 创建一个列表
2 my_list = ['apple','watermelon']
3 # 创建一个包含多个元素的列表
4 fruits = ['banana', 'cherry', 'peach']
5 # 使用extend()方法添加多个元素
6 my_list.extend(fruits)
7 # 输出列表
8 print(my_list)
```

```
['apple', 'watermelon', 'banana', 'cherry', 'peach']
```

图2-18　使用extend()方法添加列表元素

3. 使用insert()方法添加列表元素

insert()方法用于在列表的指定位置插入一个新元素，其基本语法格式为：

list.insert(index, object)

其中，list是待添加元素的列表，index表示插入元素的索引位置，object表示要插入的元素。图2-19所示的是使用insert()方法的示例。

```
# 创建一个列表
my_list = ['a', 'b', 'c']
# 在索引位置1插入元素'x'
my_list.insert(1, 'x')
print(my_list)
```

```
['a', 'x', 'b', 'c']
```

图2-19　使用insert()方法添加列表元素

（三）修改列表元素

修改和删除列表元素

直接给某个列表元素重新赋值就可以达到修改该列表元素的目的。示例如图2-20所示。

```
# 创建一个列表
my_list = ['apple','banana','cherry','watermelon','peach']
# 修改索引为1的元素为'orange'
my_list[1] = 'orange'
# 使用切片修改列表中的一部分元素
my_list[2:4] = ['strawberry','pear']
# 输出修改后的列表
print(my_list)
```

```
['apple', 'orange', 'strawberry', 'pear', 'peach']
```

图2-20　修改列表元素

（四）删除列表元素

del语句可以用来删除列表中的元素或切片。del语句的基本语法为：del variable。其中，variable是要删除的元素或切片。示例如图2-21所示。

```
# 创建一个列表
my_list = [1, 2, 3, 4, 5]
# 使用索引删除元素
del my_list[2]  # 删除索引为2的元素（即值为3的元素）
print(my_list)  # 输出：[1, 2, 4, 5]
# 使用切片删除多个元素
del my_list[1:3]    # 删除索引1至2（不包括3）的元素
print(my_list)      # 输出：[1, 5]
```

```
[1, 2, 4, 5]
[1, 5]
```

图2-21　删除列表元素

任务实施

本任务将基于列表计算CRHC公司2021—2023年年末速动比率。该计算共涉及三个年度的数据，各年数据分别保存在对应的列表中。

基于列表计算年末速动比率

步骤1：新建一个Python文件，命名为“项目二-任务二.ipynb”。

步骤2：使用Markdown模式为程序添加一个说明性标题，输入下列内容并运行：

```
### 使用列表计算年末速动比率
```

步骤3：定义一个列表，将2021年的数据存放到该列表中，然后输出列表及其元素值，代码如下：

```
# 定义列表存储2021年数据
CRHC_2021 =[24972722.50, 6296612.30, 19749291.10]
print("列表为:",CRHC_2021)    #输出列表
print("列表元素为:",CRHC_2021[0],CRHC_2021[1],CRHC_2021[2]) #输出列表元素
```

CRHC_2021是一个包含3个元素的列表，两条print()命令分别输出列表本身以及列表各个元素的值。注意两者的输出结果是不同的，前者print("列表为:",CRHC_2021)输出的对象是列表，因此运行代码结果为[24972722.5, 6296612.3, 19749291.1]，而后者是通过索引分别访问列表的相应元素并输出，因此输出结果为24972722.5 6296612.3 19749291.1。运行代码，结果如图2-22所示。

```
列表为:  [24972722.5, 6296612.3, 19749291.1]
列表元素为:  24972722.5 6296612.3 19749291.1
```

图2-22　用列表存储2021年数据

步骤4：定义一个空列表，采用append()方法向空列表中追加2022年的数据，然后输出此列表，代码如下：

```
# 定义列表存储2022年数据
CRHC_2022=[]  # 定义一个空列表
CRHC_2022.append(float(input("输入年末流动资产:")))  # 在列表中追加流动资产
CRHC_2022.append(float(input("输入存货:")))  # 在列表中列表追加存货
CRHC_2022.append(float(input("输入年末流动负债:")))  # 在列表中列表追加流动负债
print(CRHC_2022)
```

代码CRHC_2022=[]定义了一个空列表，空列表就是不包含任何元素的列表，用一对空的中括号[]表示。

CRHC_2022.append(float(input("输入年末流动资产:")))这行代码用于从键盘获取输入，并将此输入添加到一个名为CRHC_2022的列表中。此代码嵌套了三层函数，程序在执行时，先执行最里层的input()，接收用户输入的值，此值为字符串类型数据，接着执行float()进行数据类型转换，将字符串数据转换为浮点型数据，最后执行append()，将类型转换后的年末流动资产添加到定义好的空列表中。

以此类推，用相同的方法向列表CRHC_2022中追加存货及年末流动负债的数值，最后输出整个列表。运行代码，结果如图2-23所示。

```
输入年末流动资产：27988263.00
输入存货：6142002.10
输入年末流动负债：21555631.70
[27988263.0, 6142002.1, 21555631.7]
```

从键盘输入的值

print()输出的值

图2-23 用列表存储2022年数据

步骤5：创建存储2023年数据的列表。采用先复制2022年数据，再依次修改列表元素的方法来完成。代码如下：

```
"""先将列表CRHC_2022中元素复制到列表CRHC_2023中，
再依次修改其元素"""
CRHC_2023=CRHC_2022.copy()  # 复制CRHC_2022
print(f'复制后CRHC_2023为:{CRHC_2023}')
CRHC_2023[0]=29045505.00  # 使用索引修改单个列表元素
CRHC_2023[1:] = [6313601.50,22740375.10]  # 使用切片修改多个列表元素
print(f'重新赋值后CRHC_2023为:{CRHC_2023}')
```

前两行代码是使用一对三引号引起来的多行注释；CRHC_2023=CRHC_2022.copy()实现列表复制；CRHC_2023[0]=29045505.00使用索引定位将CRHC_2023中索引为0的元素值修改为29045505.00；CRHC_2023[1:]=[6313601.50,22740375.10]则是采用切片的方式将CRHC_2023中的后两个元素值分别修改为6313601.50和22740375.10；最后输出列表CRHC_2023。

运行代码，结果如图2-24所示。

```
复制后CRHC_2023为：[27988263.0, 6142002.1, 21555631.7]
重新赋值后CRHC_2023为：[29045505.0, 6313601.5, 22740375.1]
```

图2-24 使用列表存储2023年数据

【知识拓展】

在Python中，代码注释是用来解释代码的目的、功能或行为的重要工具，它们对于代码的可读性和可维护性至关重要。Python提供了单行注释和多行注释两种主要的注释方式。

1. 单行注释：使用井号（#）开头。井号之后的内容直到行尾都将被解释器忽略，不会执行。例如，输入代码：

```
# 这是一个单行注释
print("Hello, World! ")        # 这也是一个单行注释，放在代码行的末尾
```

2. 多行注释：Python本身并没有直接支持多行注释的语法，但通常可以使用三个双引号（"""）或三个单引号（'''）来创建多行字符串，然后用作多行注释。虽然这些由引号引起来的内容实际上是字符串，但如果没有将其赋值给任何变量，那么它们实际上起到了注释的作用。

```
"""
这是一个多行注释的示例。
你可以在这里写下多行文本来解释代码的功能或逻辑。
解释器会忽略这些行，因为它们没有被赋值给任何变量。
"""
print ("这段代码将输出一些内容。")
'''
这是另一种形式的多行注释。
它和上面的三引号多行注释是等效的。
'''
```

尽管可以使用多行字符串作为多行注释，但通常推荐只在确实需要跨越多行来解释某段代码时才这样做。在大多数情况下，应该尽量使用单行注释来保持代码的清晰和简洁。

步骤6：计算CRHC公司2021—2022年年末速动比率，并将计算结果存放到列表Quick_Ratio中。代码如下：

```
# 计算CRHC公司2021—2022年年末速动比率
Quick_Ratio=[]  #定义空列表来接收CRHC公司2021—2022年年末速动比率
Quick_Ratio.append((CRHC_2021[0]-CRHC_2021[1])/CRHC_2021[2])
Quick_Ratio.append((CRHC_2022[0]-CRHC_2022[1])/CRHC_2022[2])
print(Quick_Ratio)
print(f'CRHC公司2021年年末速动比率为{Quick_Ratio[0]:.4f}或{Quick_Ratio[0]:.2%}')
print(f'CRHC公司2022年年末速动比率为{Quick_Ratio[1]:.4f}或{Quick_Ratio[1]:.2%}')
```

代码首先定义一个空列表Quick_Ratio来接收CRHC公司2021—2022年年末速动比率，再通过append()方法将计算好的2021年及2022年的年末速动比率添加到Quick_Ratio中，最后调用print()输出小数点后保留4位有效数字的2021年和2022年的年末速动比率，以及保留2位小数的百分比形式的2021年和2022年的年末速动比率。运行代码，输出结果如图2-25所示。

```
[0.9456597761121662, 1.0134827503106763]
CRHC公司2021年年末速动比率为0.9457或94.57%
CRHC公司2022年年末速动比率为1.0135或101.35%
```

图2-25　计算CRHC公司2021—2022年年末速动比率

步骤7：计算CRHC公司2023年的年末速动比率，并将其添加到列表Quick_Ratio中。代码如下：

```
# 计算CRHC公司2023年年末速动比率
Quick_Ratio_2023 = (CRHC_2023[0]-CRHC_2023[1])/CRHC_2023[2]
# 将Quick_Ratio_2023插入到列表Quick_Ratio中索引值为2的位置
Quick_Ratio.insert(2,Quick_Ratio_2023)
# 输出2021—2023年年末速动比率
print(f'CRHC公司2021年、2022年、2023年的年末速动比率分别为:\n{Quick_Ratio}')
print(f'CRHC公司2021年、2022年、2023年的年末速动比率分别为:{Quick_Ratio[0]:.2%}\
\t{Quick_Ratio[1]:.2%}\t{Quick_Ratio[2]:.2%}')
```

第2行代码用变量Quick_Ratio_2023接收CRHC公司2023年年末速动比率；第4行代码未执行前，Quick_Ratio中有两个元素，索引值分别为0和1，第4行代码执行后，将在列表Quick_Ratio索引为2的位置插入Quick_Ratio_2023的值。

第6行代码使用print()函数输出列表Quick_Ratio，该列表的3个元素分别为2021年、2022年及2023年的年末速动比率；注意此print()函数输出格式串中的\n，这是以转义字符\引导的回车换行符，表示在此处回车换行后另起一行输出后续内容。第7行和第8行代码使用print()函数输出格式化后的Quick_Ratio各元素；注意由于此print()代码较长，因此使用了反斜杠（\）后直接回车的方法实现代码续行，即第7行和第8行是同一条代码（用于代码换行的反斜杠后不能再有空格或者其他符号）；格式串中的\t表示制表符，是由转义字符\引导的特殊符号，其作用是在不同的输出项之间添加TAB键的输出效果。

运行代码，结果如图2-26所示。

```
CRHC公司2021年、2022年、2023年的年末速动比率分别为:
[0.9456597761121662, 1.0134827503106763, 0.9996274643684306]
CRHC公司2021年、2022年、2023年的年末速动比率分别为: 94.57%  101.35% 99.96%
```

图2-26 计算并输出2021—2023年CRHC公司的速动比率

从连续3年的年末速动比率可以看出，CRHC公司的短期偿债能力呈现出相对稳定的趋势。2021年的速动比率为94.57%，2022年的速动比率上升到101.35%，表明短期偿债能力有所增强；2023年的速动比率为99.96%，与2021年相比基本持平。

【知识拓展】

在Python中，转义字符用于在字符串中表示那些具有特殊意义的字符，这些特殊字符在字符串中通常具有特定的功能。以下是Python中一些常见的转义字符："\\"反斜杠本身，"\'"单引号，"\""双引号，"\n"换行符，"\t"制表符（Tab）。

◎提示

每执行一次append()或者insert()方法，就会在列表中追加或者插入元素，因此在调试本任务代码时，要注意避免多次运行代码可能会导致的多次追加或者插入数据，使得代码运行结果不符合教材展示的结果。当运行结果与教材内容不符时，可采用从头重新运行本任务所有代码来解决。

任务三　使用字典计算2021—2023年的年末速动比率

任务分析

任务二使用Python中的容器类型变量——列表来存储表2-1中的初始数据，并基于列表编程实现了2021—2023年各年年末的速动比率计算。使用列表存储数据虽然克服了直接赋值给变量进行计算的麻烦，但由于列表只存储计算用的数据，在计算中无法知道每个值的具体意义，如哪个元素是流动资产、哪个元素是存货、哪个元素是流动负债等。本任务将使用Python的另一个容器类型变量——字典来存储表2-1中的初始数据，并基于字典编程实现2021—2023年各年年末的速动比率计算。

相关知识

一、字典认知

字典认知

字典（Dictionary）是Python中一种非常重要的数据结构，它用一对花括号{}来定义，其中包含若干键值对（也称key-value对），value相当于列表中存储的元素，key是每个value的标识（此标识通常是数据的名称，例如，key是姓名，value是张三）。某个字典中的键在该字典中必须唯一（键可以是数字、字符串或者元组形式），只有通过键才能访问字典中的值。与列表不同的是，列表是有序的元素集合，依靠索引来访问其中的元素，但字典是无序的元素集合，依靠键来访问其中的元素。

（一）使用花括号{}创建字典

可以使用一对{}来创建字典，并将字典的所有元素放入这对花括号中。字典的每个元素都是形如key:value的形式，不同字典元素之间用英文逗号分隔。字典的基本语法格式如下：

字典名 = {key_1:value_1, key_2:value_2, …, key_n:value_n}

使用{}定义字典的示例如图2-27所示。

```
# 创建一个包含3个键值对的字典
my_dict = {'姓名': '李明','年龄': 18,'籍贯': '北京'}
# 输出字典
print(my_dict)
```

```
{'姓名': '李明', '年龄': 18, '籍贯': '北京'}
```

图2-27　使用{}定义字典

（二）使用dict()创建字典

也可以使用dict()来创建字典，其基本语法格式如下：

```
字典名 = dict(key_1=value_1, key_2=value_2,…,key_n=value_n)
```

使用dict()定义字典的示例如图2-28所示。

```
new_dict = dict(name='李明',age=18,city='北京',
                family=['张华','李亮'])
print(new_dict)
```

```
{'name': '李明', 'age': 18, 'city': '北京', 'family': ['张华', '李亮']}
```

图2-28 使用dict()定义字典

(三) 使用dict()和zip()构造字典

还可以使用dict()和zip()相结合的方式利用已有数据快速构造字典，其基本语法格式为：

```
字典名 = dict(zip(键列表,值列表))
```

其中，zip()函数用于将多个序列按对应位置进行组合，并返回包含组合结果的对象；dict()再将组合对象转换为字典。图2-29所示的为使用dict()与zip()构造字典的示例。

```
listkey = ['name','age','city','gender']
listvalue = ['李明',18,'北京','男']
# 使用dict () 与zip () 构造字典
new_dict = dict(zip(listkey,listvalue))
# 输出字典
print(new_dict)
```

```
{'name': '李明', 'age': 18, 'city': '北京', 'gender': '男'}
```

图2-29 使用dict()与zip()构造字典

二、字典的常见操作

与列表基本操作类似，字典的常见操作也包括访问字典元素、添加字典元素、修改字典元素及删除字典元素等操作。

字典常见操作

(一) 访问字典元素

如前所述，每个字典元素都是一个键值对，访问字典元素即以某个键值对的键提取对应此键的值。访问字典元素的常见方法有以下两种：

1.直接通过键访问值

直接使用键来获取对应的值。基本语法如下：

```
dict['key']
```

其中，dict是字典对象，'key'是要访问的键。

2.通过get()方法访问值

此种方法在访问字典元素时，若访问的键不存在，软件不会报错，而是返回一个默认值。基本语法如下：

```
dict.get('key',default_value)
```

其中，default_value是键不存在时返回的默认值；若省略，则返回None。

两种访问字典元素的示例如图2-30所示。从图中可以看出，get()方法提供了一种更安全的方式来访问字典中的元素，避免因键不存在而导致的错误。

```
my_dict = {'姓名': '李明','年龄': 18,'籍贯': '北京'}
print(my_dict['姓名']) # 通过键访问值
print(my_dict['city']) # 访问不存在的键将引发错误
```

```
李明
---------------------------------------------------------------------------
KeyError                                  Traceback (most recent call last)
Input In [27], in <cell line: 3>()
      1 my_dict = {'姓名': '李明','年龄': 18,'籍贯': '北京'}
      2 print(my_dict['姓名']) # 通过键访问值
----> 3 print(my_dict['city'])

KeyError: 'city'
```

（a）直接通过键访问值

```
my_dict = {'姓名': '李明','年龄': 18,'籍贯': '北京'}
print(my_dict.get('姓名'))   # get()访问
print(my_dict.get('city'))   # get()访问不存在的键不会报错
```

```
李明
None
```

（b）通过 get()方法访问值

图 2-30　访问字典元素

（二）获取字典的键、值和键值对

可以分别使用字典的keys()方法、values()方法和items()方法获取字典的键列表、值列表和字典全部键值对列表。示例如图 2-31 所示。

```
# 创建字典
my_dict = {'name':'王亮','age':19,'gender':'男'}
# 输出字典的键列表
print('字典的键列表为：',my_dict.keys())
# 输出字典的值列表
print('字典的值列表为：',my_dict.values())
# 输出字典的全部键值对列表
print('字典的键值对列表为：',my_dict.items())
```

```
字典的键列表为： dict_keys(['name', 'age', 'gender'])
字典的值列表为： dict_values(['王亮', 19, '男'])
字典的键值对列表为： dict_items([('name', '王亮'), ('age', 19), ('gender', '男')])
```

图 2-31　获取字典的键、值和键值对

（三）添加字典元素

字典的长度是可变的，这意味着在字典创建后，可以根据需要给字典添加新的键值对。添加字典元素的方法是给字典中不存在的键赋值，示例如图 2-32 所示。

```
# 创建字典
my_dict = {'name':'王亮','age':19,'gender':'男'}
# 添加字典元素
my_dict['country']='中国'
print(my_dict['country'])   # 输出country对应的值
print(my_dict)   # 输出整个字典
```

```
中国
{'name': '王亮', 'age': 19, 'gender': '男', 'country': '中国'}
```

图 2-32　添加字典元素

（四）修改字典元素

字典中的键具有唯一性，若给字典已存在的键重新赋值，则新值会替换原来的旧值。示例如图 2-33 所示。

```
my_dict = {'name':'王亮','age':19,'gender':'男'} # 创建字典
print('原字典为：\n',my_dict)  # 输出原字典
my_dict['age']=20  # 修改字典元素
print(my_dict['age'])  # 输出修改后的值
print('修改后的字典为：\n',my_dict)  # 输出修改后的字典
```

```
原字典为：
 {'name': '王亮', 'age': 19, 'gender': '男'}
20
修改后的字典为：
 {'name': '王亮', 'age': 20, 'gender': '男'}
```

图 2-33　修改字典元素

（五）删除字典元素

删除字典元素的常用方法之一是使用del语句，语法为：del dict[key]；常用方法之二是使用pop()方法，语法为：dict.pop(key)。其中，dict是字典名，key是键名。删除字典元素示例如图 2-34 所示。

```
my_dict = {'name':'王亮','age':19,'gender':'男','city':'北京'} # 创建字典
print('原字典为：\n',my_dict) # 输出原字典
del my_dict['age']  # 删除age
print('del删除元素后的字典为：\n',my_dict) # 输出删除后的字典
my_dict.pop('gender') # 删除gender
print('pop()删除元素后的字典为：\n',my_dict) # 输出删除后的字典
```

```
原字典为：
 {'name': '王亮', 'age': 19, 'gender': '男', 'city': '北京'}
del删除元素后的字典为：
 {'name': '王亮', 'gender': '男', 'city': '北京'}
pop()删除元素后的字典为：
 {'name': '王亮', 'city': '北京'}
```

图 2-34　删除字典元素

任务实施

本任务将采用两种不同的方式来计算 CRHC 公司 2021—2023 年的年末速动比率。

一、使用字典计算速动比率

使用字典计算速动比率

本任务中有三个年度的数据，先将每年的数据各自存到一个字典中。

步骤 1：新建一个 Python 文件，命名为“项目二-任务三.ipynb”。

步骤 2：使用 Markdown 模式为程序添加一个说明性标题，输入下列内容并运行：

```
### 使用字典计算速动比率
```

步骤 3：定义字典 Data_2021，用来存放 CRHC 公司 2021 年的相关数据。代码如下：

```
Data_2021={'end_year_assets':24972722.50,'inventory':6296612.30,
           'end_year_liabilities':19749291.10}
print(Data_2021) # 输出字典
# 输出字典中每个键对应的值
print(f'2021年CRHC公司的年末流动资产为{Data_2021["end_year_assets"]}万元。')
print('2021年CRHC公司的存货为', Data_2021["inventory"], '万元。')
print(f'2021年CRHC公司的年末流动负债为{Data_2021["end_year_liabilities"]}万元。')
```

字典Data_2021中包含三个键值对，分别是CRHC公司2021年的年末流动资产、存货和年末流动负债。print(Data_2021)输出整个Data_2021字典。倒数第3行代码使用f-string格式化字符串，将字典Data_2021的"end_year_assets"键对应的年末流动资产值输出。倒数第2行代码的print()函数没有使用格式字符串，它以逗号分隔给出3个输出项参数：字符串“2021年CRHC公司的存货为”、字典Data_2021中"inventory"键对应的值，以及字符串“万元”，实际输出时，各输出项之间默认以空格分隔。最后1行代码与倒数第3行代码写法类似，这里不再赘述。

运行代码，结果如图2-35所示。

```
{'end_year_assets': 24972722.5, 'inventory': 6296612.3, 'end_year_liabilities': 19749291.1}
2021年CRHC公司的年末流动资产为24972722.5万元。
2021年CRHC公司的存货为 6296612.3 万元。
2021年CRHC公司的年末流动负债为19749291.1万元。
```

图2-35　用字典存储CRHC公司2021年的相关数据

步骤4：定义字典Data_2022，用来存放CRHC公司2022年的相关数据。代码如下：

```
Data_2022={}    # 定义空字典Data_2022
Data_2022['end_year_assets']=27988263.00
Data_2022['inventory']=6142002.10
Data_2022['end_year_liabilities']=21555631.70
# 输出字典
print('2022年的年末流动资产、存货、年末流动负债为:\n', Data_2022)
```

代码首先创建了一个名为Data_2022的空字典，然后向Data_2022字典中添加了三个键值对：'end_year_assets'键对应的值是27 988 263.00，表示年末流动资产；'inventory'键对应的值是6 142 002.10，表示存货；'end_year_liabilities'键对应的值是21 555 631.70，表示年末流动负债。最后1行代码使用print()函数输出文本'2022年的年末流动资产、存货、年末流动负债为\n'和Data_2022字典，其中，\n是由转义字符\引导的换行符，\n将使文本输出完成后回车换行到下一行继续输出，即Data_2022字典的输出将从下一行开始，这样输出的结果会更加清晰。

运行代码，结果如图2-36所示。

```
2022年的年末流动资产、存货、年末流动负债为:
 {'end_year_assets': 27988263.0, 'inventory': 6142002.1, 'end_year_liabilities': 21555631.7}
```

图2-36　用字典存储CRHC公司2022年的数据

步骤5：定义字典Data_2023，用来存放CRHC公司2023年的相关数据。代码如下：

```
Data_2023={'end_year_assets':29045505.00,'inventory':6313601.50,
          'end_year_liabilities':22740375.10}
print(Data_2023) # 输出字典
```

运行代码，结果输出：{'end_year_assets':29045505.0,'inventory':6313601.5,'end_year_liabilities':22740375.1}。

步骤6：计算2021年、2022年及2023年的年末速动比率，并将结果保留两位有效数字。代码如下：

```
Quick_Ratio_2021=(Data_2021['end_year_assets']-Data_2021['inventory'])
                /Data_2021['end_year_liabilities']
Quick_Ratio_2022=(Data_2022['end_year_assets']-Data_2022['inventory'])
                /Data_2022['end_year_liabilities']
Quick_Ratio_2023=(Data_2023['end_year_assets']-Data_2023['inventory'])
                /Data_2023['end_year_liabilities']
# 将计算结果格式化
qR_2021=f'{Quick_Ratio_2021:.2f}'
qR_2022=f'{Quick_Ratio_2022:.2f}'
qR_2023=f'{Quick_Ratio_2023:.2f}'
# 输出结果,小数点后保留两位有效数字
print('CRHC公司2021年的年末速动比率为:',qR_2021)
print('CRHC公司2022年的年末速动比率为:',qR_2022)
print('CRHC公司2023年的年末速动比率为:',qR_2023)
```

代码首先按照计算公式通过字典Data_2021、Data_2022和Data_2023的键值计算CRHC公司2021年、2022年及2023年的年末速动比率，并将结果存储在变量Quick_Ratio_2021、Quick_Ratio_2022及Quick_Ratio_2023中。接着定义3个格式化字符串变量qR_2021、qR_2022和qR_2023，分别保存对应的格式化字符串。最后3条print()函数输出这3个格式化字符串。运行代码，结果如图2-37所示，可以看出输出结果均保留两位小数。

```
CRHC公司2021年的年末速动比率为: 0.95
CRHC公司2022年的年末速动比率为: 1.01
CRHC公司2023年的年末速动比率为: 1.00
```

图2-37　计算CRHC公司2021年、2022年及2023年的年末速动比率

二、使用嵌套字典计算速动比率

步骤1：使用Markdown模式为程序添加说明性标题，输入下列内容并运行：

使用嵌套字典计算速动比率

```
### 使用嵌套字典计算速动比率
```

步骤2：创建嵌套字典Data，用来存储CRHC公司2021—2023年的相关数据。代码如下：

```
# 创建嵌套字典存储2021年、2022年和2023年的相关数据
Data={'end_year_assets':{2021:24972722.50,2022:27988263.00,2023:29045505.00},
      'inventory':{2021:6296612.30,2022:6142002.10,2023:6313601.50},
      'end_year_liabilities':{2021:19749291.10,2022:21555631.70,2023:22740375.10}}
print(Data)                                                  # 输出 Data
print('年末流动资产为:',Data['end_year_assets'])              #输出年末流动资产
print('存货为:',Data['inventory'])                            # 输出存货
print('年末流动负债为:',Data['end_year_liabilities'])          # 输出年末流动负债
# 输出2023年的年末流动资产
print('2023年年末流动资产为:',Data['end_year_assets'][2023])
# 输出2023年的存货
print('2023年存货为:',Data['inventory'][2023])
# 输出2023年的年末流动负债
print('2023年年末流动负债为:',Data['end_year_liabilities'][2023])
```

代码中创建了一个名为Data的嵌套字典。该字典有三个键：'end_year_assets'、'inventory'和'end_year_liabilities'，分别对应年末流动资产、存货和年末流动负债；每个键的值又是一个字典，这个字典的键是年份（2021、2022、2023），值则是对应年份的数据。Data字典所包含数据的示意图如图2-38所示。

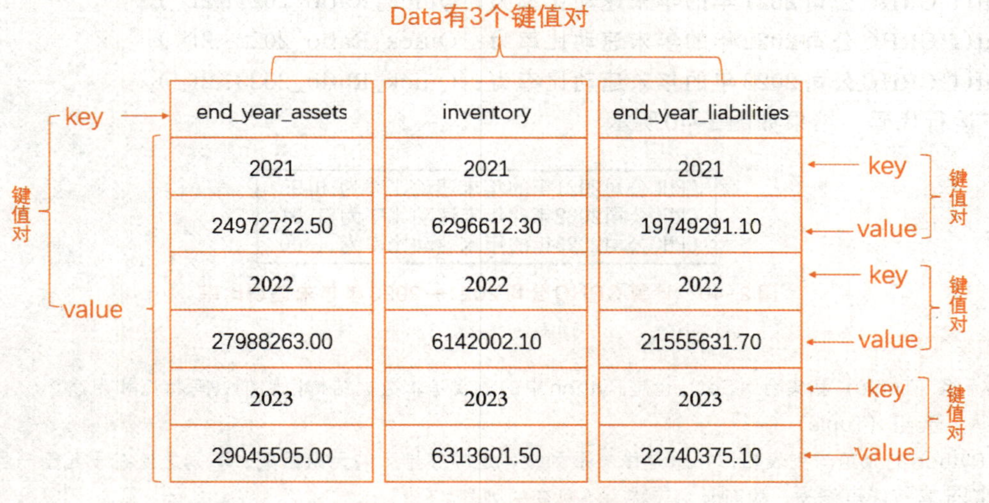

图2-38　Data字典示意图

从图2-38可以看出，Data是指整个嵌套字典。Data['end_year_assets']、Data['inventory']、Data['end_year_liabilities']分别是指年末流动资产、存货和年末流动负债的字典。Data['end_year_assets'][2023]、Data['inventory'][2023]、Data['end_year_liabilities'][2023]分别是指2023年的年末流动资产、存货和年末流动负债。请读者仔细对照图2-38，理解代码中各个print()函数的输出结果。

运行代码，结果如图2-39所示。

```
{'end_year_assets': {2021: 24972722.5, 2022: 27988263.0, 2023: 29045505.0},
'inventory': {2021: 6296612.3, 2022: 6142002.1, 2023: 6313601.5}, 'end_year
_liabilities': {2021: 19749291.1, 2022: 21555631.7, 2023: 22740375.1}}
年末流动资产为： {2021: 24972722.5, 2022: 27988263.0, 2023: 29045505.0}
存货为： {2021: 6296612.3, 2022: 6142002.1, 2023: 6313601.5}
年末流动负债为： {2021: 19749291.1, 2022: 21555631.7, 2023: 22740375.1}
2023年年末流动资产为： 29045505.0
2023年存货为： 6313601.5
2023年年末流动负债为： 22740375.1
```

图 2-39　创建嵌套字典

步骤3：计算CRHC公司2021—2023年的年末速动比率。代码如下：

```
#根据速动比率计算公式,来计算2021年、2022年及2023年公司的速动比率
Quick_Ratio_2021=(Data['end_year_assets'][2021]-Data['inventory'][2021])
                  /Data['end_year_liabilities'][2021]
Quick_Ratio_2022=(Data['end_year_assets'][2022]-Data['inventory'][2022])
                  /Data['end_year_liabilities'][2022]
Quick_Ratio_2023=(Data['end_year_assets'][2023]-Data['inventory'][2023])
                  /Data['end_year_liabilities'][2023]
#输出结果,小数点后保留两位有效数字
print(f'CRHC公司2021年的年末速动比率为:{Quick_Ratio_2021:.2f}')
print(f'CRHC公司2022年的年末速动比率为:{Quick_Ratio_2022:.2f}')
print(f'CRHC公司2023年的年末速动比率为:{Quick_Ratio_2023:.2f}')
```

运行代码，结果如图2-40所示。

```
CRHC公司2021年的年末速动比率为:0.95
CRHC公司2022年的年末速动比率为:1.01
CRHC公司2023年的年末速动比率为:1.00
```

图 2-40　计算CRHC公司2021—2023年年末速动比率

【知识拓展】

元组（Tuple）和集合（Set）也是Python中的重要基本数据结构，它们各有特点和用途。

一、元组（Tuple）

Python的元组与列表相似，也是由一系列按特定顺序排列的元素组成，不同之处在于元组一旦被创建则其元素不能再修改，故而元组又称为不可变的列表。

（一）创建元组

元组可以使用圆括号()创建，各元素之间用英文逗号分隔，如代码my_tuple=(1,'apple',3.14)定义了一个名为my_tuple的元组，其中包含3个元素，各元素数据类型分别是整数、字符串和小数。

（二）访问元组元素

与列表类似，可以使用索引值来访问元组中的元素，元组中各元素的索引方式与列表相同。示意代码如图2-41所示。

```
# 创建元组my_tuple
my_tuple = (1, 'apple', 3.14)
# 通过索引访问元组中的值
print(my_tuple[0])    # 输出：1
print(my_tuple[-1])   # 输出：3.14
```

```
1
3.14
```

图 2-41　访问元组中的元素

（三）删除元组

元组是不可变对象，不能删除元组中的元素，但可以使用del语句删除整个元组。命令格式为del tup，其中，tup是要删除的元组名称。

二、集合（Set）

集合是一个无序的、不重复的元素集合。集合用于存储唯一元素，即集合中的每个元素都是唯一的，没有重复。集合主要用于成员关系测试和消除重复元素。

（一）创建集合

集合可以使用花括号{}创建，也可以使用set()函数创建。集合中的元素之间用英文逗号隔开。示例代码如图2-42所示。

```
my_set = {1, 2, 3, 2, 3, 4}          # 重复的元素会被自动去除
print(my_set)
my_set1 = set([1, 2, 2, 3, 3, 4]) # 由列表创建集合
print(my_set1)
```

```
{1, 2, 3, 4}
{1, 2, 3, 4}
```

图 2-42　创建集合

（二）集合的相关操作

1.添加元素：可以使用add()方法向集合添加单个元素。

2.删除元素：可以使用remove()方法删除指定元素。

示例代码如图2-43所示。

```
s = {1, 2, 3}      # 创建集合
s.add(4)           # 添加元素
print(s)           # 输出s：{1, 2, 3, 4}
s.remove(3)        # remove()删除元素
print(s)           # 输出s：{1, 2, 4}
```

```
{1, 2, 3, 4}
{1, 2, 4}
```

图 2-43　集合添加元素和删除元素

项目小结

本项目围绕2021—2023年CRHC公司的速动比率计算，讲解了Python的标识符及运算符、Python的基本数据类型等知识，以及使用这些知识完成任务的技术和技能，为后续Python分支程序和循环程序的学习打好基础。

素质提升

Python的标识符、运算符以及数据类型是学习Python编程的基石，它们构成了程序语言的基础框架。每一个Python程序，无论其功能如何复杂多变，都离不开对这些基础元素的精确运用。在人机协作时代，青年学生应当深入理解并掌握这些基础知识。通过不断学习和实践，提升对标识符命名规范、运算符使用技巧以及基本数据类型特性的认知。这样，不仅能够编写出更加高效、稳定的程序，还能够更好地把控计算机的执行逻辑，实现人机之间的无缝协作，为未来的职业发展做好充分准备。

实战演练

一、单项选择题

1.以下选项中，(　　)是Python中合法的标识符。

A. 123variable　　B. variable_123　　C. variable#123　　D. class

2.以下选项中，(　　)正确地表示了Python中的字符串类型。

A.'Hello，World！'　　B. 123

C. [1,2,3]　　D. {'key':'value'}

3.print(100-25*3%4)应该输出(　　)。

A. 1　　B. 97　　C. 25　　D. 0

4.给定一个列表my_list=['apple','banana','cherry']，(　　)能在列表的开头插入一个新元素'orange'。

A. my_list.insert(0,'orange')　　B. my_list.append('orange')

C. my_list[3]='orange'　　D. my_list[0]='orange'

5.给定一个字典my_dict={'a':1,'b':2,'c':3}，(　　)能使更新键'a'的值为4。

A. my_dict['a']=4　　B. my_dict.insert({'a':4})

C. my_dict.append({'a':4})　　D. 以上都可以

二、实操题

1.营业利润率是衡量企业经营效率的指标之一，通过计算企业的营业利润与营业收入的比率来反映在不考虑非经营成本的情况下，企业管理者通过经营获得利润的能力。营业利润率越高，说明企业百元商品销售额提供的营业利润越多，企业的盈利能力越强；反之，此比率越低，说明企业盈利能力越弱。现有CRHC公司部分利润表数据，见表2-4，请用列表计算该公司2021—2023年的营业利润率。

表 2-4　CRHC 公司利润表相关数据　单位：万元

报表项目	2023/12/31	2022/12/31	2021/12/31
营业利润	1 597 970.20	1 283 106.40	1 531 811.30
营业收入	22 293 863.70	22 573 175.50	22 765 604.10

2.基于表2-4，请用字典计算该公司2021—2023年的营业利润率。

项目三
Python分支结构程序设计

学习目标

【知识目标】

■ 掌握Python单分支结构的运行逻辑
■ 掌握Python双分支结构的运行逻辑
■ 掌握Python多分支结构的运行逻辑
■ 了解Python嵌套分支结构的运行逻辑

【技能目标】

■ 能读懂分支结构程序，结合实际工作情景辨别可用分支结构程序解决问题的应用场景
■ 能编写分支结构程序解决实际问题

【素质目标】

■ 培养学生基本的分支结构程序思维，提升学生对分支程序的理解能力和分析能力
■ 提升学生应用分支结构程序解决实际问题的能力

项目说明

CRHC公司属于增值税一般纳税人，涉及的主要税种包括增值税、企业所得税、城市维护建设税、教育费附加、地方教育附加、印花税以及预扣预缴的个人所得税等。现有该公司2021—2023年的利润表以及纳税申报表的部分数据，见表3-1。

表 3-1　CRHC公司相关数据　单位：千元

报表项目	2023 年	2022 年	2021 年
营业收入	222 938 637	225 731 755	227 656 041
增值税申报数据（应纳增值税税额）	9 891 327	14 679 363	13 950 690
所得税申报数据（应纳所得税税额）	37 674 930	43 372 770	32 168 030

请根据这些数据帮助CRHC公司完成大数据税务预警的相关工作。大数据税务预警的相关指标名称及计算方法见表3-2。

表 3-2　税务风险预警指标值计算

预警指标	年份	行业指标值	税务风险预警指标计算公式	预警偏差（行业规律）
增值税税负率	2023 年	4.97%	增值税税负率=当期应纳增值税税额/营业收入×100%	1%
	2022 年	5.02%		
	2021 年	5.17%		
企业所得税贡献率	2023 年	13.40%	企业所得税贡献率=当期应纳所得税税额/营业收入×100%	3%
	2022 年	18.31%		
	2021 年	17.49%		

本项目包括以下两项任务：

1. 使用单分支和双分支结构完成CRHC公司增值税风险预警；
2. 使用多分支结构和嵌套分支结构完成CRHC公司所得税风险预警。

任务一　使用单分支和双分支结构完成CRHC公司增值税风险预警

任务分析

增值税是以商品（含应税劳务）在流转过程中产生的增值额作为计税依据而征收的一种税。增值税能起到为国家提供稳定税收来源、推动企业技术创新和设备更新、有利于产业结构调整和市场竞争、降低征管成本和提高征管效率等作用。

增值税风险预警利用企业连续数年的增值税申报数据（应纳增值税税额）计算增值税税负率并与行业均值进行比较，帮助企业评估经营状况、识别税务风险、制定竞争策略、合理规划税务策略。

增值税风险预警包括三步：

（1）计算企业增值税税负率

增值税税负率=当期应纳增值税税额/营业收入×100%

（2）计算企业增值税税负率偏离度

企业增值税税负率偏离度=|企业增值税税负率−行业均值|

（3）判断是否存在增值税风险

若企业增值税税负率偏离度>预警偏差，则存在增值税风险，否则不存在增值税风险。

结合表3-1所示的数据，对于2023年的增值税风险预警，首先应将2023年的增值税申报数据（应纳增值税税额）和2023年的营业收入代入增值税税负率计算公式，得到2023年的增值税税负率（9 891 327÷222 938 637×100%=4.44%）；接着计算此税负率与2023年的行业均值的差，得到2023年的企业增值税税负率偏离度（|4.44% −4.97% |=0.53%）；最后比较偏离度与预警偏差（如1%），判断2023年是否存在增值税风险。

同理可判断2022年和2021年是否存在增值税风险，以辅助企业制定相应的风险应对策略。

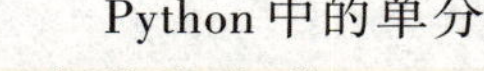

相关知识

分支结构又名选择结构，是根据条件判断结果决定程序执行路径的一种程序逻辑。分支结构有三种基本形式：单分支结构、双分支结构和多分支结构。本任务会涉及单分支结构和双分支结构。

一、单分支结构认知

单分支结构认知

（一）单分支结构语法

Python中的单分支结构语法格式如下：

```
if 条件表达式:
    语句块(分支体)
```

其中，条件表达式是计算结果为真或假的表达式；if条件表达式后面一定要有冒号，这表示其后将出现if条件为真时执行的相应程序（语句块、分支体）；if下的语句块必须缩进，以表示这段代码是if条件为真时运行的代码。需要注意的是，相同层次的若干行代码，其缩进量也须相同。

单分支结构程序的执行逻辑是：当if条件表达式成立（即为真）时，执行if下的语句块；当if条件表达式不成立（即为假）时，跳过if下的语句块。if将以两种形式结束执行，其一是执行完if下的语句块，if结束；其二是不执行if下的语句块，if结束。无论if下的语句块是否执行，if结束后，程序都将继续执行if后面的其他语句。

（二）条件表达式

条件表达式是分支结构中非常重要的要素之一，无论是单分支结构、双分支结构，还是多分支结构，条件表达式都是决定分支运行路径的重点要素。

条件表达式可以是关系表达式或逻辑表达式。关系表达式和逻辑表达式的计算结果都是逻辑值，即真（True）或者假（False）。关系表达式是指用“>、<、==、>=、<=、!=”等关系运算符将两个表达式连接起来的式子；逻辑表达式是指用逻辑运算符“and、or、not”将关系表达式或逻辑量连接起来的式子。

另外要注意的是，Python把非零值当作真值，把零值当作假值。例如，if(3+2)中，由于3+2等于5，而5是非零值，因此，if(3+2)中的条件表达式(3+2)的计算结果是真值；同理，if(3-3)中的条件表达式(3-3)的计算结果是假值。

(三) 单分支结构应用示例

单分支结构程序示例如图3-1所示。

```
# 单分支结构程序示例
# 年度税率比较
TAX2022 = 330
TAX2023 = 500
if TAX2022 < TAX2023:
    print('该公司2022年税额比2023年低')
```

```
该公司2022年税额比2023年低
```

图3-1　单分支结构程序示例

从图中可以看出，TAX2022<TAX2023是if的判断条件，当条件为真时，即2022年的税额小于2023年的税额时，执行if下的print()函数，输出字符串“该公司2022年税额比2023年低”。分支体执行结束后，if分支结构也就执行结束。

图3-2所示的为单分支结构程序的另一示例。从图中可以看出，TAX2022=330，TAX2023=500，此时if的判断条件TAX2022<TAX2023为真，即2022年的税额小于2023年的税额，因此，if下的print（"该公司2022年税额比2023年低"）命令会被执行，if分支结构结束，程序继续执行if下的第7行代码，输出字符串“比较结束!”。

```
1 # 单分支结构程序示例
2 # 年度税率比较
3 TAX2022 = 330
4 TAX2023 = 500
5 if TAX2022 < TAX2023:
6     print('该公司2022年税额比2023年低')
7 print('比较结束！')
```

```
该公司2022年税额比2023年低
比较结束！
```

图3-2　单分支结构程序示例

需要注意的是，在图3-2所示的代码中，共出现了两条print()命令，但是这两条print()命令出现的位置有所区别。第6行的print()在if条件下缩进，表示它是if条件为真时执行的分支体，即第6行代码的运行与否取决于if条件判断是否满足，只有if条件为真时，第6行代码才会运行。而第7行的print()与第5行的if左对齐，即此条print()不属于if条件为真时的分支体，无论if条件判断的结果是什么，程序都会执行第7行代码。

二、双分支结构认知

双分支结构认知

(一) 双分支结构语法

双分支结构能根据条件表达式的真或假两种判断结果，分别执行不同的程序流程，因此，双分支结构适合解决当满足条件时执行一种处理流程、不满足条件时执行另外一种处理流程的问题。双分支结构的语法格式如下：

```
if条件表达式:
    语句块1(分支体1)
else:
    语句块2(分支体2)
```

其中，语句块1和语句块2分别是满足条件表达式时要执行的分支体代码和不满足条件表达式时要执行的分支体代码；else后也有冒号，表示其下是if条件不满足时要执行的代码；if的语句块和else的语句块都需要缩进，以明示哪段代码是if包含的代码，哪段代码是else包含的代码。

双分支结构程序的运行逻辑是：当if条件表达式成立（即为真）时，执行语句块1；否则，跳过语句块1执行else下的语句块2。语句块1和语句块2只能执行其中的一个，当执行完某个语句块后，if-else分支就会结束，程序将继续执行if-else分支下的其他程序代码。

（二）双分支结构应用示例

双分支结构程序示例如图3-3所示。从图中的代码缩进可以看出，双分支结构是从第5行的if开始到第8行的print()函数结束。TAX2022<TAX2023是if的条件表达式，第6行的print("该公司2022年税额比2023年低")是条件为真时要执行的语句，第8行的print("该公司2022年税额比2023年高")是条件为假时要执行的语句。第9行的print("比较结束!")是if-else双分支结构结束后要执行的语句，即无论if的条件为真还是为假，print("比较结束!")都会运行。

```
1 # 双分支结构程序示例
2 # 年度税率比较
3 TAX2022 = 330
4 TAX2023 = 500
5 if TAX2022 < TAX2023:
6     print('该公司2022年税额比2023年低')
7 else:
8     print('该公司2022年税额比2023年高')
9 print('比较结束！')
```

```
该公司2022年税额比2023年低
比较结束！
```

图3-3 双分支结构程序示例

此示例中，由于TAX2022为330，TAX2023为500，因而TAX2022<TAX2023条件为真，程序将执行第6行代码和第9行代码。

【思考】

若TAX2022 = 500，TAX2023 = 330，那么图3-3的程序将如何运行?

三、Matplotlib绘制折线图认知

Matplotlib绘制折线图认知

Matplotlib是专门用于可视化展示的Python库，其中的matplotlib.pyplot是非常著名和常用的2D图形绘制工具，包含各种可用于绘制折线图、直方图、

条形图和散点图等图形的函数，能快速绘制出高质量的数据图表。

（一）使用import命令导入matplotlib.pyplot

使用matplotlib.pyplot绘制图表前，需先将其导入Python程序中。示例代码如下：

```
import matplotlib.pyplot as plt
```

代码使用import命令导入matplotlib.pyplot，as plt为其起别名为plt。运行代码完成导入后，就可以使用plt中的函数进行绘图。

（二）使用matplotlib.pyplot绘制折线图

折线图由数据点和连接数据点的线组成，常用于表示数据随时间变化的趋势。matplotlib.pyplot中的plot()函数是绘制折线图的函数。绘制折线图时应给出绘图用的横轴标签和纵轴数据，在如图3-4所示的折线图中，第1行代码导入了绘图库；第2行代码调用plt.figure()函数设置图形大小，其中的参数figsize=(3,2)表明绘制宽为3英寸、高为2英寸的图形（1英寸约等于0.0254米）；第3行和第4行代码分别定义列表x和y；第5行代码调用plt.plot(x,y)绘制折线图，其中的x参数和y参数分别代表了横轴的时间和纵轴的数；第6行代码调用plt.show()函数输出图形（在Jupyter环境中，此行代码可以省略，省略时由Jupyter输出图形）。

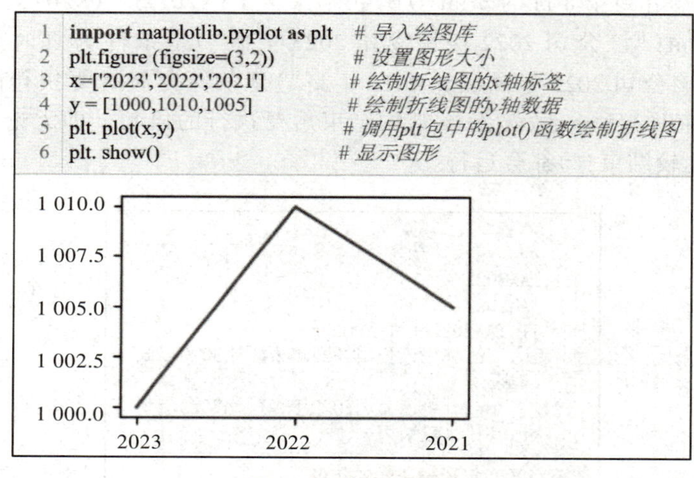

图3-4 绘制折线图

◎提示

plot()函数有很多的参数，此处仅使用了最基本的x和y参数，用以提供绘图所需的横坐标数据和纵坐标数据。本教材没有重点讲解Matplotlib库的绘图函数，而是重点讲解Seaborn库的相关绘图函数。在后续项目用到plot()函数的更多参数时，我们将直接在相应的任务实施步骤中加以扩展。

任务实施

本任务包括四个步骤：第一步，计算CRHC公司连续三年的增值税税负率；第二步，使用单分支结构判断CRHC公司2021年和2022年的增值税税负率是否存在风险；第三步，使用双分支结构判断CRHC公司2023年的增值税税负率是否存在风险；第四步，使用折线图展示CRHC公司的增值税税负率变动趋势。

一、计算CRHC公司的增值税税负率

步骤1：新建一个Python文件，命名为“项目三-任务一.ipynb”。

步骤2：使用Markdown模式为程序添加一个说明性标题，输入下列内容并运行：

```
### 一、计算CRHC公司的增值税税负率
```

步骤3：计算2021年的增值税税负率需要使用增值税申报数据（应纳增值税税额）2021年的金额和营业收入2021年的金额，下面的代码将分别定义变量valueAddedTax2021和operatingRevenues2021保存这两个值，再按照增值税税负率公式计算并输出相应结果。代码如下：

```
valueAddedTax2021=13950690
operatingRevenues2021=227656041
# 计算2021年的增值税税负率
taxBearingRate2021=valueAddedTax2021/operatingRevenues2021
# 以保留2位小数的百分比形式输出2021年的增值税税负率
print(f'{taxBearingRate2021:.2%}')
```

运行代码，结果输出6.13%，表明CRHC公司2021年的增值税税负率为6.13%。

步骤4：计算2022年的增值税税负率需要使用增值税申报数据（应纳增值税税额）2022年的金额和营业收入2022年的金额，定义列表变量list2022保存这两个值，再按照增值税税负率公式计算并输出相应结果。代码如下：

```
list2022 = [14679363,225731755]
# 计算2022年的增值税税负率
taxBearingRate2022=list2022[0] / list2022[1]
# 以保留2位小数的百分比形式输出2022年的增值税税负率
print(f'{taxBearingRate2022:.2%}')
```

列表list2022中包含2个元素，分别是增值税申报数据（应纳增值税税额）2022年的金额和营业收入2022年的金额；list2022[0]和list2022[1]分别从列表list2022中提取索引为0和索引为1的元素，并按照增值税税负率的计算公式，计算得到变动率taxBearingRate2022的值；最后一行使用print()将taxBearingRate2022以保留2位小数的百分比形式输出。

运行代码，结果输出6.50%，相比2021年的增值税税负率6.13%，可以看出CRHC公司2022年的增值税税负率有所增加。

步骤5：计算2023年的增值税税负率需要使用增值税申报数据（应纳增值税税额）2023年的金额和营业收入2023年的金额，定义字典cDict变量保存这两个值，再按照增值税税负率公式计算并输出相应结果。代码如下：

```
cDict = {'valueAddedTax2023':9891327,'operatingRevenues':222938637}
# 计算2023年的增值税税负率
taxBearingRate2023=cDict['valueAddedTax2023'] / cDict['operatingRevenues']
# 以保留2位小数的百分比形式输出2023年的增值税税负率
print(f'{taxBearingRate2023:.2%}')
```

字典cDict中包含2对键值对，分别代表增值税申报数据（应纳增值税税额）2023年的金额和营业收入2023年的金额；在字典cDict中获取数据需要用到键名，cDict['valueAddedTax2023']表示获取字典中键名为'valueAddedTax2023'的值，cDict['operatingRevenues']表示获取字典中键名为'operatingRevenues'的值，将二者代入增值税税负率计算公式，计算得到变动率taxBearingRate2023；最后使用print()将taxBearingRate2023以保留2位小数的百分比形式输出。

运行代码，结果输出4.44%，相比该公司2022年的增值税税负率6.50%和2021年的增值税税负率6.13%，可以看出该公司2023年的增值税税负率与2022年、2021年相比，均有所下降。

二、使用单分支结构判断CRHC公司2021年和2022年的增值税税负率是否存在风险

步骤1：使用Markdown模式添加一个说明性标题，输入下列内容并运行：

```
### 二、用单分支结构判断CRHC公司2021年和2022年的增值税税负率是否存在风险
```

使用单分支判断增值税税负率风险

步骤2：定义列表taxBearingRate，存储CRHC公司连续三年的增值税税负率。代码如下：

```
taxBearingRate=[taxBearingRate2021,taxBearingRate2022,taxBearingRate2023]
print('2021年、2022年、2023年的增值税税负率分别是:\n',taxBearingRate)
```

列表taxBearingRate依次保存了2021年、2022年和2023年CRHC公司的增值税税负率。运行代码，结果如图3-5所示。

```
2021年、2022年、2023年的增值税税负率分别是:
 [0.061279682887923015, 0.06503011948850529, 0.04436793520003444]
```

图3-5　2021年至2023年增值税税负率

步骤3：比较2021年增值税税负率与2021年行业均值，代码如下：

```
averageRate=[0.0517,0.0502,0.0497]  #2021年、2022年、2023年行业均值
if taxBearingRate[0]>averageRate[0]:
    print('2021年增值税税负率高于行业均值')
```

列表averageRate依次保存了2021年、2022年和2023年的行业均值；if条件比较2021年的增值税税负率（taxBearingRate[0]）和2021年的行业均值（averageRate[0]）。运行代码，程序输出“2021年增值税税负率高于行业均值”。

【思考】

若将本步骤if判断条件中的关系运算符“大于”(>)改为“小于”(<)，同时将print()的输出内容中“高于”改为“低于”，那么当运行代码后，输出结果会是什么？

步骤4：计算2021年增值税税负率与2021年行业均值的差的绝对值，并将该值与预警偏差进行比较，若超出预警偏差，则提示税负预警。代码如下：

```
ratio2021=abs(taxBearingRate[0] - averageRate[0])
if ratio2021>0.01:
    print('2021年增值税风险预警！')
if ratio2021<=0.01:
    print('2021年增值税变动在合理范围内！')
```

此代码中，沿程序上下顺序并列书写了两个分支结构。运行完第一个if分支结构，程序会顺序运行第二个if分支结构。

运行代码，输出“2021年增值税变动在合理范围内！”。

步骤5：比较2022年增值税税负率与2022年行业均值，并输出比较结果。代码如下：

```
if taxBearingRate[1]>averageRate[1]:
    print('2022年增值税税负率高于行业均值')
```

if条件比较2022年的增值税税负率（taxBearingRate[1]）和2022年的行业均值（averageRate[1]）。运行代码，输出结果“2022年增值税税负率高于行业均值”。

步骤6：计算2022年增值税税负率与2022年行业均值的差的绝对值，并将该值与预警偏差进行比较，若超出预警偏差，则提示税负预警。代码如下：

```
ratio2022=abs(taxBearingRate[1] - averageRate[1])
if ratio2022>0.01:
    print('2022年增值税风险预警！')
if ratio2022<=0.01:
    print('2022年增值税变动在合理范围内！')
```

运行代码，输出“2022年增值税风险预警！”。

【思考】

此代码中，由于第一个if分支的条件满足，因而运行其分支体，输出了：2022年增值税风险预警！那么在这种情况下，第二个if分支结构是否多余？

三、使用双分支结构判断CRHC公司2023年的增值税税负率是否存在风险

使用双分支判断增值税税负率风险

步骤1：使用Markdown模式添加一个说明性标题，输入下列内容并运行：

```
### 三、使用双分支结构判断CRHC公司2023年的增值税税负率是否存在风险
```

步骤2：将2023年的增值税税负率与行业均值进行比较，并输出比较结果。代码如下：

```
if taxBearingRate[2]>averageRate[2]:
    print('2023年增值税税负率高于行业均值')
else:
    print('2023年增值税税负率不高于行业均值')
print('比较结束！')
```

if条件比较2023年的增值税税负率（taxBearingRate[2]，值为0.0444）和2023年的行业均值（averageRate[2]，值为0.0497），由于前者小于后者，不满足taxBearingRate[2]>averageRate[2]的关系，因而if条件判断为假，程序将跳过if分支体print('2023年增值税税负率高于行业均值')，转到else部分，执行else下的分支体print('2023年增值税税负率不高于行业均值')；if-else分支结束后，继续运行最后一行代码print('比较结束！')。

运行代码，结果如图3-6所示。

```
2023年增值税税负率不高于行业均值
比较结束!
```

图 3-6　2023 年增值税税负率与行业均值对比结果

步骤 3：计算 2023 年的增值税税负率与行业均值的差的绝对值，并将该值与预警偏差进行比较，若超出预警偏差，则提示税负预警。代码如下：

```
ratio2023=abs(taxBearingRate[2] - averageRate[2])
if ratio2023>0.01:
    print('2023 年增值税风险预警！')
    print('比较结束！')
else:
    print('2023 年增值税变动在合理范围内！')
    print('比较结束！')
```

运行代码，结果如图 3-7 所示。

```
2023年增值税变动在合理范围内!
比较结束!
```

图 3-7　2023 年增值税风险判断结果

【思考】

若将最后一行的print('比较结束！')取消缩进，靠左书写，那么代码输出的结果是什么？输出结果产生变化的原因是什么？

四、使用折线图展示增值税税负率变动趋势

使用折线图展示增值税税负率变动趋势

步骤 1：使用 Markdown 模式添加一个说明性标题，输入下列内容并运行：

```
### 四、使用折线图展示增值税税负率变动趋势
```

步骤 2：使用 matplotlib.pyplot 包绘制折线图。在绘图之前，先导入此包。代码如下：

```
import matplotlib.pyplot as plt
```

此代码在导入 matplotlib.pyplot 包的同时，为其取别名 plt。运行代码，完成导入。

步骤 3：绘制增值税税负率折线图。代码如下：

```
plt.figure (figsize=(3,2)) # 设置图形大小
plt.plot(['2021','2022','2023'],taxBearingRate)
plt.show()           # 显示图形
```

plt.plot()用来绘制折线图，其中第 1 个参数['2021','2022','2023']提供了 x 轴标签，第 2 个参数 taxBearingRate 提供了 y 轴数据。最后由 plt.show()显示图表。

运行代码，结果如图 3-8 所示。从图中可知，CRHC 公司在 2021 年和 2022 年时，增值税税负率同比上升，但在 2023 年，该公司增值税税负率下滑且下滑幅度较大。

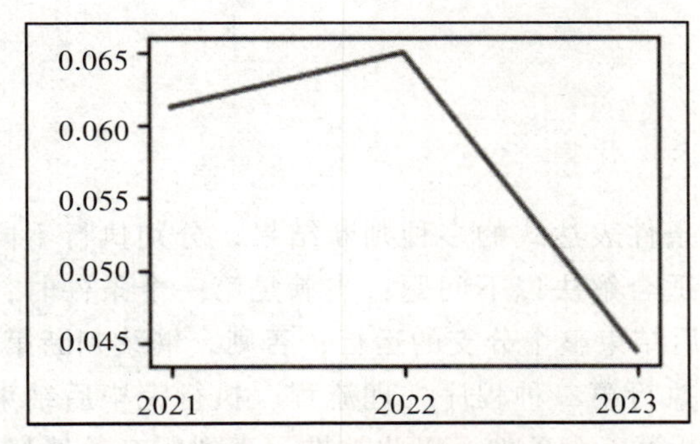

图3-8　增值税税负率变动趋势折线图

任务二　使用多分支结构完成CRHC公司企业所得税风险预警

任务分析

企业所得税风险预警是指根据企业当年应纳所得税税额和营业收入的比值计算企业所得税贡献率（计算公式参见表3-2），并将企业所得税贡献率与行业均值进行比较，若企业所得税贡献率偏离行业均值超过预警偏差（如3%），则视为企业所得税贡献率异常。

企业所得税风险预警包括三步：

（1）计算企业所得税贡献率。

企业所得税贡献率=当期应纳所得税税额/营业收入×100%

（2）计算企业所得税贡献率实际偏差。

企业所得税贡献率实际偏差=企业所得税贡献率 − 行业均值

（3）判断是否存在企业所得税风险。

若企业所得税贡献率偏离度绝对值>预警偏差，则存在企业所得税风险，否则不存在企业所得税风险。

进一步地，对于有风险的情况可以判断是出现正偏离还是负偏离。

（4）判断企业所得税正负偏离情况。

若企业所得税贡献率实际偏差>预警偏差，则出现正偏离；若企业所得税贡献率实际偏差<−预警偏差，则出现负偏离；否则没有偏离。

结合表3-1所示的数据，若要计算2023年的企业所得税贡献率，则应将2023年的所得税申报数据（应纳所得税税额）和2023年的营业收入代入公式，得到37 674 930÷222 938 637×100%=16.9%；判断是否存在企业所得税风险时，可计算企业所得税贡献率与行业均值的差（16.9%−13.4%= 3.5%），由于此差额绝对值大于3%，存在企业所得税风险。进一步地，由于此值大于3%，故企业所得税贡献率出现正偏离。

同理可判断2022年和2021年是否存在企业所得税风险，以辅助企业制定相应的风险应对策略。

相关知识

一、多分支结构认知

多分支结构认知与示例

多分支结构能根据条件表达式的多种判断结果，分别执行不同的程序流程，因而，多分支结构适合解决以下问题：当满足第一个条件时，执行第一种程序流程，执行完毕后结束整个分支的运行；否则，继续判断第二个条件。当满足第二个条件时，执行第二种程序处理流程，执行完毕后结束整个分支的运行；否则，继续判断第三个条件。以此类推，直到所有条件都不满足时，执行最后一种程序处理流程。

多分支结构的语法格式如下：

```
if 条件表达式1:
    语句块1
elif 条件表达式2:
    语句块2
...
else:
    语句块n
```

多分支结构的运行逻辑是：当if条件表达式成立（即为真）时，执行语句块1；否则，跳过语句块1，转去判断elif后的条件表达式2。当elif后的条件表达式2成立时，执行其下的语句块2；否则，跳过语句块2，转去判断下一个elif后的条件表达式。以此类推，直到最后一个elif条件表达式也不成立时，执行else后的语句块n。

对于多分支结构，一定要注意的是：整个分支结构只会执行其中的某一个语句块，不论执行哪个语句块，在执行完该语句块之后，多分支结构都会结束，程序会继续执行多分支结构之后的其他程序代码。

二、多分支结构的程序示例

多分支结构的程序示例如图3-9所示。

```
# 多分支结构程序示例
tax = 530
standard = 550
if tax<standard:
    print('该公司2023年税额低于标准')
elif tax==standard:
    print('该公司2023年税额符合标准')
else:
    print('该公司2023年税额高于标准')
print('比较完毕！')
```

```
该公司2023年税额低于标准
比较完毕！
```

图3-9　多分支结构的程序示例

从图3-9中可以看出，if后的第一个条件表达式为tax<standard。若该条件成立，则执行其下的代码print("该公司2023年税额低于标准")；反之，继续判断第二个条件表达式tax==standard。若该条件成立，则执行其下的代码print("该公司2023年税额符合标准")；反之，执行最后一个else下的代码print("该公司2023年税额高于标准")。根据tax=530和standard=550可知，第4行if多分支结构中的第一个条件表达式tax<standard成立，因此输出“该公司2023年税额低于标准”。此时if多分支程序结束，第6至第9行的程序不会被运行。程序将直接运行if多分支结构之后的print("比较完毕！")。

若将tax的值修改为560，多分支结构的程序示例如图3-10所示。

```
1  # 多分支结构程序示例
2  tax = 560
3  standard = 550
4  if tax<standard:
5      print("该公司2023年税额低于标准")
6  elif tax==standard:
7      print("该公司2023年税额符合标准")
8  else:
9      print("该公司2023年税额高于标准")
10 print("比较完毕！")
```

```
该公司2023年税额高于标准
比较完毕！
```

图3-10 多分支结构程序示例

从图3-10中可以看出，根据tax=560和standard=550可知，第4行if多分支结构中第一个条件表达式tax<standard不成立，因此不会运行第5行的print("该公司2023年税额低于标准")；继续判断第二个条件表达式tax==standard，该条件依然不成立，不会执行其下第7行的代码print("该公司2023年税额符合标准")，而是执行最后一个else下的代码print("该公司2023年税额高于标准")，即输出“该公司2023年税额高于标准”。此时if多分支程序结束，直接运行if多分支结构之后的print("比较完毕！")。

任务实施

本任务包括四大步：第一步，计算CRHC公司连续三年的企业所得税贡献率；第二步，使用多分支结构判断2021年和2022年的企业所得税风险及偏离情况；第三步，使用两个分支的嵌套结构判断2023年企业所得税风险及偏离情况；第四步，使用折线图简单展示企业所得税贡献率变动趋势。

一、计算CRHC公司连续三年的企业所得税贡献率

计算CRHC公司企业所得税贡献率

步骤1：新建一个Python文件，命名为“项目三-任务二.ipynb”。

步骤2：使用Markdown模式为程序添加一个说明性标题，输入下列内容并运行：

```
### 一、计算CRHC公司连续三年的企业所得税贡献率
```

步骤3：计算2021年的企业所得税贡献率需要用到当年的所得税申报金额（应纳所得税税额）和营业收入金额，下面代码将使用变量incomeTax2021和operatingRevenues2021

保存这两个值，再按照企业所得税贡献率=所得税申报数据（应纳所得税税额）/营业收入×100%，计算并输出2021年的企业所得税贡献率。代码如下：

```
incomeTax2021 = 32168030
operatingRevenues2021 = 227656041
# 计算2021年的企业所得税贡献率
taxConRate2021 = incomeTax2021 / operatingRevenues2021
# 以保留2位小数的百分比形式输出2021年的企业所得税贡献率
print(f'{taxConRate2021:.2%}')
```

运行代码，结果输出14.13%，表明CRHC公司2021年的企业所得税贡献率为14.13%。

步骤4：同步骤3，计算2022年的企业所得税贡献率需要用到当年的所得税申报数据（应纳所得税税额）和营业收入金额，下面代码将定义列表变量list2022保存这两个值，再计算出企业所得税贡献率。代码如下：

```
list2022 = [43372770, 225731755]
# 计算2022年的企业所得税贡献率
taxConRate2022 = list2022[0] / list2022[1]
# 以保留2位小数的百分比形式输出2022年的企业所得税贡献率
print(f'{taxConRate2022:.2%}')
```

列表list2022中包含2个元素，分别是所得税申报数据和营业收入；list2022[0]和list2022[1]分别从列表list2022中提取索引为0和索引为1的元素，并按照企业所得税贡献率的公式，计算得到变动率taxConRate2022；最后使用print()将taxConRate2022以保留2位小数的百分比形式输出。

运行代码，结果输出19.21%，表明CRHC公司2022年的企业所得税贡献率为19.21%，即该公司2022年的企业所得税贡献率比2021年升高。

步骤5：计算2023年的企业所得税贡献率需要用到当年的所得税申报数据（应纳所得税税额）和营业收入金额，下面的代码将定义字典cDict变量保存这两个值，再计算出企业所得税贡献率。代码如下：

```
cDict = {'incomeTax2023':37674930,'operatingRevenues':222938637}
# 计算2023年的企业所得税贡献率
taxConRate2023 = cDict['incomeTax2023'] / cDict['operatingRevenues']
# 以保留2位小数的百分比形式输出2023年的企业所得税贡献率
print(f'{taxConRate2023:.2%}')
```

字典cDict中包含2对键值对，分别代表2023年的所得税申报数据（应纳所得税税额）和营业收入；在字典cDict中调取数据需要用到键名，cDict['incomeTax2023']是指字典中键名为'incomeTax2023'的值，cDict['operatingRevenues']是指字典中键名为'operatingRevenues'的值。按照企业所得税贡献率的公式，计算得到变动率taxConRate2023；最后使用print()将taxConRate2023以保留2位小数的百分比形式输出。

运行代码，结果输出16.90%，表明CRHC公司2023年的企业所得税贡献率为16.90%，即该公司2023年的企业所得税贡献率比2022年有所下降。

使用多分支结构判断企业所得税风险及偏离情况

二、使用多分支结构判断2021年和2022年企业所得税风险及偏离情况

步骤1：使用Markdown模式添加一个说明性标题，输入下列内容并运行：

```
### 二、使用多分支结构判断2021年和2022年企业所得税风险及偏离情况
```

步骤2：定义列表taxConRate存储连续三年的所得税贡献率。代码如下：

```
taxConRate = [taxConRate2021, taxConRate2022, taxConRate2023]
print("2021年、2022年、2023年的企业所得税贡献率分别是:\n", taxConRate)
```

运行代码，结果如图3-11所示。

```
2021年、2022年、2023年的企业所得税贡献率分别是:
 [0.141301016475113, 0.1921429707574816, 0.16899237613980747]
```

图3-11　2021年至2023年企业所得税贡献率

步骤3：计算2021年企业所得税贡献率与行业均值的差，并使用round()函数将差以4位小数精度进行四舍五入，再将其绝对值与预警偏差比较，判断是否存在风险。代码如下：

```
averageRate2021 = 0.1749
ratio2021= round(taxConRate[0]-averageRate2021, 4)
if abs(ratio2021)> 0.03:
    print('2021年企业所得税有风险')
else:
    print('2021年企业所得税不存在风险')
```

运行代码，输出“2021年企业所得税有风险”。

步骤4：进一步地，用多分支结构判断2021年企业所得税风险是出现正偏离还是负偏离。代码如下：

```
if ratio2021> 0.03:
    print('2021年企业所得税贡献率出现正偏离')
elif ratio2021<-0.03:
    print('2021年企业所得税贡献率出现负偏离')
else:
    print('2021年企业所得税不存在偏离情况')
```

运行代码，输出“2021年企业所得税贡献率出现负偏离”。

【思考】

上面代码中，else分支有没有机会运行?

步骤5：计算2022年企业所得税贡献率与行业均值的差，并将其与预警偏差比较，输出是否存在偏离情况。代码如下：

```
averageRate2022 = 0.1831
ratio2022= round(taxConRate[1]-averageRate2022, 4)
```

```
if ratio2022> 0.03:
    print('2022年企业所得税贡献率出现正偏离')
elif ratio2022<-0.03:
    print('2022年企业所得税贡献率出现负偏离')
else:
    print('2022年企业所得税不存在风险')
```

运行代码，输出“2022年企业所得税不存在风险”。

使用嵌套分支结构判断企业所得税风险及偏离情况

三、使用嵌套分支结构判断2023年企业所得税风险及偏离情况

步骤1：使用Markdown模式添加一个说明性标题，输入下列内容并运行：

```
### 三、使用嵌套分支结构判断2023年企业所得税风险及偏离情况
```

步骤2：将2023年企业所得税贡献率与行业均值进行比较，判断是否存在风险及风险偏离情况。代码如下：

```
averageRate2023 = 0.1340
ratio2023= round(taxConRate[2]-averageRate2023, 4)
if abs(ratio2023)> 0.03:
    print('2023年企业所得税存在风险')
    if ratio2023> 0.03:
        print('2023年企业所得税贡献率出现正偏离')
    else:
        print('2023年企业所得税贡献率出现负偏离')
else:
    print('2023年企业所得税不存在风险')
```

当if结构中嵌入另一个if结构时，称为嵌套分支结构。在上述代码中，当条件abs(ratio2023)> 0.03为真时，进入if分支体，执行print('2023年企业所得税存在风险')和内嵌的if ratio2023> 0.03条件判断；若ratio2023> 0.03条件为真，则执行print('2023年企业所得税贡献率出现正偏离')，否则执行print('2023年企业所得税贡献率出现负偏离')。而当条件abs(ratio2023)> 0.03为假时，则执行print('2023年企业所得税不存在风险')。

运行代码，输出“2023年企业所得税存在风险”和“2023年企业所得税贡献率出现正偏离”。

四、使用折线图展示企业所得税贡献率变动趋势

步骤1：使用Markdown模式添加一个说明性标题，输入下列内容并运行：

```
### 四、使用折线图展示企业所得税贡献率变动趋势
```

步骤2：导入matplotlib.pyplot，为绘制折线图做好准备。代码如下：

```
import matplotlib.pyplot as plt
```

步骤3：绘制企业所得税贡献率折线图。代码如下：

```
plt.figure (figsize=(3,2))   # 设置图形大小
plt.plot(['2021','2022','2023'],taxConRate)
```

```
plt.show()  #显示图形
```

plt.plot()函数的第1个参数['2021','2022','2023']提供了x轴标签，第2个参数taxConRate提供了y轴数据。最后由plt.show()显示图形。

运行代码，结果如图3-12所示。从图中可知，该公司在2021年和2022年时，企业所得税贡献率逐年上升，2023年企业所得税贡献率下滑，但下滑幅度不大。

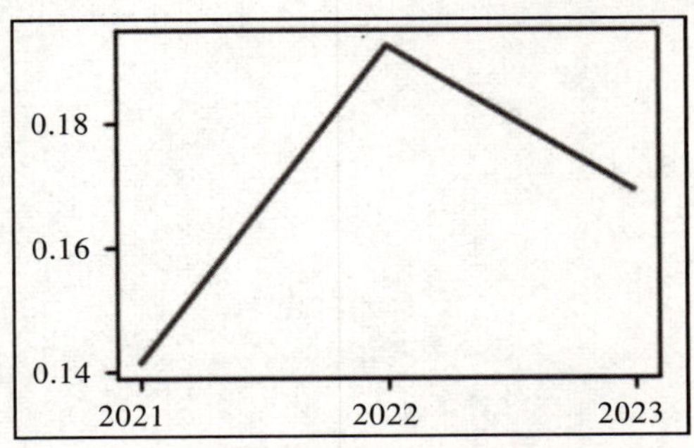

图3-12　企业所得税贡献率变动趋势折线图

项目小结

本项目围绕使用if单分支结构、双分支结构程序计算2021年至2023年增值税税负率、使用if多分支结构和if嵌套结构计算2021年至2023年企业所得税贡献率两个任务，讲解了Python语言中的if单分支结构、双分支结构、多分支结构等知识，以及使用单分支、双分支、多分支、嵌套分支完成任务的技术和技能。分支结构是构造复杂逻辑判断程序的基础，只有掌握了本项目的知识和技能，才能更好地学习后续内容。

素质提升

利用Python分支结构程序进行税务预警是现阶段的发展趋势。本项目利用Python分支结构程序实现增值税税务预警和企业所得税税务预警。同学们在学习财经专业知识的过程中，要主动将新技术融入专业，实现跨学科融合；同时，要将依法纳税的法定义务牢记于心，做一名合格的、遵纪守法的新时代复合型人才，为更好地胜任未来岗位做好能力储备。

实战演练

一、单项选择题

1.下列选项中，不属于Python程序的分支结构的是（　　）。

A.Python程序　　B.双分支结构　　C.多分支结构　　D.单分支结构

2.下列选项中，if的条件表达式是假值的是（　　）。

A. if(6>5 and 11<13)　　B.if(3>2 or 12<13)

C. if(not True)　　D.if(not 8<2)

3.下列代码输出的是（　　）。

```
x=123
y=378
if (x-y<0):
    print('x小于y')
elif(x-y==0):
    print('x等于y')
else:
    print('x大于y')
```

A.x小于y　　B.x等于y

C.x大于y　　D.没有任何print()语句会执行

4.根据表3-3给出的A公司和B公司净资产收益率和行业平均值，下面划线处的代码为（　　），可以完成对该年度A公司、B公司的净资产收益率和行业平均值的比较。

表3-3　　2023年净资产收益率相关数据

指标名称	行业平均值	A公司	B公司
净资产收益率	13.78%	9.18%	18.9%

```
#比较A公司、B公司的净资产收益率和行业平均值
roeAvg = 0.1378        #行业平均净资产收益率
AROE = 0.0918          #A公司的净资产收益率
BROE = 0.1890          #B公司的净资产收益率
if__________________
    print('2023年A公司的净资产收益率低于行业平均值。')
```

A.AROE<BROE　　B.AROE<roeAvg

C.AROE>roeAvg　　D.BROE<roeAvg

5.根据表3-3中的数据，下面划线处的代码为（　　），可以完成对该年度A公司、B公司的净资产收益率和行业平均值的比较。

```
#比较A公司、B公司的净资产收益率和行业平均值
roeAvg = 0.1378      #行业平均净资产收益率
AROE = 0.0918        #A公司的净资产收益率
BROE = 0.1890        #B公司的净资产收益率
if___________________________________
    print('2022年A公司的净资产收益率低于行业平均值和B公司。')
```

A.AROE<BROE and BROE<roeAvg

B.AROE>BROE and BROE>roeAvg

C.AROE>roeAvg and AROE<BROE

D.AROE<roeAvg and AROE<BROE

二、实操题

现有CRHC公司的部分财务数据，见表3-4和表3-5。依据此数据，完成下面的编程：

1. 参照营业收入税收负担率的计算公式，编程计算该公司2021年至2023年的营业收入税收负担率。

2. 编程判断CRHC公司各年营业收入税收负担率风险及偏离情况。

3. 使用折线图展示营业收入税收负担率变动趋势。

表3-4　CRHC公司相关财务数据　单位：千元

报表项目	2023年	2022年	2021年
营业收入	222 938 637	225 731 755	227 656 041
支付的各项税费	17 835 090.96	18 510 003.91	20 261 387.65

表3-5　营业收入税收负担率计算公式及行业指标值

预警指标	行业指标值	税务风险预警指标计算公式	预警偏差（行业规律）
营业收入税收负担率	2023年：8.33% 2022年：8.10% 2021年：8.90%	营业收入税收负担率=支付的各项税费/营业收入×100%	1%

项目四

Python循环结构程序设计

学习目标

【知识目标】

- 掌握for循环、while循环和列表推导式的用法
- 掌握range()函数的用法
- 了解continue语句和break语句的用法
- 了解嵌套循环的用法

【技能目标】

- 能熟练使用循环实现简单、规律、重复的业务计算逻辑
- 会使用continue和break实现较复杂的程序流程

【素质目标】

- 通过理解循环程序运行逻辑，加强学生的细致逻辑思维和缜密思考能力
- 通过动手编写和调试循环程序，培养学生既动脑又动手的学习习惯，以及与计算机协同工作的意识和能力

项目说明

现有CRHC公司自2016年至2023年的利润表（部分数据），见表4-1，请根据这些数据，采用环比动态变动比率分析方法，完成该企业的利润总体趋势分析。

表 4-1 CRHC公司利润表相关数据 单位：千元

报表项目	2023年	2022年	2021年	2020年	2019年	2018年	2017年	2016年
营业收入	222 938 637	225 731 755	227 656 041	229 010 833	219 082 641	211 012 560	229 722 154	241 912 636
营业成本	211 172 568	215 200 819	215 346 420	213 439 699	208 955 200	200 422 951	216 263 818	226 800 000
营业利润	15 979 702	12 831 064	15 318 113	15 822 704	14 734 830	14 743 158	15 194 436	15 913 100
利润总额	16 119 668	13 754 823	15 991 090	16 608 325	15 342 372	15 399 315	16 934 579	17 048 431
净利润	14 352 175	12 417 546	13 823 060	13 823 701	12 998 507	13 011 550	13 909 909	14 097 878

环比动态变动比率是以每一分析期的前期数额为基期数额而计算出来的动态比率。此方法的计算方式如下：

变动率=（本期数额-上期数额）/上期数额×100%

本项目包括以下四项任务：

1. 使用for循环计算营业收入2017年至2023年的变动率，并分析其变动趋势；
2. 使用while循环计算营业成本2017年至2023年的变动率，并分析其变动趋势；
3. 使用列表表达式计算营业利润2017年至2023年的变动率，并分析其变动趋势；
4. 使用嵌套循环计算营业收入、营业成本、营业利润、利润总额和净利润的各年变动率，并分析其变动趋势。

任务一 使用for循环计算营业收入2017年至2023年的变动率

任务分析

将连续数年的利润表各项目进行比较，计算出各项目的增减变动率并分析各项目变动对利润的影响，是企业基于利润表进行趋势分析，发现重要或异常变化，并采取积极措施进一步开拓市场、加强管理、增收节支，促进经济效益提升的重要手段。

营业收入变动率的计算公式如下：

营业收入变动率=（营业收入本期金额-营业收入上期金额）/营业收入上期金额×100%

结合表4-1所示的数据，若要计算2023年的营业收入变动率，则应将2023年的营业收入和2022年的营业收入代入公式，得到（222 938 637-225 731 755）÷225 731 755×100%=-1.24%。但若要计算自2017年至2023年各年的变动率，就必须按公式计算7次。显然，这是一个重复计算的过程。对于重复、有规律的计算，Python提供了循环结构程序，以快速实现这类计算。

相关知识

循环结构是程序的三种基本逻辑结构之一，用于在程序中按照某种规律重复执行某段代码。Python常用的循环结构有for循环和while循环。

一、for循环认知

for循环认知与示例

（一）for循环语法格式

Python中的for循环语法格式如下：

```
for 循环变量 in 迭代器:
    循环体(重复执行的代码)
```

for循环语法中包含三部分：for循环变量、in迭代器、循环体。其中，for和in是Python中的关键字；for后的循环变量从in后的迭代器中重复顺序取值；迭代器可以看作一个值序列或值集合，字符串、列表、元组、字典等可以作为循环迭代器；在循环过程中，循环变量依次从迭代器中取出各个值，循环变量每取到一个值，循环体就执行一次，循环往复，直到迭代器中的值全部取完时，循环结束。

for语法要求for、in与循环变量、迭代器之间各应至少用一个空格分开，连在一起时会引起语法错误；迭代器后的冒号必须使用英文输入法输入；循环体部分的代码要在for下缩进，缩进量通常是4个字符。

（二）for循环应用示例

（1）以列表作为for循环迭代器，为循环变量提供数据，代码示例如图4-1所示。

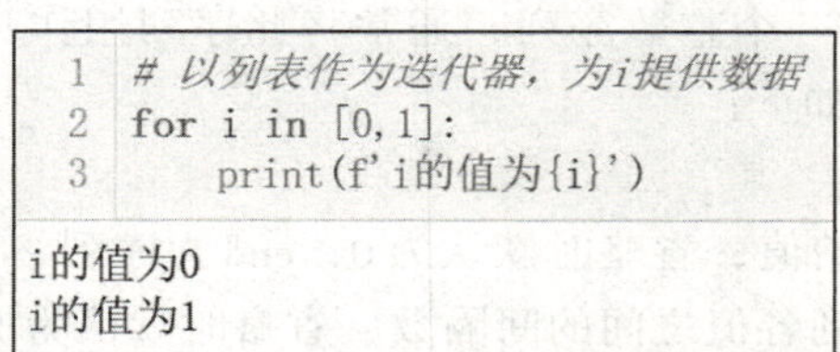

```
# 以列表作为迭代器，为i提供数据
for i in [0,1]:
    print(f'i的值为{i}')
```

```
i的值为0
i的值为1
```

图4-1 以列表作为for循环迭代器

其中，i是循环变量，列表[0,1]是循环迭代器，在for下方缩进的print()函数是循环体。第1次循环，i从列表中取0，循环体输出“i的值为0”；第2次循环，i从列表中取1，循环体输出“i的值为1”。列表中共有2个元素，故i可以依次取到2个值，对应地执行2次循环体。

（2）以元组作为for循环迭代器，为循环变量提供数据，代码示例如图4-2所示。

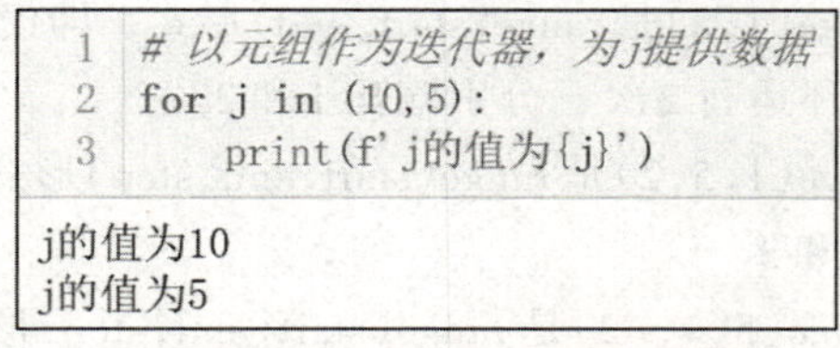

```
# 以元组作为迭代器，为j提供数据
for j in (10,5):
    print(f'j的值为{j}')
```

```
j的值为10
j的值为5
```

图4-2 以元组作为for循环迭代器

其中，j是循环变量，元组(10,5)是循环迭代器，在for下方缩进的print()函数是循环体。第1次循环，j从元组中取10，循环体输出“j的值为10”；第2次循环，j从元组中取5，循环体输出“j的值为5”。元组中共有2个元素，故j可以依次取到2个值，对应地执行2次循环体。

(3) 以字符串作为for循环迭代器，为循环变量提供数据，代码示例如图4-3所示。

```
# 将以空格切分后的字符串作为迭代器，为k提供数据
for k in '营业收入 营业成本 营业利润'.split():
    print(f'k的值为{k}')
```

```
k的值为营业收入
k的值为营业成本
k的值为营业利润
```

图4-3　以字符串作为for循环迭代器

其中，k是循环变量，'营业收入 营业成本 营业利润'.split()是循环迭代器，在for下方缩进的print()函数是循环体。注意此处的循环迭代器，'营业收入 营业成本 营业利润'本身是字符串，split()函数以空格为分隔符，将此字符串切分为3个子字符串：'营业收入'、'营业成本'和'营业利润'，这3个子字符串充当循环的迭代器，循环将执行3次，每次k取其中一个子字符串，最终完成3次print()的输出。

二、range()函数认知

range()函数可以生成一个整数序列，通常将此序列用作for循环的迭代器。range()函数语法格式如下：

range函数认知

range(start,end,step)

其中：start为序列起始值，省略时默认为0；end为序列终止值，不可省略；step为步长，表示序列各值之间的间隔数，省略时默认为1。需要注意的是，range()序列的最后一个值不包括end在内。

依照start参数和step参数的缺省情况，range()可以有如下三种情形：range(end)、range(start,end)和range(start,end,step)。下面将range()函数作为for循环迭代器，以说明range()函数的使用方法。代码示例如图4-4所示。

图4-4（a）图中，range(2)是range(end)形式，即省略start和step，只有end，由于range(end)生成的序列不包括end在内，故而range(2)生成的序列只包括0和1。循环运行2次，分别输出0和1。

图4-4（b）图中，range(1,3)是range(start,end)形式，即仅省略step，故而range(1,3)生成的序列包括1和2。循环运行2次，分别输出1和2。

图4-4（c）图中，range(1,5,2)是range(start,end,step)形式，生成的序列包括1和3。循环运行2次，分别输出1和3。

图4-4（d）图中，range(5,1,-2)是range(start,end,step)形式，生成的序列包括5和3。循环运行2次，分别输出5和3。

图4-4（e）图和（f）图中的range()函数及for循环结果，请读者们自行解读。

```
# 省略start（默认为0）和step（默认为1）
# 序列不包括end在内
for i in range(2):
    print(i)
```

```
0
1
```

（a）range()函数示例 1

```
# 省略step（默认为1）
# 从1开始，不包括3在内的序列
for i in range(1,3):
    print(i)
```

```
1
2
```

（b）range()函数示例 2

```
# 从1开始，步长为2，不包括5在内的序列
for i in range(1,5,2):
    print(i)
```

```
1
3
```

（c）range()函数示例 3

```
# 从5开始，步长为-2，不包括1在内的序列
for i in range(5,1,-2):
    print(i)
```

```
5
3
```

（d）range()函数示例 4

```
# 从-5开始，步长为2，不包括-1在内的序列
for i in range(-5,-1,2):
    print(i)
```

```
-5
-3
```

（e）range()函数示例 5

```
# 从5开始，步长为2，不包括1在内的序列
# 因初值无法通过步长逼近终值，故为空序列
# 序列为空，无法进入循环体，故无任何输出
for i in range(5,1,2):
    print(i)
```

（f）range()函数示例 6

图 4-4　range()函数示例

任务实施

本任务包括三大步：第一步，利用环比动态变动比率分析方法计算营业收入2023年的变动率；第二步，在第一步基础上引入循环，计算营业收入连续多年的变动率；第三步，使用折线图简单展示营业收入变动趋势。

使用for循环计算营业收入变动率

一、计算营业收入2023年的变动率

步骤1：新建一个Python文件，命名为“项目四-任务一.ipynb”。

步骤2：使用Markdown模式为程序添加一个说明性标题，输入下列内容并运行：

```
### 一、计算营业收入2023年的变动率
```

步骤3：计算营业收入2023年的变动率需要使用营业收入2023年的金额和2022年的金额，定义列表变量operatingRevenues保存这两个金额，再按照营业收入变动率公式计算并输出相应结果。代码如下：

```
# 定义列表operatingRevenues,用于存储营业收入2023年和2022年的金额(千元)
operatingRevenues=[222938637,225731755]
# 计算营业收入2023年的变动率
rateOfChange=(operatingRevenues[0]-operatingRevenues[1])/operatingRevenues[1]
# 以保留2位小数的百分比形式,输出营业收入2023年的变动率
print(f'{rateOfChange:.2%}')
```

列表 operatingRevenues 中包含 2 个元素，分别是营业收入 2023 年和 2022 年的金额；operatingRevenues[0]和 operatingRevenues[1]分别从列表 operatingRevenues 中提取索引为 0 和索引为 1 的元素，并按照营业收入变动率公式，计算得到变动率 rateOfChange；最后使用 print()将 rateOfChange 以保留 2 位小数的百分比形式输出。

运行代码，结果输出-1.24%，表明 CRHC 公司 2023 年的营业收入变动率为负，即该公司 2023 年的营业收入比 2022 年减少了。

二、使用 for 循环计算营业收入变动率

步骤 1：使用 Markdown 模式添加一个说明性标题，输入下列内容并运行：

```
### 二、使用 for 循环计算营业收入变动率
```

步骤 2：定义列表 operatingRevenues，存储营业收入连续多年的金额（金额单位：千元），采用 for 循环编程，实现逐年计算营业收入的变动率。代码如下：

```
# 定义列表,存储营业收入连续多年的金额(千元)
operatingRevenues=[222938637,225731755,227656041,229010833,219082641,211012560,
                   229722154,241912636]
# 计算营业收入的各年变动率
rate0=[]                              # rate0 为空列表
length=len(operatingRevenues)         # length 为 operatingRevenues 长度
for i in range(length-1):
    # 计算变动率 rateOfChange
    rateOfChange=(operatingRevenues[i]-operatingRevenues[i+1])/operating Revenues[i+1]
    # 以保留 2 位小数的百分比形式输出变动率
    print(f'{rateOfChange:.2%}',end=' ')
    # 将 rateOfChange 逐个添加到 rate0 列表中
    rate0.append(rateOfChange)
```

列表 operatingRevenues 中包含 8 个元素，分别是营业收入自 2023 年至 2016 年的金额，各元素从左至右索引依次为 0,1,…,7；列表 rate0 用于保存在 for 循环中逐年计算得到的营业收入变动率；length 变量保存了列表 operatingRevenues 的长度，用于控制 for 循环次数。

对于此循环来说，找到重复计算的规律，并设计好循环控制逻辑是重中之重。从 2023 年营业收入变动率计算程序中可知，该年变动率计算使用了列表 operatingRevenues 中索引为 0 和索引为 1 的元素；类推一下，若计算 2022 年营业收入变动率，则需使用列表 operatingRevenues 中索引为 1 和索引为 2 的元素；若计算 2017 年营业收入变动率，则需使用列表 operatingRevenues 中索引为 6 和索引为 7 的元素；变动率计算需要循环 7 次，每次循环分别计算 2023 年、2022 年……2017 年等各年的变动率。循环逻辑推理如图 4-5 所示。

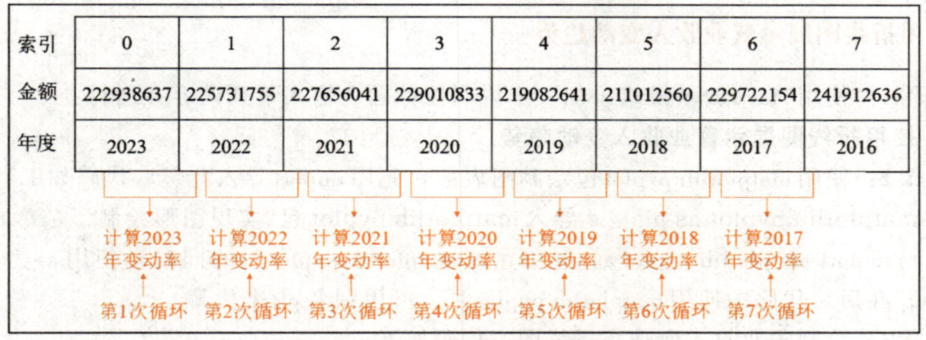

索引	0	1	2	3	4	5	6	7
金额	222938637	225731755	227656041	229010833	219082641	211012560	229722154	241912636
年度	2023	2022	2021	2020	2019	2018	2017	2016

图4-5　循环逻辑推理图

根据上述推理，进一步来设计for循环的循环条件和循环体代码。循环计算过程中，由变量i指示当前循环所需金额在列表operatingRevenues中的索引。如第1次循环所使用的金额为2023年金额和2022年金额，对应的索引分别为0和1，若i当前值为0，则2023年金额为operatingRevenues[0]，2022年金额为operatingRevenues[1]；所有循环中i值的变化及索引对应关系如图4-6所示。

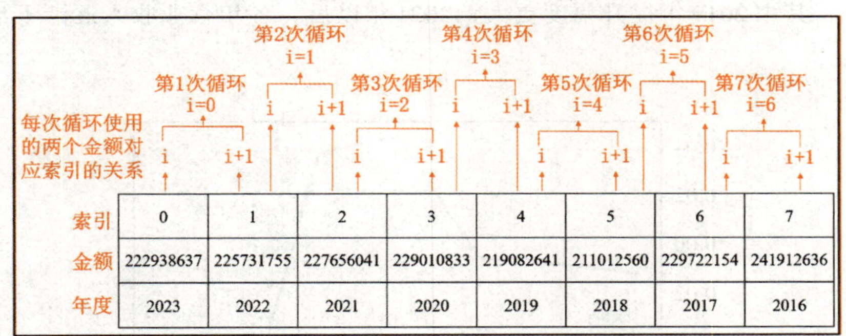

索引	0	1	2	3	4	5	6	7
金额	222938637	225731755	227656041	229010833	219082641	211012560	229722154	241912636
年度	2023	2022	2021	2020	2019	2018	2017	2016

图4-6　i值的变化及索引对应关系图

由图4-6可知，7次循环中，i值由0变为6，每次循环中所使用的两个金额对应的索引可分别表示为i和i+1。上述代码中，range(length-1)即range(7)，给出了i值的取值序列0,1,2,3,4,5,6，确定了循环次数为7次。每次循环时，i依序从序列中取值，并根据i的值提取operatingRevenues[i]和operatingRevenues[i+1]参与变动率计算。计算结果由print()输出，并将每个rateOfChange添加到列表rate0中。

运行代码，结果如图4-7所示。

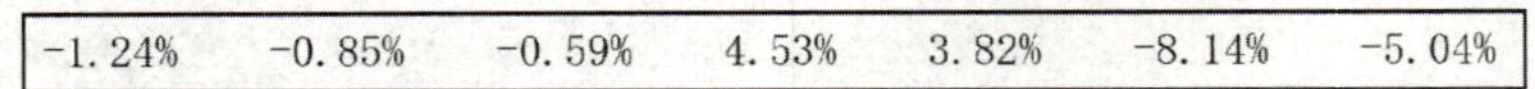

```
-1.24%    -0.85%    -0.59%    4.53%    3.82%    -8.14%    -5.04%
```

图4-7　营业收入变动率

◎提示

注意print()函数中的参数end='　　'，它表示在每个输出值后添加4个空格，以将多个输出值空开，增强输出结果的阅读性。

三、使用折线图展示营业收入变动趋势

步骤1：使用Markdown模式添加一个说明性标题，输入下列内容并运行：

```
### 三、使用折线图展示营业收入变动趋势
```

步骤2：使用matplotlib.pyplot包绘制图表前，先用import导入此包。代码如下：

```
import matplotlib.pyplot as plt    # 导入matplotlib.pyplot包,实现图形绘制
```

代码import matplotlib.pyplot as plt在导入matplotlib.pyplot包的同时，使用as为其命别名为plt，在后续代码中使用matplotlib.pyplot时，可用别名plt来代替。

步骤3：绘制营业收入变动率折线图。代码如下：

```
# 绘制折线图
plt.plot(['2023','2022','2021','2020','2019','2018','2017'],rate0)
plt.show()  # 显示图表,可以省略,省略后由Jupyter显示图表
```

plt.plot()用来绘制折线图，其中第1个参数['2023','2022','2021','2020','2019','2018','2017']提供了x轴标签，第2个参数rate0提供了y轴数据。最后由plt.show()显示图表。

运行代码，结果如图4-8所示。从图中可知，该公司在2019年和2020年时，营业收入同比上升，其中2019年提升幅度更大；2021年以后，各年营业收入逐渐下滑，但下滑幅度不大。

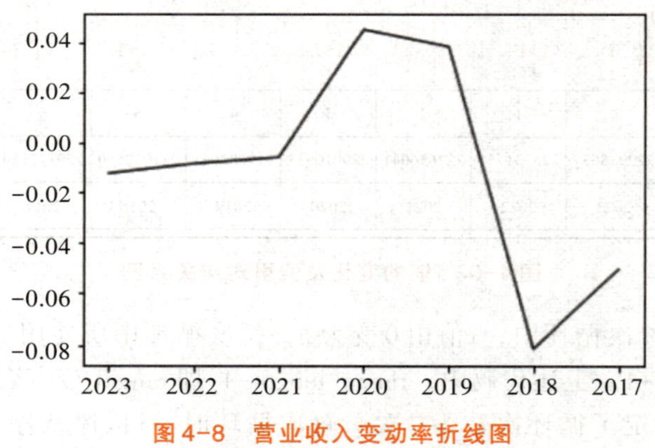

图4-8　营业收入变动率折线图

任务二　使用while循环计算营业成本2017年至2023年的变动率

任务分析

营业成本变动率的计算公式如下：

营业成本变动率=（营业成本本期金额-营业成本上期金额）/营业成本上期金额×100%

同样地，若要计算自2017年至2023年的变动率，也需要重复计算此公式，对应地需要使用循环程序来实现。除了for循环外，Python还提供了while循环。本任务将使用while

循环来完成营业成本变动率的计算。

相关知识

与for循环使用in子句指明在已知循环次数或已知循环序列下运行的情况不同，while循环主要根据给定的循环条件判断是否可以执行循环：若满足循环条件，则执行循环；否则不执行循环，并转到循环下的其他代码继续运行。

一、while循环认知

while循环语法格式如下：

while 条件表达式:
    循环体

其中，while是Python关键字，其后为条件表达式。执行while循环时，先计算条件表达式的值，如果值为True就执行循环体；循环体执行结束后，再次计算并判断条件表达式，为True则继续执行循环体；重复上述操作直到条件表达式为False，循环停止。

while循环认知与示例

若while条件表达式中用到循环变量，则应在while之前的代码中对循环变量赋初值。同时，要注意while条件表达式后面的英文冒号:不可省略，循环体要注意缩进。

二、while循环应用示例

while循环应用示例如图4-9所示。

```
1  i = 0                  # 循环变量赋初值
2  while i < 2:
3      print(f'i的值为{i}')
4      i = i + 1          # 循环变量递增

i的值为0
i的值为1
```

图4-9　while循环示例

此例中，循环变量i的初值为0，执行while i<2时，判断i<2是否成立，若成立，执行循环体（第3行和第4行代码）；注意循环体的最后一条命令是i=i+1，即令i增1，这样可使循环变量i逐渐向条件表达式中的2逼近。执行完循环体，程序将转回第2行的循环入口处，再次进行i<2的判断，若条件成立，继续执行循环体，直到i<2不成立，循环结束。

【知识拓展】

在循环结构中，有两个常用的可以控制程序逻辑发生改变的语句：continue和break。这两个语句常用于在循环体中等待一定条件满足时，改变循环执行逻辑。其中，continue语句可以结束本次循环，直接转到循环入口处重新进行下一次循环条件判断；break语句可以直接结束整个循环的执行，直接转到循环后的其他语句处继续执行。

continue语句示例如图4-10所示。

```
for i in ('abc'):
    if i=='b':
        continue
    print(f'i的值为{i}')
```

```
i的值为a
i的值为c
```

（a）for循环中的continue语句

```
i = 0           # 循环变量赋初值
while i < 3:
    i = i + 1   # 循环变量递增
    if i==1:
        continue
    print(f'i的值为{i}')
```

```
i的值为2
i的值为3
```

（b）while循环中的continue语句

图4-10 continue语句示例

在图4-10（a）图中，i在字符串'abc'对应的序列'a' 'b' 'c'中循环，每次循环取其中一个字符。当i为'b'时，if条件满足，执行continue语句，提前结束本次循环，即不运行字符b的输出，而是转到循环入口处，取序列中的下一个值去执行循环。

在图4-10（b）图中，当循环变量i等于0时，while条件i<3满足，进入while循环，将i值增1，此时if条件i==1满足，因而执行continue语句，提前结束本次循环，即不运行i值为1的输出，而是转到循环入口处执行while下一次条件判断。

break语句示例如图4-11所示。

```
1 for i in ('abc'):
2     if i=='b':
3         break
4     print(f'i的值为{i}')
5 print('循环结束')
```

```
i的值为a
循环结束
```

（a）for循环中的break语句

```
1 i = 0           # 循环变量赋初值
2 while i < 3:
3     i = i + 1   # 循环变量递增
4     if i==1:
5         break
6     print(f'i的值为{i}')
7 print('循环结束')
```

```
循环结束
```

（b）while循环中的break语句

图4-11 break语句示例

在图4-11（a）图中，i在字符串'abc'对应的序列'a' 'b' 'c'中逐个取值循环；当i为'b'时，if条件i=='b'满足，执行break语句，提前结束循环，转去执行循环之后的print语句，即输出：循环结束。注意，此代码中的第5行代码不属于循环体代码。

在图4-11（b）图中，当循环变量i等于0时，while条件i<3满足，进入while循环，将i值增1，此时if条件i==1满足，因而执行break语句，提前结束循环，转去执行循环之后的print语句，即输出：循环结束。注意，此代码中的第7行代码不属于循环体代码。

任务实施

本任务包括两大步：第一步，使用while循环编程计算营业成本的变动率；第二步，使用折线图展示营业成本变动趋势。

使用while循环计算营业成本变动率

一、使用while循环编程计算营业成本变动率

步骤1：新建一个Python文件，命名为“项目四-任务二.ipynb”。

步骤2：使用Markdown模式为程序添加一个说明性标题，输入下列内容并运行：

```
### 一、计算营业成本变动率
```

步骤3：定义列表operatingCosts，存储营业成本连续多年的金额（金额单位：千元），采用while循环编程，实现逐年计算营业成本变动率。代码如下：

```
# 定义列表operatingCosts,存储营业成本自2023年至2016年的金额(千元)
```

```
operatingCosts=[211172568,215200819,215346420,213439699,208955200,200422951,
                216263818,226800000]
#计算营业成本的各年变动率
rate1=[]                          #rate1为空列表
length=len(operatingCosts)        #length为列表operatingCosts的长度
i=0                               #while循环变量赋初值
while i<length-1:
    #计算变动率rateOfChange
    rateOfChange=(operatingCosts[i]-operatingCosts[i+1])/operatingCosts[i+1]
    #以保留2位小数的百分比形式输出变动率
    print(f'{rateOfChange:.2%}',end='  ')
    #将rateOfChange逐个添加到rate1列表中
    rate1.append(rateOfChange)
    i=i+1              #while循环变量增1
```

列表operatingCosts中包含8个元素，分别是营业成本自2023年至2016年的金额，各元素从左至右索引依次为0,1,…,7；列表rate1用于保存在while循环中逐年计算得到的营业成本变动率；length变量保存了列表operatingCosts的长度，用于控制while循环条件。

同样地，需要理清while循环的运行逻辑。需要重复运行的核心命令依然是营业成本各年变动率的计算，循环逻辑依然可参考如图4-5和图4-6所示的循环过程分析，即采用i变量表示列表operatingCosts中元素的索引，以i值的变化来控制循环。

由于while循环条件需要使用循环变量i进行循环条件判断，故在进入while前，需先对循环变量i赋初值，命令i=0是为i赋初值0，0代表列表operatingCosts中2023年营业成本金额的索引。当第1次判断while条件时，i值为0，符合循环条件i<length-1，即可运行while循环体；在循环体内，顺序执行变动率rateOfChange的计算、输出，以及将rateOfChange添加到rate1列表中；命令i=i+1非常重要，它在循环中将i值不断增1，直到某次循环后，i值不再符合循环条件i<length-1，此时便退出循环。

运行代码，结果如图4-12所示。

```
-1.87%    -0.07%    0.89%    2.15%    4.26%    -7.32%    -4.65%
```

图4-12　营业成本变动率

二、使用折线图展示营业成本变动趋势

步骤1：使用Markdown模式添加一个说明性标题，输入下列内容并运行：

```
### 二、使用折线图展示营业成本变动趋势
```

步骤2：导入matplotlib.pyplot包，使用plt.plot()绘制营业成本变动率折线图。代码如下：

```
#导入matplotlib.pyplot包,实现图形绘制
import matplotlib.pyplot as plt
#绘制折线图
plt.plot(['2023','2022','2021','2020','2019','2018','2017'],rate1)
```

```
plt.show() #显示图形
```

运行代码，结果如图4-13所示。从图中可知，该公司在2019年至2021年间，营业成本同比上升，其中2019年提升幅度最大，2020年和2021年提升幅度逐年降低；2022年和2023年的营业成本较前一年均有降低，其中，2023年下降幅度较大。

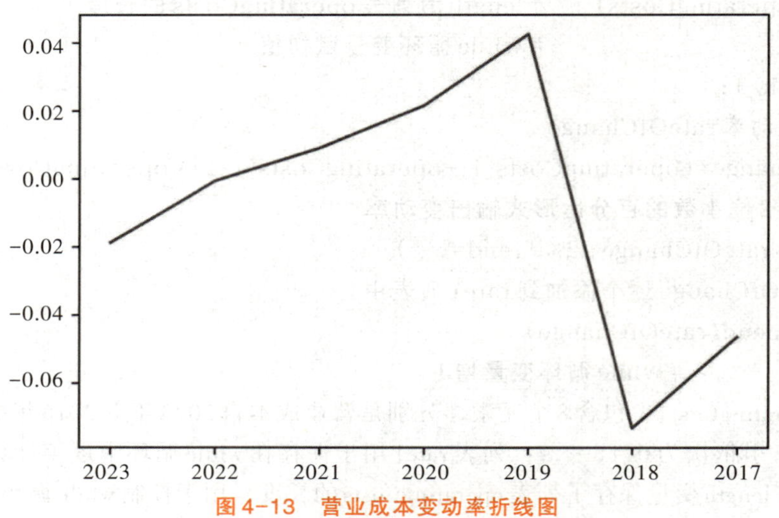

图4-13　营业成本变动率折线图

任务三　使用列表推导式计算营业利润2017年至2023年的变动率

任务分析

营业利润变动率计算公式如下：

营业利润变动率=（营业利润本期金额-营业利润上期金额）/营业利润上期金额×100%

显然计算营业利润变动率也需要使用循环来实现，除了for循环、while循环外，Python还提供了一个非常强大的功能——列表推导式（list comprehension，也可称为列表表达式、列表解析式）。本任务将使用列表推导式来完成营业利润变动率的计算。

相关知识

一、列表推导式认知

列表推导式可以利用Python中的for循环快速生成一个取值有规律的列表，其语法可以是如下两种形式之一：

```
[表达式 for 循环变量 in 可迭代对象]
```

或

```
[表达式 for 循环变量 in 可迭代对象 if 条件]
```

这种生成列表的形式在Python中称为列表推导式。列表推导式利用for循环实现快速操作和计算，并将计算的结果作为列表的元素，从而快速生成列表。第1种形式的列表推导式是以可迭代对象中的每个值作为循环变量，代入表达式中计算出结果，并将计算结果作为列表元素，从而形成新列表；第2种形式的列表推导式是用可迭代对象中满足if条件的每个值作为循环变量，代入表达式中计算出结果，并将计算结果作为列表元素，从而形成新列表。

二、列表推导式应用示例

（一）不带条件的列表推导式应用示例

列表推导式：[i*i for i in (11,12,13)]，根据每次循环的i值计算i*i，并将所有i *i计算得到的结果作为列表元素，此表达式将生成列表[121, 144, 169]。

列表推导式：[x*2 for x in 'abcd']，根据每次循环的x值计算x*2，并将所有x*2计算得到的结果作为列表元素，此表达式将生成列表['aa','bb','cc','dd']。这里需要注意的是，字符串'abcd'作为循环变量x的迭代对象，提供了'a'、'b'、'c'和'd'等4个值，当x取'a'时，对'a'*2意味着将字符'a'重复2次后形成'aa'。

（二）带条件的列表推导式应用示例

在列表推导式 [x+1 for x in [1,2,3,4,5] if x%2 == 0]中，[1,2,3,4,5]提供了循环变量x的取值序列，而if x%2 == 0将对每个x进行判断，若x符合此条件（即x为偶数），则计算x+1；否则，不计算x+1。即if条件限制此列表推导式仅针对偶数x计算x+1，并将计算结果作为列表元素，最终得到列表[3,5]。

任务实施

使用列表推导式计算营业利润变动率

本任务包括三大步：第一步，使用列表推导式计算营业利润的变动率；第二步，使用列表推导式将所有变动率四舍五入保留2位小数；第三步，使用折线图展示营业利润变动趋势。

一、使用列表推导式计算营业利润的变动率

步骤1：新建一个Python文件，命名为“项目四-任务三.ipynb”。

步骤2：使用Markdown模式为程序添加一个说明性标题，输入下列内容并运行：

```
### 一、使用列表推导式计算营业利润的变动率
```

步骤3：定义列表operatingProfit，存储营业利润连续多年的金额（金额单位：千元），采用列表推导式，实现逐年计算营业利润的变动率。输入以下代码并运行：

```
#定义列表operatingProfit,存储营业利润自2023年至2016年的金额(千元)
operatingProfit=[15979702,12831064,15318113,15822704,
                 14734830,14743158,15194436,15913100]
length=len(operatingProfit)    #length为列表operatingProfit的长度
#计算营业利润的各年变动率
rate2=[(operatingProfit[i]-operatingProfit[i+1])/operatingProfit[i+1] for i in range
(length-1)]
```

列表operatingProfit中包含8个元素，分别是营业利润自2023年至2016年的金额，各元素从左至右索引依次为0,1,…,7；length变量保存了列表operatingProfit的长度；[(operatingProfit[i]-operatingProfit[i+1])/operatingProfit[i+1] for i in range(length-1)]的功能是针对range(length-1)序列中的每个i，分别计算(operatingProfit[i]-operatingProfit[i+1])/operatingProfit[i+1]的值，并将计算的结果依次作为列表元素，最后将形成的列表赋值给rate2，即rate2列表保存了营业利润的各年变动率。

二、使用列表推导式将所有变动率保留2位小数

步骤1：使用Markdown模式添加一个说明性标题，输入下列内容并运行：

```
### 二、使用列表推导式将所有变动率四舍五入保留2位小数
```

步骤2：使用列表推导式对rate2中的所有元素四舍五入保留2位小数。代码如下：

```
# 使用round()函数对变动率四舍五入保留2位小数
rate2=[round(x,2) for x  in  rate2]
print(rate2)
```

[round(x,2) for x in rate2] 的功能是针对rate2列表中的每个x，分别计算round(x,2)，并将计算的结果依次作为列表元素，最后将形成的列表重新赋值给rate2，即更新后的rate2列表保存了四舍五入后的营业利润的各年变动率。

运行代码，结果如图4-14所示。

```
[0.25, -0.16, -0.03, 0.07, -0.0, -0.03, -0.05]
```

图4-14 营业利润变动率

三、使用折线图展示营业利润变动趋势

步骤1：使用Markdown模式添加一个说明性标题，输入下列内容并运行：

```
### 三、使用折线图展示营业利润变动趋势
```

步骤2：导入matplotlib.pyplot包，以['2023','2022','2021','2020','2019','2018','2017']为x轴标签，以rate2为y轴数据，使用plt.plot()绘制营业利润变动率折线图。代码如下：

```
# 导入matplotlib.pyplot包，实现图形绘制
import matplotlib.pyplot as plt
# 绘制折线图
plt.plot(['2023','2022','2021','2020','2019','2018','2017'],rate2)
plt.show()
```

运行代码，结果如图4-15所示。从图中可知，该公司在2022年营业利润同比下滑较严重，但在2023年又实现营业利润同比大幅上升。

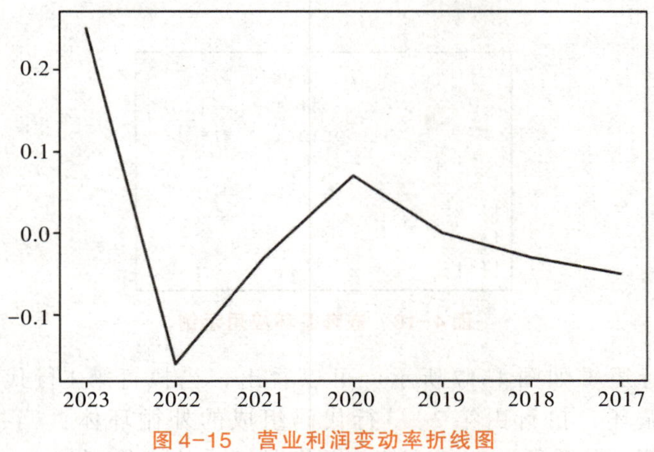

图4-15 营业利润变动率折线图

任务四 使用嵌套循环计算利润表项目变动率

任务分析

前面的三个任务都是使用循环方法各自完成某个利润表项目连续多年变动率的计算，若要编写一段代码，一次性完成多个利润表项目连续多年变动率的计算，则需要按以下方式执行重复运算：

针对多个利润表项目中的某个利润表项目：

针对此利润表项目多年数据中的某年数据：

按照公式：(本期数额-上期数额)/上期数额×100%，计算变动率

两个“针对”描述了一个嵌套循环逻辑，外层的“针对”称为外循环，内层的“针对”称为内循环。本任务将基于此嵌套循环逻辑，计算营业收入、营业成本、营业利润、利润总额和净利润的各年变动率，并分析其变动趋势。

相关知识

一、嵌套循环认知

从字面上理解，嵌套循环就是多个循环结构套在一起，即某个循环是其他循环的循环体。当两个循环嵌套在一起时，称为双重循环。常见的双重循环有双重for循环、双重while循环、双重for循环构成的列表推导式等。

嵌套循环认知与示例

二、嵌套循环应用示例

如图4-16所示的是一个双重for循环的简单示例，其中第1行代码是外层for循环的起点，第2行代码是内层for循环的起点。内外层循环均以range(1,3)作为迭代器，即j和i的取值序列均为1和2。

```
1 for j in range(1,3):
2     for i in range(1,3):
3         print('!'*i*j)
```

```
!
!!
!!
!!!!
```

图4-16 嵌套循环应用示例

此程序的执行逻辑如图4-17所示。可以看出，当执行第1行代码时j=1，进入外层循环的第1次循环，执行由第2、3行代码组成的外循环体：当执行第2行时i=1，进入内层循环的第1次循环，执行由第3行代码组成的内循环体，输出!；由于i有两个取值，故内层循环还应再执行1次，此时i=2，再次执行第3行代码，输出!!；至此，外循环的循环体执行完1次。由于j有两个取值，故外层循环也应再执行1次，此时j=2，进入外层循环的第2次循环，再次执行由第2、3行代码组成的外循环体，以此类推。可以这样简单理解嵌套循环的执行逻辑：每进入一次外循环，内循环就会完整执行一轮。

外循环变量 j	内循环变量 i	命令 print('!'*i*j)	实际输出
=1	=1	print('!'*1*1)	!
	=2	print('!’*2*1)	!!
=2	=1	print('!'*1*2)	!!
	=2	print('!'*2*2)	!!!!

图4-17 嵌套循环执行逻辑

任务实施

本任务包括四大步：第一步，定义存储利润表各项目2023年至2016年间金额的嵌套列表；第二步，使用嵌套列表推导式实现利润表总体分析；第三步，使用嵌套for循环实现利润表总体分析；第四步，使用折线图展示利润表变动趋势。

一、定义存储利润表各项目2023年至2016年金额的嵌套列表

步骤1：新建一个Python文件，命名为“项目四-任务四.ipynb”。

步骤2：使用Markdown模式为程序添加一个说明性标题，输入下列内容并运行：

```
### 一、定义嵌套列表,存储利润表各项目2023年至2016年各年金额(千元)
```

步骤3：定义列表incomeStatement，用于存储利润表各项目2023年至2016年间各年的

金额。代码如下：

```
incomeStatement=[
[222938637,225731755,227656041,229010833,219082641,211012560,229722154,241912636],
[211172568,215200819,215346420,213439699,208955200,200422951,216263818,226800000],
[15979702,12831064,15318113,15822704,14734830,14743158,15194436,15913100],
[16119668,13754823,15991090,16608325,15342372,15399315,16934579,17048431],
[14352175,12417546,13823060,13823701,12998507,13011550,13909909,14097878]
                ]
```

incomeStatement是个嵌套列表，其中每个元素都是列表。incomeStatement共有5个列表元素，分别是营业收入、营业成本、营业利润、利润总额、净利润的各年金额列表。incomeStatement的数据描述如图4-18所示，可以理解为，用类似前面三个任务定义列表的方法，为每个利润表项目定义单独的列表，再将这些单独的列表按序作为另一个列表的元素，形成一个更大的列表。

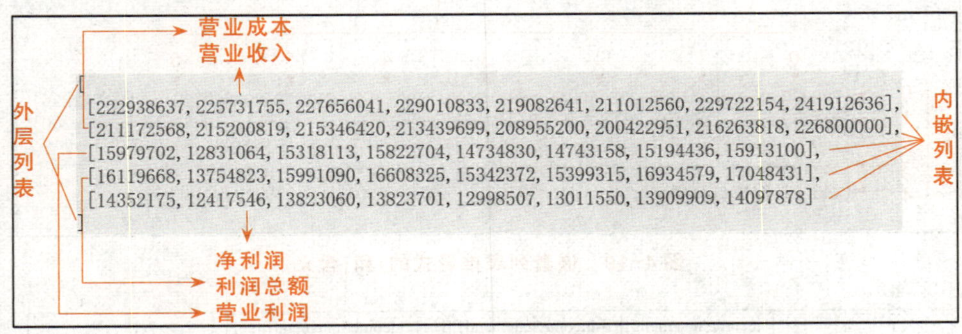

图4-18　嵌套列表数据结构说明

二、使用嵌套列表推导式实现利润表总体分析

步骤1：使用Markdown模式添加一个说明性标题，输入下列内容并运行：

使用嵌套列表推导式实现利润表总体分析

```
### 二、使用嵌套列表推导式实现利润表总体分析
```

步骤2：对列表incomeStatement执行嵌套列表推导式，一次性计算出所有利润表项目各年的变动率。代码如下：

```
# 定义两个变量，分别存储incomeStatement列表的元素个数和内嵌列表包含的元素个数
row=len(incomeStatement)  # incomeStatement外层列表的元素个数
col=len(incomeStatement[0]) # incomeStatement内嵌列表的元素个数
# 计算利润表各项目各年度的变动率，j对所有项目进行循环，i对某项目所有年进行循环
rate=[
    [round((incomeStatement[j][i]-incomeStatement[j][i+1])/incomeStatement[j][i+1],2)
                                                        for i in range(col-1)]
                                                          for j in range(row)]
rate  # 输出rate的值
```

row变量保存了incomeStatement的元素个数5，即营业收入、营业成本、营业利润、利润总额和净利润共5个内嵌列表；range(row)生成序列0,1 ,2, 3, 4，这些数字是列表incomeStatement中各个元素的索引；for j in range(row)循环便是对每个元素进行循环处理。col变量保存了内嵌列表——营业收入（incomeStatement[0]）的元素个数8，即营业收入有连续8年金额数据（注：每个内嵌列表的元素个数都是8，这里也可使用其他内嵌列表的元素个数，即col变量保存的就是内嵌列表的元素个数，用以控制内循环）；range(col−1)生成序列0，1，2 ，3 ，4 ，5 ，6，这些数字是内嵌列表自身所包含元素的索引；for i in range(col−1)便是针对某利润表项目计算各年变动率。变动率由表达式round((incomeStatement[j][i]−incomeStatement[j][i+1])/incomeStatement[j][i+1],2)负责计算，round()函数为计算结果保留2位小数。

此段代码中的i和j含义如图4-19所示；列表推导式的计算逻辑如图4-20所示。

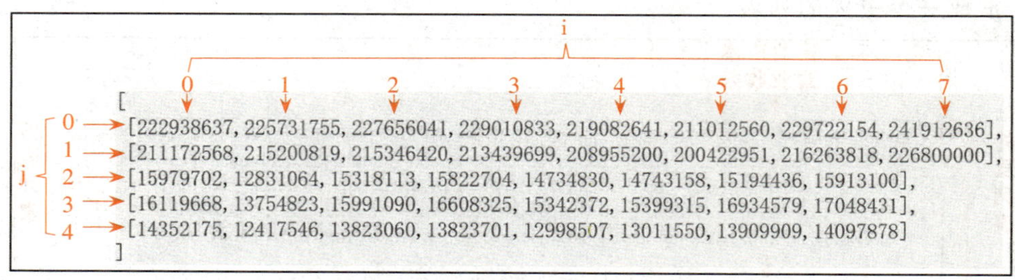

图4-19　嵌套列表推导式的i和j含义

j	i	incomeStatement[j][i]-incomeStatement[j][i+1])/incomeStatement[j][i+1]	对应数据
=0（营业收入）	=0	incomeStatement[0][0]-incomeStatement[0][1])/incomeStatement[0][1]	2023年营业收入金额 2022年营业收入金额
	=1	incomeStatement[0][1]-incomeStatement[0][2])/incomeStatement[0][2]	2022年营业收入金额 2021年营业收入金额
	……	……	……
	=6	incomeStatement[0][6]-incomeStatement[0][7])/incomeStatement[0][7]	2017年营业收入金额 2016年营业收入金额
=1（营业成本）	=0	incomeStatement[1][0]-incomeStatement[1][1])/incomeStatement[1][1]	2023年营业成本金额 2022年营业成本金额
	=1	incomeStatement[1][1]-incomeStatement[1][2])/incomeStatement[1][2]	2022年营业成本金额 2021年营业成本金额
	……	……	……
	=6	incomeStatement[1][6]-incomeStatement[1][7])/incomeStatement[1][7]	2017年营业成本金额 2016年营业成本金额
……	……	……	……
=4（净利润）	=0	incomeStatement[4][0]-incomeStatement[4][1])/incomeStatement[4][1]	2023年净利润金额 2022年净利润金额
	=1	incomeStatement[4][1]-incomeStatement[4][2])/incomeStatement[4][2]	2022年净利润金额 2021年净利润金额
	……	……	……
	=6	incomeStatement[4][6]-incomeStatement[4][7])/incomeStatement[4][7]	2017年净利润金额 2016年净利润金额

图4-20　嵌套列表推导式的计算逻辑

运行代码，输出rate的结果如图4-21所示。rate中的数据含义如图4-22

所示。

```
[[-0.01, -0.01, -0.01, 0.05, 0.04, -0.08, -0.05],
 [-0.02, -0.0, 0.01, 0.02, 0.04, -0.07, -0.05],
 [0.25, -0.16, -0.03, 0.07, -0.0, -0.03, -0.05],
 [0.17, -0.14, -0.04, 0.08, -0.0, -0.09, -0.01],
 [0.16, -0.1, -0.0, 0.06, -0.0, -0.06, -0.01]]
```

图4-21　利润表各项目历年变动率

图4-22　rate中的数据含义

【思考】

给col变量赋值len(incomeStatement[1])或len(incomeStatement[2])，col的值会发生变化吗？

三、使用嵌套for循环实现利润表总体分析

使用嵌套for循环实现利润表总体分析

步骤1：使用Markdown模式添加一个说明性标题，输入下列内容并运行：

```
### 三、使用嵌套for循环实现利润表总体分析
```

步骤2：对列表incomeStatement执行嵌套for循环，一次性计算出所有利润表项目各年的变动率。代码如下：

```
rate=list()  # 重新将rate设置为空列表
# 计算各利润表项目历年的变动率
# j对所有利润表项目执行循环
for j in range(row):
    rate1=list()  # 定义rate1存储某项目的各年变动率
    # i对某项目的历年数据进行循环
    for i in range(col-1):
        # 计算某利润表项目某年的变动率,使用\换行代码
         rateOfChange=(incomeStatement[j][i]-incomeStatement[j][i+1])\
         /incomeStatement[j][i+1]
        # 将四舍五入后的rateOfChange添加到rate1中
        rate1.append(round(rateOfChange,2))
    # 将rate1添加到rate中
    rate.append(rate1)
rate    # 输出rate的值
```

循环执行逻辑同图4-20所示。rate1列表用于保存内循环的计算结果，即内循环

每完整执行一次，就可计算出某利润表项目历年变动率，而rate1恰好保存了此利润表项目历年变动率。在内循环执行完一次后，由rate.append(rate1)将rate1的数据添加到rate列表中，所有外循环执行完成后，rate便保留了所有利润表项目的历年变动率。

运行代码，结果同图4-21所示。

【思考】

试一试用while循环来解决上述问题。

四、使用折线图展示利润表变动趋势

使用折线图展示利润表变动趋势

步骤1：使用Markdown模式添加一个说明性标题，输入下列内容并运行：

```
### 四、使用折线图展示利润表变动趋势
```

步骤2：导入matplotlib.pyplot包，使用plt.plot()绘制利润表各项目的变动率折线图。代码如下：

```
import matplotlib.pyplot as plt
# 将所有变动率绘在一张图上
xLabel=['2023','2022','2021','2020','2019','2018','2017']
# 营业收入变动率
plt.plot(xLabel,rate[0])
# 营业成本变动率
plt.plot(xLabel,rate[1])
# 营业利润变动率
plt.plot(xLabel,rate[2])
# 利润总额变动率
plt.plot(xLabel,rate[3])
# 净利润变动率
plt.plot(xLabel,rate[4])
# 添加图例
plt.legend(['operatingRevenues','operatingCosts','operatingProfit','totalProfit',
'netProfit'])
plt.show()  # 显示图形
```

rate中保存了利润表各项目的变动率，如图4-21和图4-22所示，rate[0]是营业收入的变动率，plt.plot(xLabel,rate[0])以xLabel为横轴标签，以rate[0]为纵轴数据绘制折线图；其他折线图含义依此类推。

注意，此段代码使用plt.legend()函数为图表设置图例，legend()函数中的参数需以列表形式给出，列表中的各元素是以字符串形式给出的各图例文本。

运行代码，结果如图4-23所示。从图中可知，2022年的营业利润、利润总额和净利润相比2021年呈较大幅度的下滑，在营业收入和营业成本变动较小的情况下，利润下滑严重；而2023年的营业利润、利润总额和净利润与2022年相比大幅上升，在营业收入和营业成本变动较小的情况下，利润提升可观。

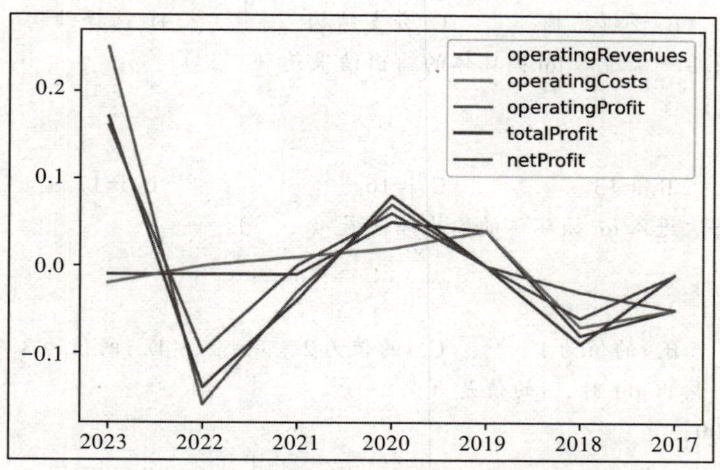

图4-23原图

图4-23　利润表变动趋势折线图

项目小结

本项目围绕使用for循环计算营业收入2017年至2023年的变动率、使用while循环计算营业成本2017年至2023年的变动率、使用列表推导式计算营业利润2017年至2023年的变动率、使用嵌套循环计算利润表各项目变动率等四个任务，讲解了Python语言中的for循环、while循环、列表推导式、嵌套循环等知识，以及使用这些知识完成任务的技术和技能。

至此，我们完成了Python基础知识和基本技能的学习，在灵活掌握这些知识和技能的基础上，我们将开启基于Python的数据分析与可视化之旅。

素质提升

循环逻辑是Python程序中的难点，不同功能的程序，其循环逻辑都可能不一样，理解循环逻辑是理解计算机执行逻辑的重要一环。未来是人机协作的时代，知己知彼才能更好地把控计算机，面对循环逻辑，青年学生应积极思考、提升逻辑思维，为更好地胜任未来岗位做好能力储备。

实战演练

一、单项选择题

1. 程序执行过程中，经常需要根据条件判断结果来决定是否重复执行某段程序，要达到这种程序执行效果就得使用程序控制流程中的（　　）。

A. 循环结构　　B. 逻辑结构　　C. 分支结构　　D. 选择结构

2. 下面代码中，最后一次进入for循环体的输出结果是（　　）。

```
for i in [10,13,16,17]:
    print(f'i={i}')
```

A. i=10　　B. i=13　　C. i=16　　D. i=17

3. 下面代码中，首次进入for循环体的输出结果是（　　）。

```
for i in [0,1,2,3]:
    print(f'i的值为{i}')
```

A. i的值为0　　B. i的值为1　　C. i的值为2　　D. i的值为3

4. 下面代码中，当输出abc时，i的值是（　　）。

```
list1=['a','b','abc',100]
for i in range(4):
    print(f'{list1[i]}')
```

A. 0　　B. 1　　C. 2　　D. 3

5. 若要输出三行！（每行一个），则填空处的程序代码应该是（　　）。

```
i=0
while(填空处):
    print('!')
    i=i+1
```

A. i==0　　B. i==3　　C. i<2　　D. i<3

二、实操题

1. 现有CRHC公司部分利润表数据，见表4-2，请计算该公司2023年各利润表项目占营业收入的比重及比重变动。

表 4-2　　CRHC 公司利润表数据　　金额单位：千元

报表日期	2023 年	2022 年
营业收入	222 938 637	225 731 755
营业成本	175 625 777	179 303 892
税金及附加	1 634 686	1 685 931
销售费用	7 724 210	7 264 149
管理费用	13 401 635	13 481 469
研发费用	13 129 748	13 085 219
财务费用	-343 488	380 159
其他收益	1 792 846	1 658 697
投资收益	306 929	242 491
公允价值变动收益	489 773	309 908
资产减值损失	-614 278	-885 548
信用减值损失	-312 158	-41 615
资产处置收益	2 550 521	1 016 195

2. 请基于上述计算结果，对CRHC公司利润表各项目的结构变动进行简单分析。

项目五
Pandas数据类型入门

学习目标

【知识目标】

- 理解 Series数据结构和DataFrame数据结构
- 掌握Series数据和DataFrame数据的切片操作
- 掌握Series数据和DataFrame数据的loc方法和iloc方法
- 掌握Pandas数据的条件筛选操作

【技能目标】

- 会使用切片方法查询Series数据和DataFrame数据
- 会使用loc方法和iloc方法查询Series数据和DataFrame数据
- 会使用条件筛选查询符合特定条件的数据

【素质目标】

- 通过学习Series数据和DataFrame数据，培养学生理解和利用大数据解决问题的基本数据思维
- 通过学习数据切片、loc方法、iloc方法和条件筛选查询，培养学生理解从数据集中查询数据、解决实际需求的意识和能力

项目说明

现有CRHC公司自2016年至2023年的资产负债表数据（部分数据），如图5-1所示。

	指标	2016年年报	2017年年报	2018年年报	2019年年报	2020年年报	2021年年报	2022年年报	2023年年报
0	货币资金(万元)	3936868.7	4559498.3	6088639.2	3817100.8	4490476.4	3349235.9	4858511.5	5486183.9
1	应收账款(万元)	7251439.8	7405287.2	7767293.5	6420560.3	5971242.4	7196962.6	7298521.3	8898703.7
2	存货(万元)	5978620.1	5441616.4	5522199.8	5512150.0	6083376.8	6296612.3	6142002.1	6313601.5
3	预付款项(万元)	919462.9	1187225.2	1067785.5	919855.3	990921.9	848194.2	685184.2	758592.9
4	流动资产合计(万元)	20517803.0	22058928.0	25547121.0	22751212.8	25121511.5	24972722.5	27988263.0	29045505.0
5	固定资产(万元)	5349736.0	5693883.8	5723629.5	5739072.9	5909088.6	5797055.1	5891995.1	6082812.1
6	无形资产(万元)	1801304.6	1755166.0	1778264.7	1665010.4	1601431.4	1602438.0	1669100.6	1610304.4
7	长期待摊费用(万元)	17090.8	19248.7	18798.6	22369.1	19246.0	22553.2	20103.4	27939.5
8	非流动资产合计(万元)	10651569.9	11772133.2	11969967.7	13001092.2	13235737.0	14265314.3	14694386.9	15168509.6
9	资产总计(万元)	31169372.9	33831061.2	37517088.7	35752305.0	38357248.5	39238036.8	42682649.9	44214014.6
10	流动负债合计(万元)	16909090.6	18422717.5	20349020.3	18835143.6	20016451.1	19749291.1	21555631.7	22740375.1
11	非流动负债合计(万元)	2902825.0	3027882.1	2981128.1	1948698.7	2457949.2	2574589.3	2897867.6	2375047.9
12	负债合计(万元)	19811915.6	21450599.6	23330148.4	20783842.3	22474400.3	22323880.4	24453499.3	25115423.0

图 5-1　CRHC公司资产负债表相关数据

请根据这些数据，完成下面所述的三项任务：

1. 获取和展示CRHC公司的资产负债表csv数据；
2. 获取和展示CRHC公司的资产负债表Excel数据；
3. 计算和分析资产负债率。

任务一　获取和展示CRHC公司资产负债表CSV数据

任务分析

CRHC公司资产负债表数据（部分数据）已存储在“资产负债表.csv”文件中，如图5-2所示。本任务将以此CSV数据为例，通过不同的数据读入方法将所需数据读入Python程序，并使用Pandas提供的数据切片操作和数据展示方法完成CRHC公司资产负债表数据的查询和展示。

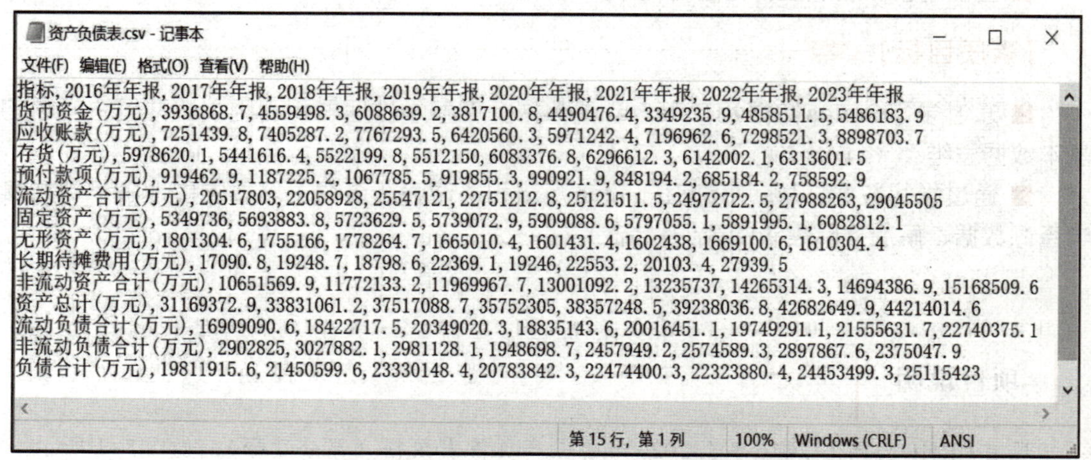

资产负债表.csv - 记事本

文件(F) 编辑(E) 格式(O) 查看(V) 帮助(H)

```
指标,2016年年报,2017年年报,2018年年报,2019年年报,2020年年报,2021年年报,2022年年报,2023年年报
货币资金(万元),3936868.7,4559498.3,6088639.2,3817100.8,4490476.4,3349235.9,4858511.5,5486183.9
应收账款(万元),7251439.8,7405287.2,7767293.5,6420560.3,5971242.4,7196962.6,7298521.3,8898703.7
存货(万元),5978620.1,5441616.4,5522199.8,5512150,6083376.8,6296612.3,6142002.1,6313601.5
预付款项(万元),919462.9,1187225.2,1067785.5,919855.3,990921.9,848194.2,685184.2,758592.9
流动资产合计(万元),20517803,22058928,25547121,22751212.8,25121511.5,24972722.5,27988263,29045505
固定资产(万元),5349736,5693883.8,5723629.5,5739072.9,5909088.6,5797055.1,5891995.1,6082812.1
无形资产(万元),1801304.6,1755166,1778264.7,1665010.4,1601431.4,1602438,1669100.6,1610304.4
长期待摊费用(万元),17090.8,19248.7,18798.6,22369.1,19246,22553.2,20103.4,27939.5
非流动资产合计(万元),10651569.9,11772133.2,11969967.7,13001092.2,13235737,14265314.3,14694386.9,15168509.6
资产总计(万元),31169372.9,33831061.2,37517088.7,35752305,38357248.5,39238036.8,42682649.9,44214014.6
流动负债合计(万元),16909090.6,18422717.5,20349020.3,18835143.6,20016451.1,19749291.1,21555631.7,22740375.1
非流动负债合计(万元),2902825,3027882.1,2981128.1,1948698.7,2457949.2,2574589.3,2897867.6,2375047.9
负债合计(万元),19811915.6,21450599.6,23330148.4,20783842.3,22474400.3,22323880.4,24453499.3,25115423
```

第15行，第1列　100%　Windows (CRLF)　ANSI

图 5-2　以记事本打开的“资产负债表.csv”文件

相关知识

一、Pandas及其数据结构认知

Pandas是Python中专门用于完成数据分析任务的第三方工具包，包中提供了大量便捷且高效的操作大型数据所需的函数和方法。

Pandas及其数据结构认知

（一）导入Pandas包

在Python中使用第三方工具包时，须先将其导入到程序中，才能使用包中提供的功能。若要在程序中使用Pandas包，可使用import命令将其导入。代码如下：

```
import pandas  #导入Pandas包
```

导入Pandas包的同时，也可为该包起一个简短的别名，后续程序若要使用Pandas，可直接用此别名代替，以简化程序编写。通常以pd作为Pandas包的别名。代码如下：

```
import pandas as pd    #导入Pandas包,并将其命名为pd
```

（二）Pandas的数据结构

Pandas提供了Series和DataFrame两种容器类型的数据结构用于存储和处理大规模数据。

1.Series数据认知

（1）Series数据。

Series数据是Pandas中的一种基本数据结构，用于存储一维带标签的数据。Series数据由两部分组成：一部分是值（values），值可以是整数、浮点数和字符串等各种类型的数据；另一部分是行标签索引（index），行标签索引可以是整数、字符串或日期等类型。图5-3所示的是Series数据结构的典型示例。

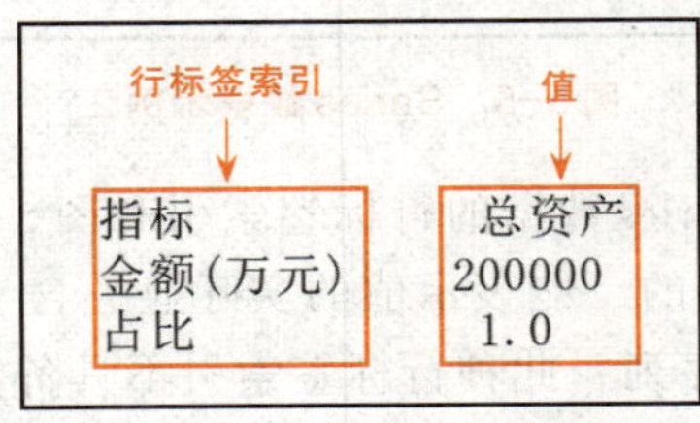

图5-3　Series数据示例

可以使用Pandas的Series()函数创建Series类型的数据。Series()函数的基本语法如下：

```
pandas.Series(data=None, index=None, dtype=None, name=None, copy=False)
```

其中，data是用于创建Series的数据；index是行标签索引，通过index可以方便地访问Series数据中的值；dtype是数据的类型；name是一维带标签的数据对象的名称；copy表示是否复制数据；等号“=”后是各参数的默认取值。

（2）Series数据应用示例。

图5-4所示的是使用Pandas的Series()函数创建名为ser_obj的Series对象的示例。其

中，pd是导入的pandas包的别名。

```
# 创建Series对象，以列表为参数给出值，以index参数给出行标签索引
ser_obj=pd.Series(['总资产',200000,1.0],index=['指标','金额(万元)','占比'])
ser_obj
```

```
指标          总资产
金额(万元)    200000
占比            1.0
dtype: object
```

图5-4 Series数据示例1

从图5-4中可以看出，pd.Series()的第一个参数是列表['总资产',200000,1.0]，此参数给出了ser_obj对象的值；pd.Series()的第二个参数是index=['指标','金额(万元)','占比']，此参数给出了ser_obj对象的行标签索引。行标签索引显示在值的左边，常用于对相应值的含义做说明；值位于行标签索引的右边。

Series数据左侧的行标签索引也可以由Pandas自动产生，如图5-5所示给出了使用Pandas的Series()函数创建名为ser_obj的Series对象的另一示例。从图中可以看出，pd.Series()只有一个参数，此参数以列表['总资产',200000,1.0]给出了ser_obj的值；由于此处pd.Series()未给出index参数，故而pd.Series()自动为ser_obj对象生成行标签索引0、1、2。

```
# 创建Series对象，以列表为参数给出数据，由Pandas自动产生index
ser_obj=pd.Series(['总资产',200000,1.0])
ser_obj
```

```
0       总资产
1    200000
2       1.0
dtype: object
```

图5-5 Series数据示例2

注意区分图5-4所示的Series数据的行标签索引和图5-5所示的Series数据的行标签索引：前者是由用户自行指定的、能表示值的实际业务含义；后者是由Pandas自动生成的从0开始、步长为1的整数序列，此种行标签索引不具备实际业务含义，仅可代表数据在Series中的先后顺序。

2.DataFrame数据结构认知

（1）DataFrame数据。

DataFrame是Pandas库中的一个核心数据结构，它提供了一个高效的二维表格型数据操作接口。类似于数据库中的表或Excel中的工作表，DataFrame由行和列组成，每一列可以是不同的数据类型，这使得它能够灵活地处理结构化数据。DataFrame的行通常代表记录，列代表属性，每一行和列都可以有自定义的标签索引（也可以通俗地称为行名或列名）。

图5-6所示的为DataFrame数据结构的典型示例。

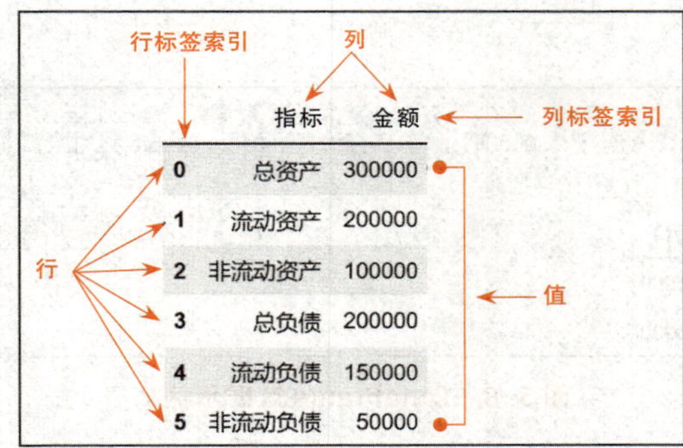

图5-6　DataFrame数据示例

可以使用Pandas的DataFrame()函数创建DataFrame类型的数据。DataFrame()函数的基本语法如下：

pandas.DataFrame(data=None, index=None, columns=None, dtype=None, copy=False)

其中，data是用于创建DataFrame的数据；index是行标签索引；columns是列标签索引；dtype是数据的类型；copy表示是否复制数据。

（2）DataFrame数据应用示例。

图5-7所示的是使用Pandas的DataFrame()函数创建DataFrame数据对象的一个简单示例。图中，pd.DataFrame()只包含一个参数，此参数以双层嵌套列表[['总资产',300000],['总负债',20000]]给出DataFrame对象的数据；从df的输出可以看出，嵌套列表的每个元素逐一对应df对象的每行数据，如['总资产',300000]是df对象的首行数据，['总负债',20000]是df对象的次行数据。由于pd.DataFrame()未给出各行标签索引和各列标签索引，因而Pandas自动为df生成从0开始、步长为1的整数序列作为df的行标签索引和列标签索引。最终，DataFrame对象df包含两行两列数据，且行标签索引和列标签索引均由Pandas自动生成。

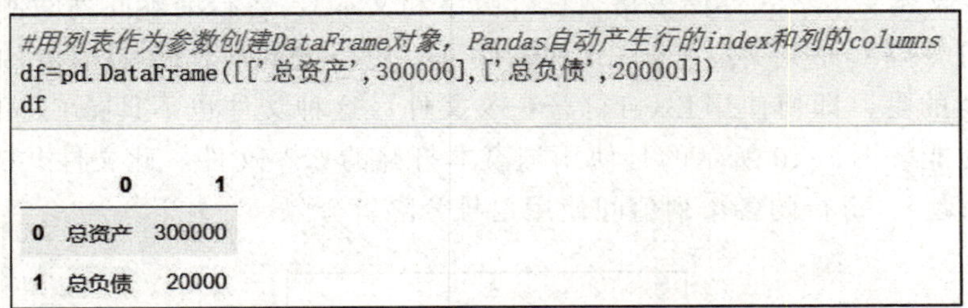

```
#用列表作为参数创建DataFrame对象，Pandas自动产生行的index和列的columns
df=pd.DataFrame([['总资产',300000],['总负债',20000]])
df
```

	0	1
0	总资产	300000
1	总负债	20000

图5-7　DataFrame数据示例1

图5-8所示的是使用Pandas的DataFrame()函数创建DataFrame数据对象的另一示例。图中，pd.DataFrame()包含两个参数，第一个参数以双层嵌套列表[['总资产',300000],['总负债',20000]]给出DataFrame对象的数据；第二个参数以columns=['指标','金额(万元)']给出DataFrame对象的各列标签索引。由于pd.DataFrame()未给出各行标签索引，因而Pandas自动为df生成从0开始、步长为1的整数序列作为df的行标签索引。最终，DataFrame对象df包含两行两列数据，行标签索引由Pandas自动生成，列标签索引由

columns参数设置。

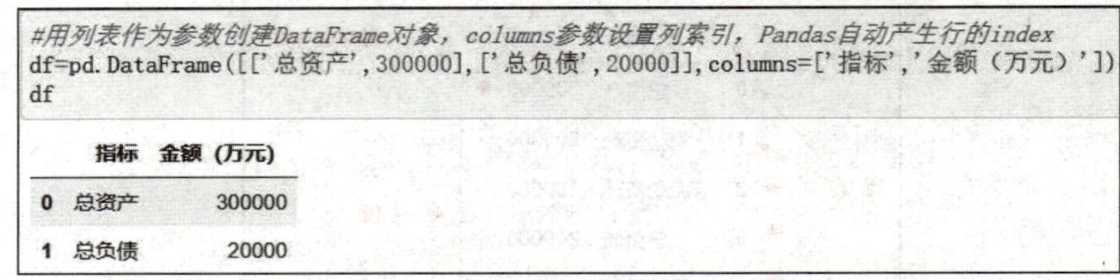

```
#用列表作为参数创建DataFrame对象，columns参数设置列索引，Pandas自动产生行的index
df=pd.DataFrame([['总资产',300000],['总负债',20000]],columns=['指标','金额（万元）'])
df
```

	指标	金额（万元）
0	总资产	300000
1	总负债	20000

图5-8　DataFrame数据示例2

图5-9所示的是使用Pandas的DataFrame()函数创建DataFrame数据对象的第三个示例。图中，pd.DataFrame()包含三个参数，第一个参数以双层嵌套列表[[300000],[20000]]给出DataFrame对象的数据；第二个参数以columns=['金额(万元)']给出DataFrame对象的各列标签索引；第三个参数以index=['总资产','总负债']给出DataFrame对象的各行标签索引。最终，DataFrame对象df包含两行一列数据，行标签索引由index参数设置，列标签索引由columns参数设置。

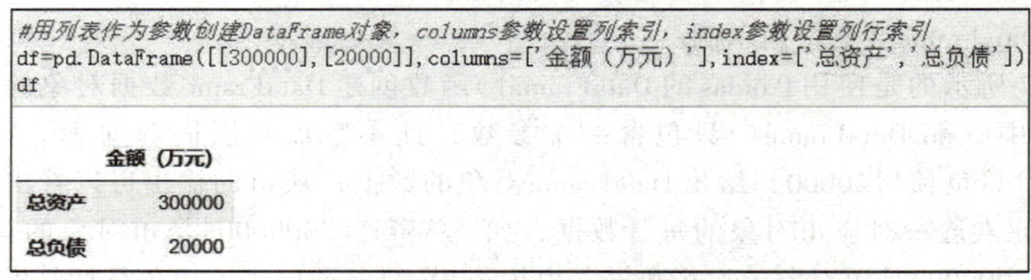

```
#用列表作为参数创建DataFrame对象，columns参数设置列索引，index参数设置列行索引
df=pd.DataFrame([[300000],[20000]],columns=['金额（万元）'],index=['总资产','总负债'])
df
```

	金额（万元）
总资产	300000
总负债	20000

图5-9　DataFrame数据示例3

二、使用Pandas读取CSV数据

CSV文件以纯文本形式存储表格数据（数字和文本），各行的不同列间使用某种分隔符分隔（如英文逗号）。此种文件可以使用记事本、Excel等软件打开。需注意的是，即使使用Excel打开CSV文件，这种文件也不具备Excel文件的诸多功能。图5-10所示的是使用记事本打开的CSV文件。此文件共7行（包括列标题），每行的各个列值间使用逗号分隔符分隔。

使用Pandas读取CSV数据

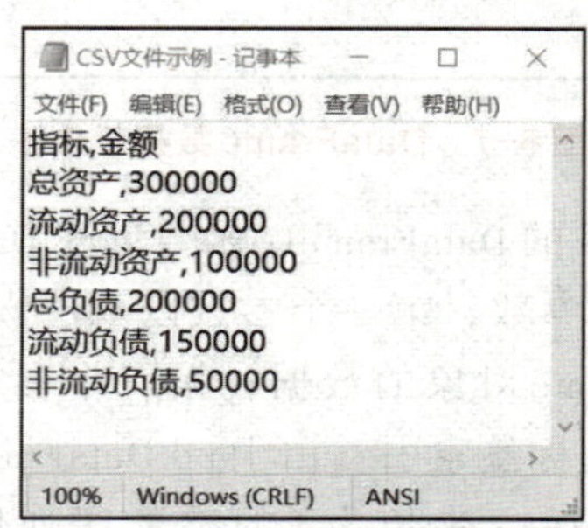


```
指标,金额
总资产,300000
流动资产,200000
非流动资产,100000
总负债,200000
流动负债,150000
非流动负债,50000
```

图5-10　记事本打开的CSV文件

（一）read_csv()函数认知

Pandas的read_csv()函数用于读取CSV格式的数据文件，该方法参数众多，功能强大。read_csv()函数的基本语法格式如下：

```
pandas.read_csv(filename, sep=',', header=0, encoding='utf-8', index_col=None, usecols=None, dtype=None)
```

各参数含义如下：

filename表示要读取的CSV文件；sep表示列与列之间的分隔符，默认为英文逗号；header指定用作列名的行数，默认为0，即第一行；encoding表示文件的编码方式，默认值为'utf-8'（UTF-8是一种字符编码标准，它使得多语言的文本能够在同一系统中正确显示和处理，避免了编码转换的问题，确保了不同语言之间的互通性）；index_col用于指定作为行索引的列数或列名；usecols表示要读取的列；dtype用于指定某些列的数据类型。

read_csv()函数的诸多参数使其能够灵活地适应各种CSV文件格式和数据的加载需求。使用read_csv()函数时，除了filename参数必须给出相应的值以外，其他参数都可以省略，省略时均取各自的默认值。初学者不必过多担心如何使用这些参数，只需作些了解即可。

（二）read_csv()函数应用示例

图5-11所示的是使用read_csv()函数读取“CSV文件示例.csv”文件的示例。从图中可以看出，read_csv()函数读取的数据是DataFrame形式，读取结果被保存在DataFrame对象df中，输出结果表明df是6行2列的数据集。read_csv()函数使用encoding='gbk'参数来指定读取CSV文件所使用的编码方式。

```
'''若读取的文件位于当前文件夹下，可使用文件名进行数据读取；
若读取的文件不在当前文件夹下，可使用文件的绝对路径读取数据（从盘符开始的文件路径）'''
df=pd.read_csv('CSV文件示例.csv', encoding='gbk')    # 相对路径读取数据
# df = pd.read_csv('E:\python\CSV文件示例.csv', encoding='gbk') # 绝对路径读取数据
df
```

	指标	金额
0	总资产	300000
1	流动资产	200000
2	非流动资产	100000
3	总负债	200000
4	流动负债	150000
5	非流动负债	50000

图5-11 read_csv()读取的CSV数据

【知识拓展】

GBK是汉字编码标准之一，全称为Chinese National Standard Code for Information Interchange（中国国家信息交换用标准编码），用于在计算机系统中表示、处理和交换中文字符。此示例中通过设置encoding='gbk'来确保在读取包含中文等非英文字符的CSV文件时，Python可以正确解析和处理字符，避免出现乱码或数据解析错误等问题。

read_csv( )函数其他常用参数的使用示例请参见本任务实施部分的相关代码。

三、Pandas常用函数认知

Pandas内置了丰富的方法和功能，使其成为数据分析和处理不可或缺的工具。根据本任务的需要，下面介绍几个Pandas的常用函数。

Pandas常用函数认知

（一）info( )函数认知

Pandas的info( )函数可用于获取有关DataFrame和Series数据结构的基本信息，如行数、列数、列的数据类型、非空值的数量以及内存使用情况等。

使用info( )函数返回图5-11中的df数据的基本信息，如图5-12所示。

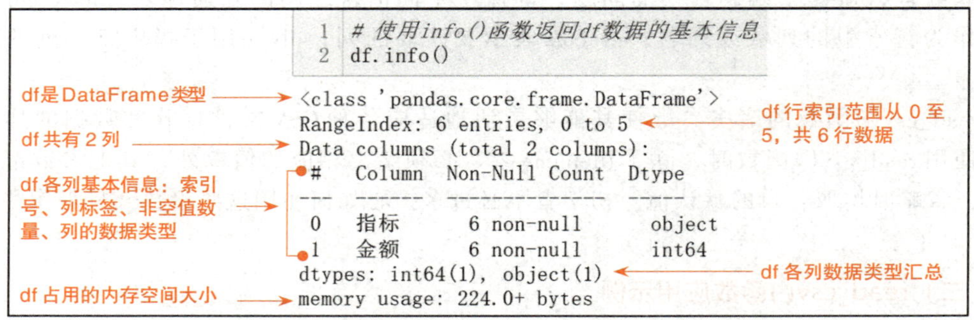

```
# 使用info()函数返回df数据的基本信息
df.info()
```

```
<class 'pandas.core.frame.DataFrame'>
RangeIndex: 6 entries, 0 to 5
Data columns (total 2 columns):
 #   Column  Non-Null Count  Dtype
---  ------  --------------  -----
 0   指标      6 non-null      object
 1   金额      6 non-null      int64
dtypes: int64(1), object(1)
memory usage: 224.0+ bytes
```


图5-12 使用info( )函数返回df数据的基本信息

（二）head( )函数认知

Pandas的head( )函数用于返回DataFrame数据的前n行。此函数的基本语法为df.head(n)，其中，df是DataFrame对象，n是要返回的行数；默认情况下，n值为5。

使用head( )函数返回图5-11中的df数据的前3行，如图5-13所示。

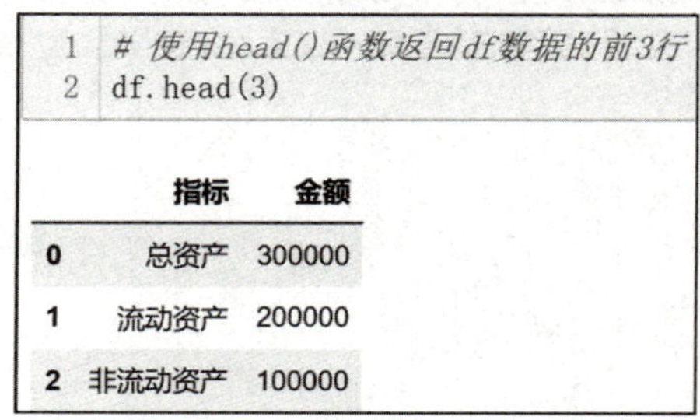

```
# 使用head()函数返回df数据的前3行
df.head(3)
```

	指标	金额
0	总资产	300000
1	流动资产	200000
2	非流动资产	100000

图5-13 使用head( )函数返回df数据的前3行

（三）tail( )函数认知

Pandas的tail( )函数用于返回DataFrame数据的后n行。此函数的基本语法为df.tail(n)，其中，df是DataFrame对象，n是要返回的行数；默认情况下，n值为5。

使用tail( )函数返回图5-11中的df数据的后2行，如图5-14所示。

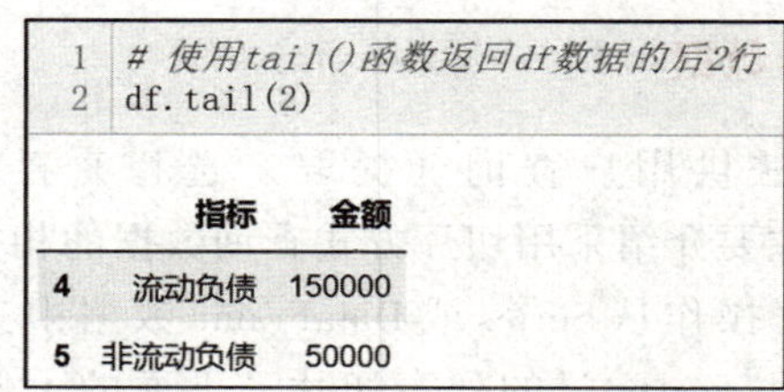

```
# 使用tail()函数返回df数据的后2行
df.tail(2)
```

	指标	金额
4	流动负债	150000
5	非流动负债	50000

图 5-14　使用 tail( ) 函数返回 df 数据的后 2 行

（四）set_index( )函数认知

Pandas的set_index()函数可用于将DataFrame对象的某列设置为行标签索引。其基本语法如下：

DataFrame.set_index(keys, inplace=False)

其中，keys参数表示要设置为行标签索引的列名或列名列表，此参数不可省略；inplace参数表示是否在原始数据上进行修改，默认为False，即不在原始数据上修改。

使用set_index()函数将图5-11中的df数据的“指标”列设置为行标签索引，如图5-15所示。

```
# 设置df数据的指标列为行标签索引
df.set_index('指标')
```

指标	金额
总资产	300000
流动资产	200000
非流动资产	100000
总负债	200000
流动负债	150000
非流动负债	50000

图 5-15　设置 df 数据的指标列为行标签索引

注意，图5-15所示的代码并没有直接在df的原始数据上设置新的行标签索引，只是在其副本上进行设置，因此，此设置并不影响原始df的行标签索引。再次查看df数据，会发现df的行标签索引并没有改变，如图5-16所示。

```
df  # df的行标签索引并没有改变
```

	指标	金额
0	总资产	300000
1	流动资产	200000
2	非流动资产	100000
3	总负债	200000
4	流动负债	150000
5	非流动负债	50000

图 5-16　原始 df 的行标签索引并没有改变

四、以切片方式查询Pandas数据

Pandas提供了多种方法供用户查询（提取、选择）存储在Series或DataFrame中的数据。此处主要介绍采用切片方式查询数据的相关知识。

以切片方式查询Pandas数据

切片方式是指利用［］操作从Series或DataFrame数据中查询数据的一种方法，此方法类似于项目二中学过的列表切片。下面的示例将对图5-11中所示的df数据进行切片。

（一）列切片认知

1.列切片的语法格式

列切片操作会使用到列的标签索引。列切片的语法格式如下：

```
df[[列标签索引1,列标签索引2…]]
```

2.列切片应用示例

图5-17所示的为列切片操作示例。其中，（a）图使用df[['指标']]在数据df中切出"指标"列数据；（b）图使用df[['指标','金额']]在数据df中切出"指标"列和"金额"列的数据。注意，此处无论是单列切片还是多列切片，均将列的标签索引放置于列表中，即df[ ]是切片操作，而['指标']和['指标','金额']是以列表形式提供的列标签索引。

df[['指标']]　#1. 单列切片

	指标
0	总资产
1	流动资产
2	非流动资产
3	总负债
4	流动负债
5	非流动负债

（a）单列切片

df[['指标','金额']]　#2. 多列切片

	指标	金额
0	总资产	300000
1	流动资产	200000
2	非流动资产	100000
3	总负债	200000
4	流动负债	150000
5	非流动负债	50000

（b）多列切片

图5-17　列切片示例

【知识拓展】

单列切片时，也可以不将列标签索引放置于列表中，即采用如df['指标']的形式进行单列切片。此种切片操作返回的结果将不再是DataFrame类型数据，而是Series类型数据。

（二）行切片认知

1.行切片的语法格式

行切片操作会使用到行的位置索引。行切片的语法格式如下：

```
df[m:n]
```

其中，[m:n]指的是第m行开始至第n行之前结束的所有行（注意不包括第n行

在内）。

2.行切片应用示例

行切片示例如图5-18所示。其中，（a）图代码使用df[0:1]仅切出df的第0行数据，（b）图代码使用df[1:3]切出第1行至第2行数据（不包括第3行）。

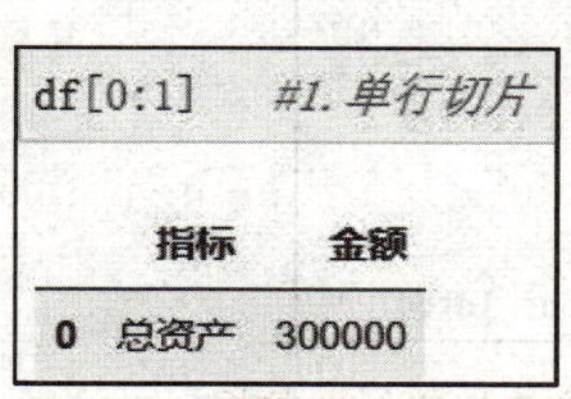

（a）单行切片

（b）多行切片

图5-18　行切片示例

（三）行列交叉切片认知

1.行列交叉切片语法格式

行列交叉切片是指同时使用列的标签索引和行的位置索引从df中切出一块矩形区域数据。行列交叉切片的语法格式如下：

df[[列标签索引1,列标签索引2…]][m:n]

此语法表示从DataFrame对象df中选择由指定列（通过列的标签索引指定）构成的一个子集，并对这些列中从第m行到第n行（不包括n）的数据进行切片操作，从而获取一个包含特定行和列的DataFrame子集。

2.行列交叉切片示例

行列交叉切片示例如图5-19所示。其中，（a）图代码df[['金额']][0:1]仅从df中切出“金额”列的第0行数据；（b）图代码df[['指标','金额']][1:3]从df中切出“指标”列和“金额”列的第1行至第2行数据。

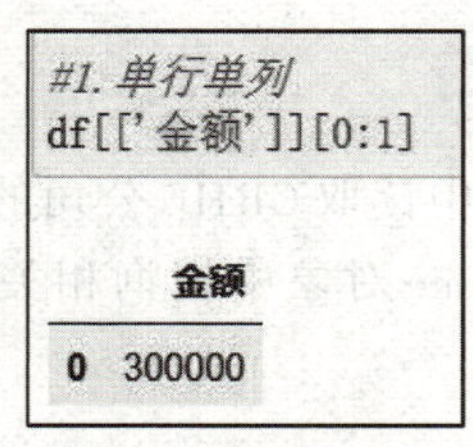

（a）单行单列切片

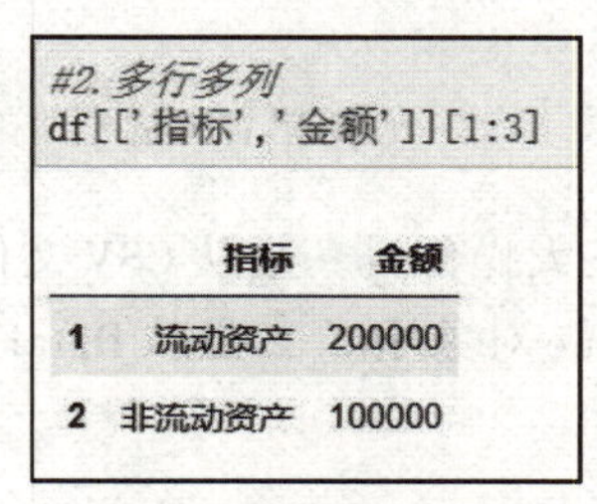

（b）多行多列切片

图5-19　行列交叉切片示例

五、Pandas可视化认知

Pandas可视化认知

Pandas除了提供强大的数据处理和分析功能外，还提供了一些简单的数据可视化功能。例如，Pandas的plot()方法可直接针对Series数据和DataFrame数据快速绘制折线图、柱状图等基本图形。下面的示例将基于图5-11中的

df数据绘制折线图。

首先从df中选择“金额”列的数据，如图5-20所示。注意，df['金额']的数据类型是Series，而df[['金额']]的数据类型是DataFrame。

```
df['金额']

0    300000
1    200000
2    100000
3    200000
4    150000
5     50000
Name: 金额, dtype: int64
```

图5-20　采用切片方法选择绘图数据

对Series对象df['金额']调用plot()方法绘制折线图，绘制结果如图5-21所示。在代码df['金额']. plot(figsize=(5,2))中，df['金额']是Series形式的绘图对象，以此对象中的数据绘制折线图；plot()函数以Series对象的行标签索引作为x轴标签（即0，1，2，3，4，5为折线图的横轴标签），以Series对象的值为y轴数据（即以金额列的值为纵轴数据）绘制折线图；plot()函数中的figsize=(5,2)参数用于指定图形的宽度为5英寸、高度为2英寸。

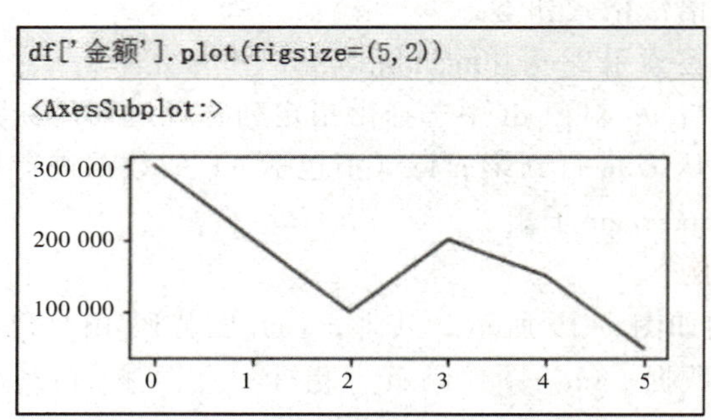

图5-21　以Series对象的数据绘制折线图

任务实施

本任务主要完成三大操作：一是从CSV文件中读取CRHC公司的资产负债表数据，并将数据存储到DataFrame对象中；二是从DataFrame对象中查询相关数据；三是用折线图简单展示数据。

一、读取并查看CRHC公司资产负债表信息

读取并查看CRHC公司资产负债表信息

步骤1：新建一个Python文件，将其命名为“项目五-任务一.ipynb”。

步骤2：使用Markdown模式为程序添加一个说明性标题，输入下列内容并运行：

```
### 一、读取并查看CRHC公司的资产负债表csv数据
```

步骤3：导入Pandas包，并将其命名为pd。代码如下：

```
import pandas as pd  # 导入Pandas包,并将其命名为pd
```

步骤4：使用pd.read_csv()读取CRHC公司的资产负债表数据，并将其保存到名为BalanceSheet的DataFrame对象中。代码如下：

```
BalanceSheet=pd.read_csv('资产负债表.csv', encoding='gbk')
BalanceSheet #显示数据
```

运行代码，结果如图5-22所示。从图中可以看出，CRHC公司的资产负债表数据中仅包含资产负债表的部分重要项目，且这些项目均包含自2016年至2023年的年报数据。

	指标	2016年年报	2017年年报	2018年年报	2019年年报	2020年年报	2021年年报	2022年年报	2023年年报
0	货币资金(万元)	3936868.7	4559498.3	6088639.2	3817100.8	4490476.4	3349235.9	4858511.5	5486183.9
1	应收账款(万元)	7251439.8	7405287.2	7767293.5	6420560.3	5971242.4	7196962.6	7298521.3	8898703.7
2	存货(万元)	5978620.1	5441616.4	5522199.8	5512150.0	6083376.8	6296612.3	6142002.1	6313601.5
3	预付款项(万元)	919462.9	1187225.2	1067785.5	919855.3	990921.9	848194.2	685184.2	758592.9
4	流动资产合计(万元)	20517803.0	22058928.0	25547121.0	22751212.8	25121511.5	24972722.5	27988263.0	29045505.0
5	固定资产(万元)	5349736.0	5693883.8	5723629.5	5739072.9	5909088.6	5797055.1	5891995.1	6082812.1
6	无形资产(万元)	1801304.6	1755166.0	1778264.7	1665010.4	1601431.4	1602438.0	1669100.6	1610304.4
7	长期待摊费用(万元)	17090.8	19248.7	18798.6	22369.1	19246.0	22553.2	20103.4	27939.5
8	非流动资产合计(万元)	10651569.9	11772133.2	11969967.7	13001092.2	13235737.0	14265314.3	14694386.9	15168509.6
9	资产总计(万元)	31169372.9	33831061.2	37517088.7	35752305.0	38357248.5	39238036.8	42682649.9	44214014.6
10	流动负债合计(万元)	16909090.6	18422717.5	20349020.3	18835143.6	20016451.1	19749291.1	21555631.7	22740375.1
11	非流动负债合计(万元)	2902825.0	3027882.1	2981128.1	1948698.7	2457949.2	2574589.3	2897867.6	2375047.9
12	负债合计(万元)	19811915.6	21450599.6	23330148.4	20783842.3	22474400.3	22323880.4	24453499.3	25115423.0

图5-22　读取CRHC公司的资产负债表

需要注意的是，read_csv()在读入数据时，默认将原数据的第一行设为列标签索引，并自动为各行数据添加从0开始、步长为1的整数序列作为行标签索引。

【思考】

试分析图5-22中各项指标数据的含义。

步骤5：查看BalanceSheet的基本信息。代码如下：

```
BalanceSheet.info() #查看BalanceSheet的基本信息
```

运行代码，结果如图5-23所示。

```
<class 'pandas.core.frame.DataFrame'>
RangeIndex: 13 entries, 0 to 12
Data columns (total 9 columns):
 #   Column   Non-Null Count  Dtype
---  ------   --------------  -----
 0   指标       13 non-null     object
 1   2016年年报  13 non-null     float64
 2   2017年年报  13 non-null     float64
 3   2018年年报  13 non-null     float64
 4   2019年年报  13 non-null     float64
 5   2020年年报  13 non-null     float64
 6   2021年年报  13 non-null     float64
 7   2022年年报  13 non-null     float64
 8   2023年年报  13 non-null     float64
dtypes: float64(8), object(1)
memory usage: 1.0+ KB
```

图5-23　BalanceSheet的基本信息

步骤6：查看BalanceSheet的前5行数据。代码如下：

```
BalanceSheet.head() #查看BalanceSheet的前5行数据
```

运行代码，结果如图5-24所示。

	指标	2016年年报	2017年年报	2018年年报	2019年年报	2020年年报	2021年年报	2022年年报	2023年年报
0	货币资金(万元)	3936868.7	4559498.3	6088639.2	3817100.8	4490476.4	3349235.9	4858511.5	5486183.9
1	应收账款(万元)	7251439.8	7405287.2	7767293.5	6420560.3	5971242.4	7196962.6	7298521.3	8898703.7
2	存货(万元)	5978620.1	5441616.4	5522199.8	5512150.0	6083376.8	6296612.3	6142002.1	6313601.5
3	预付款项(万元)	919462.9	1187225.2	1067785.5	919855.3	990921.9	848194.2	685184.2	758592.9
4	流动资产合计(万元)	20517803.0	22058928.0	25547121.0	22751212.8	25121511.5	24972722.5	27988263.0	29045505.0

图 5-24　BalanceSheet的前5行

步骤7：查看BalanceSheet的后5行数据。代码如下：

```
BalanceSheet.tail() # 查看BalanceSheet的后5行数据
```

运行代码，结果如图5-25所示。

	指标	2016年年报	2017年年报	2018年年报	2019年年报	2020年年报	2021年年报	2022年年报	2023年年报
8	非流动资产合计(万元)	10651569.9	11772133.2	11969967.7	13001092.2	13235737.0	14265314.3	14694386.9	15168509.6
9	资产总计(万元)	31169372.9	33831061.2	37517088.7	35752305.0	38357248.5	39238036.8	42682649.9	44214014.6
10	流动负债合计(万元)	16909090.6	18422717.5	20349020.3	18835143.6	20016451.1	19749291.1	21555631.7	22740375.1
11	非流动负债合计(万元)	2902825.0	3027882.1	2981128.1	1948698.7	2457949.2	2574589.3	2897867.6	2375047.9
12	负债合计(万元)	19811915.6	21450599.6	23330148.4	20783842.3	22474400.3	22323880.4	24453499.3	25115423.0

图 5-25　BalanceSheet的后5行

步骤8：使用set_index()函数将BalanceSheet的指标列设为行标签索引。代码如下：

```
BalanceSheet.set_index("指标", inplace=True)
BalanceSheet.head() # 限于篇幅,仅显示5行数据
```

运行代码，结果如图5-26所示，注意与步骤4读入的BalanceSheet进行对比。

	2016年年报	2017年年报	2018年年报	2019年年报	2020年年报	2021年年报	2022年年报	2023年年报
指标								
货币资金(万元)	3936868.7	4559498.3	6088639.2	3817100.8	4490476.4	3349235.9	4858511.5	5486183.9
应收账款(万元)	7251439.8	7405287.2	7767293.5	6420560.3	5971242.4	7196962.6	7298521.3	8898703.7
存货(万元)	5978620.1	5441616.4	5522199.8	5512150.0	6083376.8	6296612.3	6142002.1	6313601.5
预付款项(万元)	919462.9	1187225.2	1067785.5	919855.3	990921.9	848194.2	685184.2	758592.9
流动资产合计(万元)	20517803.0	22058928.0	25547121.0	22751212.8	25121511.5	24972722.5	27988263.0	29045505.0

图 5-26　更改行索引后的BalanceSheet

【知识拓展】

除了先读入数据再更换行标签索引这种方法外，也可以在使用read_csv()读入数据时，直接使用index_col参数指定原数据的某列作为DataFrame数据的行标签索引。代码如下：

```
# 读入数据时，直接设置某列作为行的标签索引
# 方法1：以列序号设置行索引（Pandas将原数据中的列从0开始按顺序编号）
BalanceSheet = pd.read_csv('资产负债表.csv', encoding='gbk', index_col=0)
# 方法2：以列名设置行索引
BalanceSheet = pd.read_csv('资产负债表.csv', encoding='gbk', index_col='指标')
```

步骤9：若数据分析不需要读入所有原始数据，而是仅读入部分数据时，则可在read_csv()中使用usecols参数指定需要读取的列。代码如下：

```
BalanceSheet=pd.read_csv('资产负债表.csv', encoding='gbk', usecols=[0,1])
```

```
BalanceSheet.head()
```

运行代码，结果如图5-27所示。

	指标	2016年年报
0	货币资金(万元)	3936868.7
1	应收账款(万元)	7251439.8
2	存货(万元)	5978620.1
3	预付款项(万元)	919462.9
4	流动资产合计(万元)	20517803.0

图5-27 读入CRHC公司资产负债表的指定列

【思考】

试读入CRHC公司资产负债表的“指标”列和“2022年年报”列数据。

步骤10：若仅需读入原始数据的前几行数据，则可在read_csv()中使用nrows参数指定需要读取的行数。代码如下：

```
BalanceSheet=pd.read_csv('资产负债表.csv', encoding='gbk', nrows=3)
BalanceSheet
```

运行代码，结果如图5-28所示。

	指标	2016年年报	2017年年报	2018年年报	2019年年报	2020年年报	2021年年报	2022年年报	2023年年报
0	货币资金(万元)	3936868.7	4559498.3	6088639.2	3817100.8	4490476.4	3349235.9	4858511.5	5486183.9
1	应收账款(万元)	7251439.8	7405287.2	7767293.5	6420560.3	5971242.4	7196962.6	7298521.3	8898703.7
2	存货(万元)	5978620.1	5441616.4	5522199.8	5512150.0	6083376.8	6296612.3	6142002.1	6313601.5

图5-28 读入CRHC公司资产负债表前3行数据

【思考】

试读入CRHC公司资产负债表前6行数据。

二、查询CRHC公司资产负债表数据

步骤1：使用Markdown模式添加一个说明性标题，输入下列内容并运行：

```
### 二、查询CRHC公司资产负债表数据
```

步骤2：读取“资产负债表.csv”文件中的数据，以供后续代码访问。代码如下：

查询CRHC公司资产负债表数据

```
BalanceSheet=pd.read_csv('资产负债表.csv', encoding='gbk')
```

下面各步骤将使用切片从BalanceSheet中查询数据。

步骤3：对列进行切片，查询资产负债表的相关列数据。

步骤3.1：查询2023年年报列的数据。代码如下：

```
BalanceSheet['2023年年报']
```

运行代码，结果如图5-29所示。从图中可以看出，查询结果以Series形式返回，列的数据类型是float。

```
0      5486183.9
1      8898703.7
2      6313601.5
3       758592.9
4     29045505.0
5      6082812.1
6      1610304.4
7        27939.5
8     15168509.6
9     44214014.6
10    22740375.1
11     2375047.9
12    25115423.0
Name: 2023年年报, dtype: float64
```

图 5-29　查询2023年年报列的数据

步骤3.2：查询指标列和2023年年报列的数据，代码如下：

```
BalanceSheet[['指标','2023年年报']]. head()  #多个列名需放置到列表中
```

命令BalanceSheet[['指标','2023年年报']]. head()先执行BalanceSheet[['指标','2023年年报']]，查询出BalanceSheet中的“指标”列和“2023年年报”列，在此基础上，继续执行head()，返回前5行数据。

运行代码，结果如图5-30所示。从图中可以看出，查询结果以DataFrame形式返回。

	指标	2023年年报
0	货币资金(万元)	5486183.9
1	应收账款(万元)	8898703.7
2	存货(万元)	6313601.5
3	预付款项(万元)	758592.9
4	流动资产合计(万元)	29045505.0

图 5-30　查询多列数据

步骤4：对行进行切片，查询资产负债表的相关行数据。

步骤4.1：查询第0行数据。代码如下：

```
BalanceSheet[0:1]  #对行进行切片,从0行开始至1行结束(不包括1行)
```

运行代码，结果如图5-31所示。从图中可以看出，切片返回的行是DataFrame形式的数据。

	指标	2016年年报	2017年年报	2018年年报	2019年年报	2020年年报	2021年年报	2022年年报	2023年年报
0	货币资金(万元)	3936868.7	4559498.3	6088639.2	3817100.8	4490476.4	3349235.9	4858511.5	5486183.9

图 5-31　查询第0行数据

【思考】

试用切片查询“流动资产”行的数据。

步骤4.2：利用切片查询第0行和第1行的数据。代码如下：

```
BalanceSheet[:2]    #从0行至2行,不包括2行
```

运行代码，结果如图5-32所示。

	指标	2016年年报	2017年年报	2018年年报	2019年年报	2020年年报	2021年年报	2022年年报	2023年年报
0	货币资金(万元)	3936868.7	4559498.3	6088639.2	3817100.8	4490476.4	3349235.9	4858511.5	5486183.9
1	应收账款(万元)	7251439.8	7405287.2	7767293.5	6420560.3	5971242.4	7196962.6	7298521.3	8898703.7

图5-32　查询0行至2行数据

步骤4.3：利用切片查询第10行以后的所有行。代码如下：

```
BalanceSheet[10:]    #从10行至最后一行
```

运行代码，结果如图5-33所示。

	指标	2016年年报	2017年年报	2018年年报	2019年年报	2020年年报	2021年年报	2022年年报	2023年年报
10	流动负债合计(万元)	16909090.6	18422717.5	20349020.3	18835143.6	20016451.1	19749291.1	21555631.7	22740375.1
11	非流动负债合计(万元)	2902825.0	3027882.1	2981128.1	1948698.7	2457949.2	2574589.3	2897867.6	2375047.9
12	负债合计(万元)	19811915.6	21450599.6	23330148.4	20783842.3	22474400.3	22323880.4	24453499.3	25115423.0

图5-33　查询10行至最后一行的所有行

步骤4.4：利用切片查询从0行至13行（不包括13行），且步长为10的数据。代码如下：

```
BalanceSheet[0:13:10]  #从0行至13行(不包括13行),步长为10
```

运行代码，结果如图5-34所示。

	指标	2016年年报	2017年年报	2018年年报	2019年年报	2020年年报	2021年年报	2022年年报	2023年年报
0	货币资金(万元)	3936868.7	4559498.3	6088639.2	3817100.8	4490476.4	3349235.9	4858511.5	5486183.9
10	流动负债合计(万元)	16909090.6	18422717.5	20349020.3	18835143.6	20016451.1	19749291.1	21555631.7	22740375.1

图5-34　查询0行至13行数据，步长为10的数据

步骤5：对行列进行切片，查询资产负债表的相关数据。

步骤5.1：查询第11行至第12行（不包括12行）的“指标”列和“2023年年报”列的数据。代码如下：

```
BalanceSheet[['指标','2023年年报']][11:12]
```

运行代码，结果如图5-35所示。

	指标	2023年年报
11	非流动负债合计(万元)	2375047.9

图5-35　BalanceSheet[['指标','2023年年报']][11:12]的查询结果

步骤5.2：查询第11行至最后一行的“指标”列和“2023年年报”列的数据。代码如下：

```
BalanceSheet[['指标','2023年年报']][11:]
```

运行代码，结果如图5-36所示。

	指标	2023年年报
11	非流动负债合计(万元)	2375047.9
12	负债合计(万元)	25115423.0

图5-36　BalanceSheet[['指标','2023年年报']][11:]的查询结果

三、展示CRHC公司资产负债表数据

展示CRHC公司资产负债表数据

步骤1：使用Markdown模式添加一个说明性标题，输入下列内容并运行：

```
### 三、展示CRHC公司的资产负债表数据
```

步骤2：查询CRHC公司2023年的流动资产指标数据。代码如下：

```
BS_detail=BalanceSheet['2023年年报'][0:4]
BS_detail
```

运行代码，结果如图5-37所示。注意，BS_detail是Series类型数据。

```
0    5486183.9
1    8898703.7
2    6313601.5
3     758592.9
Name: 2023年年报, dtype: float64
```

图5-37　CRHC公司的流动资产指标数据

步骤3：绘制CRHC公司2023年流动资产指标折线图。代码如下：

```
BS_detail.plot(figsize=(4,2))
```

运行代码，结果如图5-38所示。从图中可以看出，此折线图以BS_detail的行标签索引为x轴刻度标签，以BS_detail的值为y轴数据；plot()函数中的figsize=(4,2)参数用来设置图形大小。

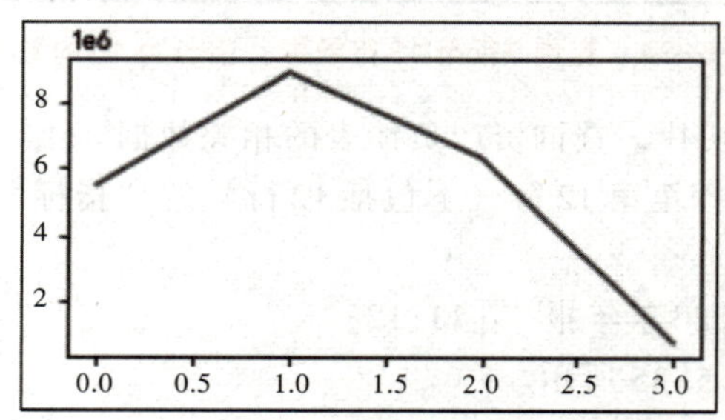

图5-38　CRHC公司2023年流动资产折线图

步骤4：查询CRHC公司2023年的非流动资产指标数据。代码如下：

```
BS_detail_1=BalanceSheet[['2023年年报']][5:8]
BS_detail_1
```

运行代码，结果如图5-39所示。注意，此处BS_detail_1是DataFrame类型数据。

	2023年年报
5	6082812.1
6	1610304.4
7	27939.5

图5-39　CRHC公司非流动资产指标数据

步骤5：导入Matplotlib绘图包，并设置图形中的中文和负号显示方式。代码如下：

```
import matplotlib.pyplot as plt           # 导入matplotlib.pyplot
plt.rcParams['font.sans-serif']=['SimHei']        # 在图像中以黑体显示中文
plt.rcParams['axes.unicode_minus']=False          # 在图像中正常显示负号
```

当图表中出现中文和负号时，需要提前设置相关参数才能正常显示中文和负号。代码plt.rcParams['font.sans-serif']=['SimHei']将图表中的中文字体设置为黑体，代码plt.rcParams['axes.unicode_minus']=False将图表中显示的负号设置为不使用Unicode字符集中的负号。

【知识拓展】

1.plt.rcParams 是 Matplotlib 库中的一个全局配置对象，用于设置和控制图表的各种参数。通过设置 plt.rcParams 中的参数值，可以更改图表的样式、布局、字体和颜色等。

2. plt. rcParams [' font. sans-serif '] 用于设置图表中的中文字体，plt. rcParams [' axes. unicode_minus '] 用于设置图表中的负号显示方式。unicode_minus 中的 unicode 是计算机科学领域里的一种字符编码标准，可翻译为统一码、万国码、单一码，由统一码联盟开发。统一码为每种语言中的每个字符设定了统一并且唯一的二进制编码，使得计算机可以跨语言、跨平台进行文本转换和处理。将 plt.rcParams ['axes.unicode_minus']的值设为 False，其意义是不使用 Unicode 字符集显示图表中的负号（使用会导致负号显示为乱码），而是使用 ASCII 编码显示负号。

步骤6：绘制CRHC公司2023年非流动资产指标折线图。代码如下：

```
BS_detail_1.plot(figsize=(4,2))
```

运行代码，结果如图5-40所示。从图中可以看出，此折线图以BS_detail_1的行标签索引为x轴刻度标签，以BS_detail_1的“2023年年报”列的值为y轴数据，以BS_detail_1的“2023年年报”列的列标签索引为图例。

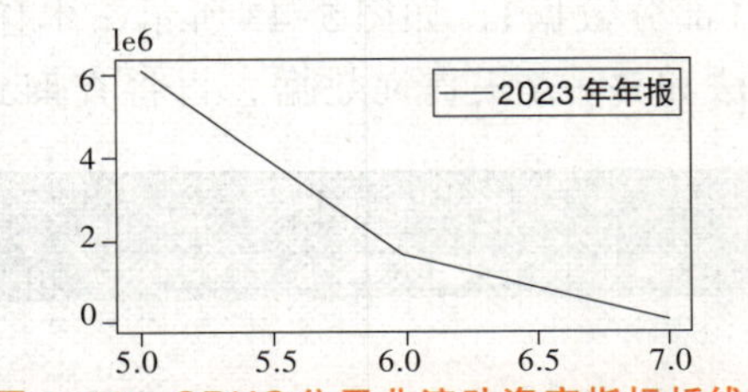

图5-40　CRHC公司非流动资产指标折线图

步骤7：查询CRHC公司2023年负债指标数据。代码如下：

```
BS_detail_2=BalanceSheet[['2023年年报']][10:12]
BS_detail_2
```

运行代码，结果如图5-41所示。

	2023年年报
10	22740375.1
11	2375047.9

图5-41　CRHC公司2023年负债指标数据

【思考】

BS_detail_2是什么结构的数据？

步骤 8：绘制 CRHC 公司负债指标折线图。代码如下：

```
BS_detail_2.plot(figsize=(4,2))
```

运行代码，结果如图 5-42 所示。从图中可以看出，此折线图以 BS_detail_2 的行标签索引为 x 轴刻度的标签，以 BS_detail_2 的“2023 年年报”列的值为 y 轴数据，以 BS_detail_2 的“2023 年年报”列的列标签索引为图例。

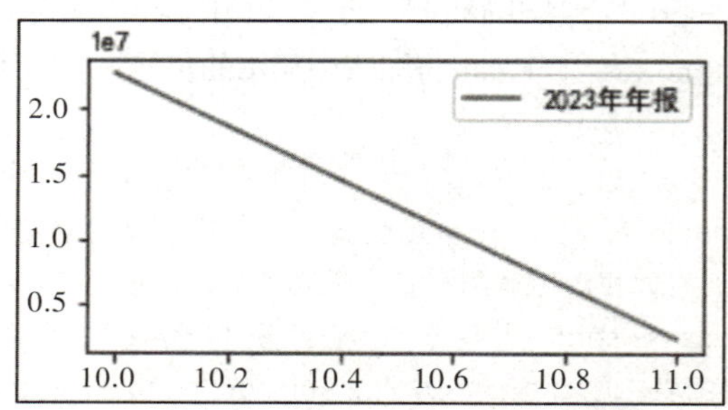

图 5-42　CRHC 公司 2023 年负债指标折线图

任务二　获取和展示 CRHC 公司资产负债表 Excel 数据

任务分析

“资产负债表 .xlsx”文件的“资产负债表”工作表保存了 CRHC 公司自 2016 年至 2023 年的资产负债表数据（部分数据），如图 5-43 所示。本任务将读入此资产负债表数据，并使用 Pandas 的 loc 方法和 iloc 方法查询数据，再将查询到的数据进行可视化展示。

指标	2016年年报	2017年年报	2018年年报	2019年年报	2020年年报	2021年年报	2022年年报	2023年年报
货币资金(万元)	3936868.7	4559498.3	6088639.2	3817100.8	4490476.4	3349235.9	4858511.5	5486183.9
应收账款(万元)	7251439.8	7405287.2	7767293.5	6420560.3	5971242.4	7196962.6	7298521.3	8898703.7
存货(万元)	5978620.1	5441616.4	5522199.8	5512150.0	6083376.8	6296612.3	6142002.1	6313601.5
预付款项(万元)	919462.9	1187225.2	1067785.5	919855.3	990921.9	848194.2	685184.2	758592.9
流动资产合计(万元)	20517803.0	22058928.0	25547121.0	22751212.8	25121511.5	24972722.5	27988263.0	29045505.0
固定资产(万元)	5349736.0	5693883.8	5723629.5	5739072.9	5909088.6	5797055.1	5891995.1	6082812.1
无形资产(万元)	1801304.6	1755166.0	1778264.7	1665010.4	1601431.4	1602438.0	1669100.6	1610304.4
长期待摊费用(万元)	17090.8	19248.7	18798.6	22369.1	19246.0	22553.2	20103.4	27939.5
非流动资产合计(万元)	10651569.9	11772133.2	11969967.7	13001092.2	13235737.0	14265314.3	14694386.9	15168509.6
资产总计(万元)	31169372.9	33831061.2	37517088.7	35752305.0	38357248.5	39238036.8	42682649.9	44214014.6
流动负债合计(万元)	16909090.6	18422717.5	20349020.3	18835143.6	20016451.1	19749291.1	21555631.7	22740375.1
非流动负债合计(万元)	2902825.0	3027882.1	2981128.1	1948698.7	2457949.2	2574589.3	2897867.6	2375047.9
负债合计(万元)	19811915.6	21450599.6	23330148.4	20783842.3	22474400.3	22323880.4	24453499.3	25115423.0

图 5-43　“资产负债表 .xlsx”文件数据

相关知识

Excel文件是日常财务工作中频繁使用的文件类型之一，在财务分析时，经常需要将此种类型文件的数据读取到DataFrame对象中，进而使用Pandas强大的数据分析功能完成财务数据的分析和展示。

一、使用Pandas读取Excel文件

Pandas提供了read_excel()函数来读取Excel文件，读取到的数据自动转换成DataFrame类型的数据，以便于后续的处理和分析。

使用Pandas读取Excel文件

下面以如图5-44所示的“Excel文件示例.xlsx”文件为例（该文件中有一张名为Sheet1的工作表，其中存放的是某企业2023年第二季度和第三季度部分利润表指标数据），来说明read_excel()函数的用法。

	A	B	C	D
1	利润表指标	20230930	20230630	
2	一、营业总收入(万元)	3630	2556	
3	二、营业总成本(万元)	3152	2218	
4	三、营业利润(万元)	458	347	
5	四、利润总额(万元)	449	343	
6	五、净利润(万元)	330	255	
7				

图5-44　Excel文件中的数据

（一）read_excel()函数认知

read_excel()的基本语法格式如下：

```
pandas.read_excel(filename, sheet_name=0, header=0, index_col=None, usecols=None, dtype=None, skiprows=None, nrows=None)
```

其中，filename表示要读取的Excel文件；sheet_name表示要读取的工作表名称；header用于指定用作列名的行数；index_col表示用作行标签索引的列；usecols表示要读取的列数；dtype表示数据类型；skiprows表示要跳过的行数；nrows表示要读取的行数。

与read_csv()函数类似，在read_excel()的众多参数中，必须给出的参数是要读取的文件名，其他参数均可省略（省略时使用各参数的默认值）。

（二）read_excel()函数应用示例

1. 以默认方式读取Excel文件的数据

图5-45所示的示例是使用read_excel()函数读取“Excel文件示例.xlsx”文件中的第0

张工作表（Pandas从0开始按顺序对工作表编号）。

```
import pandas as pd
# 默认读取Excel文件第一张工作表
df = pd.read_excel('Excel文件示例.xlsx')
df  #显示数据
```

	利润表指标	20230930	20230630
0	一、营业总收入(万元)	3630	2556
1	二、营业总成本(万元)	3152	2218
2	三、营业利润(万元)	458	347
3	四、利润总额(万元)	449	343
4	五、净利润(万元)	330	255

图 5-45　以默认方式读取Excel数据

2.读取指定工作表的数据

图5-46所示的示例为使用sheet_name参数指定读取"Excel文件示例.xlsx"文件中的第0张工作表（a图），或使用参数sheet_name='Sheet1'指定读取Sheet1工作表（b图）。

```
# 按工作表编号读取工作表数据，工作表编号从0开始
df = pd.read_excel('Excel文件示例.xlsx',sheet_name=0)
df  # 显示数据
```

	利润表指标	20230930	20230630
0	一、营业总收入(万元)	3630	2556
1	二、营业总成本(万元)	3152	2218
2	三、营业利润(万元)	458	347
3	四、利润总额(万元)	449	343
4	五、净利润(万元)	330	255

（a）读取第0张工作表

```
# 按工作表名称读取工作表数据，注意工作名的大小写
df = pd.read_excel('Excel文件示例.xlsx',sheet_name='Sheet1')
df  # 显示数据
```

	利润表指标	20230930	20230630
0	一、营业总收入(万元)	3630	2556
1	二、营业总成本(万元)	3152	2218
2	三、营业利润(万元)	458	347
3	四、利润总额(万元)	449	343
4	五、净利润(万元)	330	255

（b）读取Sheet1工作表

图 5-46　读取指定工作表数据

3.读取数据时设置行索引

读取Excel数据时，可以使用index_col参数设置某列为行标签索引，设置时既可以使用列的编号来设置行标签索引，也可以使用列的名称来设置行标签索引。

图5-47中的（a）图为使用index_col参数设置第0列的数据作为行标签索引，（b）图为使用index_col参数设置“利润表指标”列的数据作为行标签索引。

```
df = pd.read_excel('Excel文件示例.xlsx',index_col=0)
df  # 显示数据
```

利润表指标	20230930	20230630
一、营业总收入(万元)	3630	2556
二、营业总成本(万元)	3152	2218
三、营业利润(万元)	458	347
四、利润总额(万元)	449	343
五、净利润(万元)	330	255

（a）设置第0列数据作为行标签索引

```
df = pd.read_excel('Excel文件示例.xlsx',index_col='利润表指标')
df  # 显示数据
```

利润表指标	20230930	20230630
一、营业总收入(万元)	3630	2556
二、营业总成本(万元)	3152	2218
三、营业利润(万元)	458	347
四、利润总额(万元)	449	343
五、净利润(万元)	330	255

（b）设置“利润表指标”列数据作为行标签索引

图5-47 读取数据时设置行标签索引

4.读取指定列数据或前几行数据

读取Excel数据时，可以使用usecols参数指定读取哪几列数据；使用nrows参数指定读取前几行数据。

图5-48所示的（a）图为使用usecols参数指明要读取A列和B列的数据，（b）图为使用nrows参数指明要读取前2行数据。

```
# 读取指定列
df = pd.read_excel('Excel文件示例.xlsx',usecols='A,B')
df  # 显示数据
```

	利润表指标	20230930
0	一、营业总收入(万元)	3630
1	二、营业总成本(万元)	3152
2	三、营业利润(万元)	458
3	四、利润总额(万元)	449
4	五、净利润(万元)	330

（a）读取A列和B列数据

```
# 读取前几行
df = pd.read_excel('Excel文件示例.xlsx',nrows=2)
df  # 显示数据
```

	利润表指标	20230930	20230630
0	一、营业总收入(万元)	3630	2556
1	二、营业总成本(万元)	3152	2218

（b）读取前2行数据

图5-48 读取指定列数据或前几行数据

二、使用loc方法查询数据

使用loc方法查询数据

（一）loc方法认知

loc是基于DataFrame对象的标签索引访问数据的一种方法，其语法格式为：

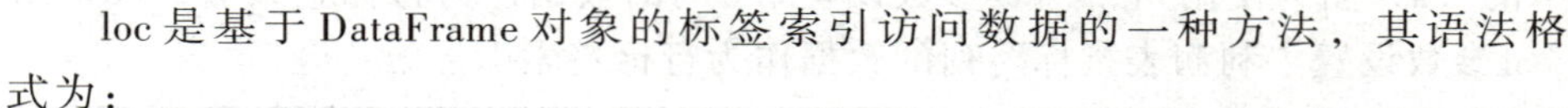

```
df.loc[index_name, col_name]
```

（二）loc应用示例

使用loc方法在图5-45中的df数据上进行数据查询的示例如图5-49所示。

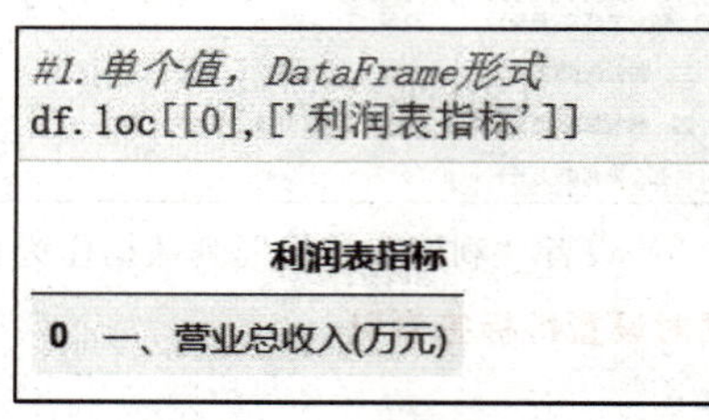

（a）查询单个值（DataFrame形式）

```
#1. 单个值，Series形式
df.loc[0,'利润表指标']
```

'一、营业总收入(万元)'

（b）查询多个值（Series形式）

```
#2. 多行
df.loc[[0,3]]
```

	利润表指标	20230930	20230630
0	一、营业总收入(万元)	3630	2556
3	四、利润总额(万元)	449	343

（c）查询多行

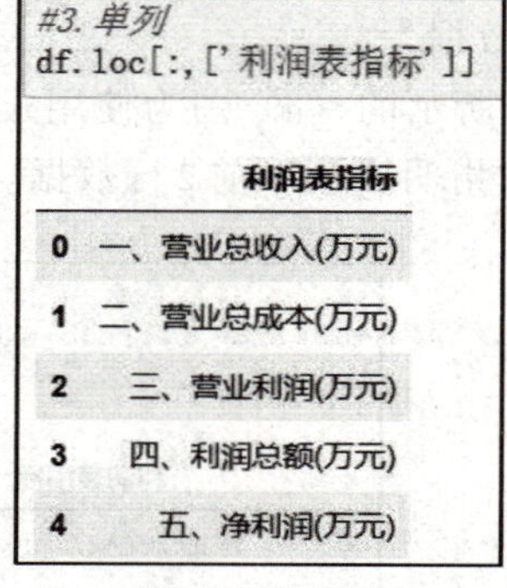

（d）查询单列

图5-49　loc方法常用操作示例

三、使用iloc方法查询数据

（一）iloc方法认知

使用iloc方法查询数据

iloc方法是基于数据在DataFrame中的先后顺序位置编号（也称为数字索引或位置索引，其值从0开始按顺序编号）进行数据查询的一种方法，其语法格式为：

```
df.iloc[index_num,col_num]
```

（二）iloc应用示例

使用iloc方法在图5-45中的df数据上进行数据查询的示例如图5-50所示。

```
#1. 单行，DataFrame形式
df.iloc[[0]]
```

	利润表指标	20230930	20230630
0	一、营业总收入(万元)	3630	2556

（a）查询单行

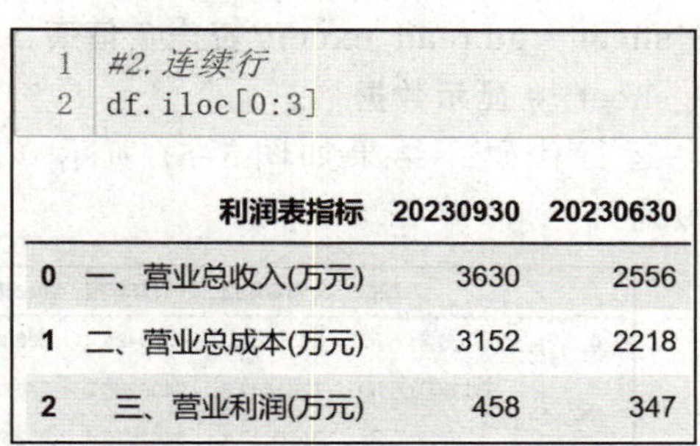

```
#2. 连续行
df.iloc[0:3]
```

	利润表指标	20230930	20230630
0	一、营业总收入(万元)	3630	2556
1	二、营业总成本(万元)	3152	2218
2	三、营业利润(万元)	458	347

（b）查询连续行

```
#3. 位置索引为1的列
df.iloc[:,1:2].head(2)
```

	20230930
0	3630
1	3152

（c）查询位置索引为 1 的列

```
#4. 不连续行：0和2
df.iloc[[0,2]]
```

	利润表指标	20230930	20230630
0	一、营业总收入(万元)	3630	2556
2	三、营业利润(万元)	458	347

（d）查询不连续行

```
#5. 行列交叉
df.iloc[[2,3],[0,2]]
```

	利润表指标	20230630
2	三、营业利润(万元)	347
3	四、利润总额(万元)	343

（e）查询交叉行列

```
#6. 3行至尾行，0列至尾列
df.iloc[3:,0:]
```

	利润表指标	20230930	20230630
3	四、利润总额(万元)	449	343
4	五、净利润(万元)	330	255

（f）查询多行多列数据

图 5-50 iloc方法常用操作示例

任务实施

本任务主要完成三大操作：一是从Excel文件中读取CRHC公司的资产负债表数据到DataFrame对象；二是从DataFrame对象中提取2023年的数据；三是用折线图简单展示数据。

获取和展示CRHC公司资产负债表Excel数据

一、读取并查看CRHC公司资产负债表基本信息

步骤1：新建一个Python文件，将其命名为“项目五-任务二.ipynb”。

步骤2：使用Markdown模式为程序添加一个说明性标题，输入下列内容并运行：

```
### 一、读取并查看CRHC公司资产负债表基本信息
```

步骤3：读取“资产负债表.xlsx”文件的“资产负债表”工作表数据，以供后续代码访问。代码如下：

```
import pandas as pd
```

```
BS_sheet = pd.read_excel('资产负债表.xlsx') #默认读取第0张工作表
BS_sheet  #显示数据
```

运行代码，结果如图5-51所示（限于篇幅，仅截取部分数据，完整数据共13行9列）。

	指标	2016年年报	2017年年报	2018年年报	2019年年报	2020年年报	2021年年报	2022年年报	2023年年报
0	货币资金(万元)	3936868.7	4559498.3	6088639.2	3817100.8	4490476.4	3349235.9	4858511.5	5486183.9
1	应收账款(万元)	7251439.8	7405287.2	7767293.5	6420560.3	5971242.4	7196962.6	7298521.3	8898703.7
2	存货(万元)	5978620.1	5441616.4	5522199.8	5512150.0	6083376.8	6296612.3	6142002.1	6313601.5
3	预付款项(万元)	919462.9	1187225.2	1067785.5	919855.3	990921.9	848194.2	685184.2	758592.9

图5-51　读入Excel数据

步骤4：为方便分析，将“指标”列设置为行标签索引。代码如下：

```
# inplace=True参数表示直接在BS_sheet上修改
BS_sheet.set_index('指标',inplace=True)
BS_sheet
```

运行代码，结果如图5-52所示（限于篇幅，仅截取部分数据）。

指标	2016年年报	2017年年报	2018年年报	2019年年报	2020年年报	2021年年报	2022年年报	2023年年报
货币资金(万元)	3936868.7	4559498.3	6088639.2	3817100.8	4490476.4	3349235.9	4858511.5	5486183.9
应收账款(万元)	7251439.8	7405287.2	7767293.5	6420560.3	5971242.4	7196962.6	7298521.3	8898703.7
存货(万元)	5978620.1	5441616.4	5522199.8	5512150.0	6083376.8	6296612.3	6142002.1	6313601.5

图5-52　设置行标签索引

步骤5：查看BS_sheet各列数据类型。代码如下：

```
BS_sheet.dtypes #查看各列数据类型
```

运行代码，结果如图5-53所示。从图中可以看出，各列数据类型为float。

```
2016年年报    float64
2017年年报    float64
2018年年报    float64
2019年年报    float64
2020年年报    float64
2021年年报    float64
2022年年报    float64
2023年年报    float64
dtype: object
```

图5-53　查看各列数据类型

步骤6：查看行位置索引和列位置索引均为0的值的数据类型。代码如下：

```
type(BS_sheet.iloc[0,0]) #查看0行0列的值的数据类型
```

运行代码，输出结果：numpy.float64，表示此值的数据类型为float。

二、提取CRHC公司2023年资产负债表数据

Pandas的条件筛选认知

步骤1：使用Markdown模式添加一个说明性标题，输入下列内容并运行：

```
### 二、提取CRHC公司2023年资产负债表数据
```

步骤2：查询2023年的年报数据，并将查询结果保存到DataFrame对象BS_2023中。代码如下：

```
BS_2023=BS_sheet[['2023年年报']]
BS_2023
```

运行代码，结果如图5-54所示（限于篇幅，仅截取部分数据）。

	2023年年报
指标	
货币资金(万元)	5486183.9
应收账款(万元)	8898703.7
存货(万元)	6313601.5
预付款项(万元)	758592.9

图5-54　2023年年报数据

步骤3：查看BS_2023的列位置索引为0的列。代码如下：

```
BS_2023.iloc[:,0]  #查看第0列数据,Series类型
```

运行代码，结果如图5-55所示。注意，此处查询结果是Series类型数据。

```
指标
货币资金(万元)          5486183.9
应收账款(万元)          8898703.7
存货(万元)             6313601.5
预付款项(万元)           758592.9
流动资产合计(万元)      29045505.0
固定资产(万元)          6082812.1
无形资产(万元)          1610304.4
长期待摊费用(万元)         27939.5
非流动资产合计(万元)    15168509.6
资产总计(万元)         44214014.6
流动负债合计(万元)      22740375.1
非流动负债合计(万元)     2375047.9
负债合计(万元)         25115423.0
Name: 2023年年报, dtype: float64
```

图5-55　查看第0列数据

步骤4：将“2023年年报”列的列标签索引修改为“金额”。代码如下：

```
BS_2023.columns=['金额']
BS_2023
```

运行代码，结果如图5-56所示（限于篇幅，仅截取部分数据）。

	金额
指标	
货币资金(万元)	5486183.9
应收账款(万元)	8898703.7
存货(万元)	6313601.5
预付款项(万元)	758592.9

图5-56　修改列的索引名

三、展示CRHC公司资产负债表数据

步骤1：使用Markdown模式添加一个说明性标题，输入下列内容并运行：

```
### 三、展示CRHC公司资产负债表数据
```

步骤1：导入Matplotlib绘图包，并设置绘图参数。代码如下：

```
import matplotlib.pyplot as plt                    # 导入matplotlib.pyplot模块
plt.rcParams['font.sans-serif']=['SimHei']         # 在图像中以黑体显示中文
plt.rcParams['axes.unicode_minus']=False           # 在图像中正常显示负号
```

步骤2：使用折线图展示2023年流动资产的各项指标数据。代码如下：

```
BS_2023.iloc[0:4]. plot(figsize=(5,2),title='各项流动资产对比')
```

代码首先使用iloc方法查询出BS_2023的前4行数据，再调用plot()函数绘制折线图，参数figsize=(5,2)用以设置图形大小，title='各项流动资产对比'用以设置图形标题。

运行代码，结果如图5-57所示。

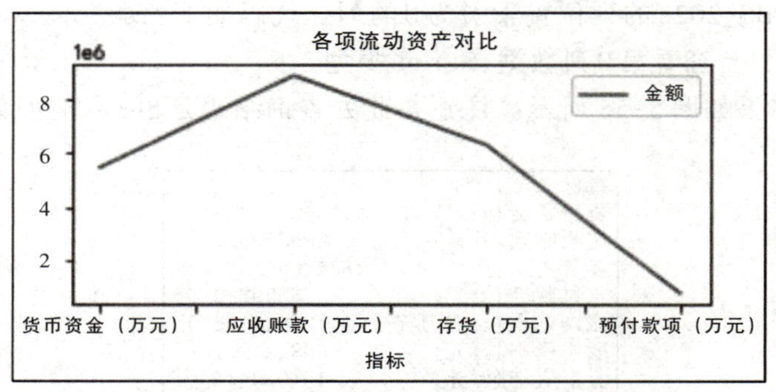

图5-57 流动资产各项指标数据折线图

步骤3：使用折线图展示2023年非流动资产的各项指标数据。代码如下：

```
BS_2023.loc[['固定资产(万元)','无形资产(万元)','长期待摊费用(万元)']]. plot(figsize=(5,
2),title='各项非流动资产对比')
```

代码首先使用loc方法查询出BS_2023的“固定资产（万元）”“无形资产（万元）”“长期待摊费用（万元）”三行数据，再调用plot()函数绘制折线图，plot()函数中的参数title='各项非流动资产对比'用以设置图形标题。

运行代码，结果如图5-58所示。

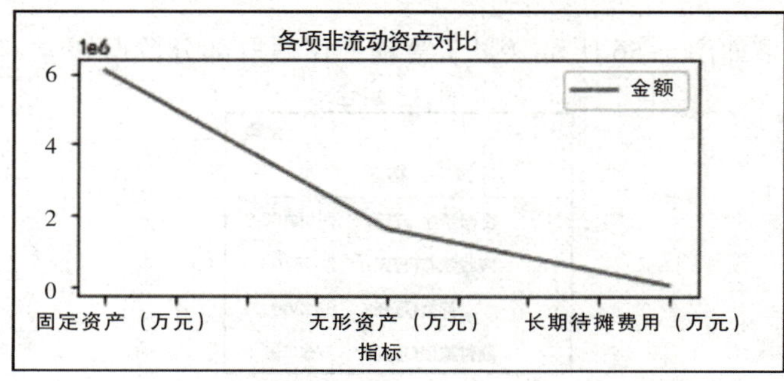

图5-58 非流动资产各项指标数据折线图

任务三　计算和分析资产负债率

任务分析

资产负债率是企业财务分析中的一个重要指标，它反映了企业负债与总资产的比例关系，对于评估企业的偿债能力和财务风险具有重要意义。资产负债率的计算公式如下：

资产负债率=负债总额/资产总额×100%

其中，负债总额是企业承担的所有负债的总和；资产总额是企业拥有的所有资产的总和。通过计算资产负债率，可以了解企业的债务水平和偿债能力。一般来说，资产负债率越高，说明企业的负债相对较多，偿债压力较大；资产负债率越低，说明企业的负债相对较少，偿债能力较强。

本任务首先利用pandas的条件筛选从CRHC公司的资产负债表中筛选出相关数据，然后计算该公司各年的资产负债率，并对资产负债率进行简单分析。

相关知识

一、行列转置

将数据行列转置，就是使数据的行列互换，原来的行变成列，原来的列变成行。行列转置基本语法如下：

```
DataFrame.T
```

若有df=pd.DataFrame({'1月':[15, 20],'2月':[22, 21]})，则df转置前后对比如图5-59所示。

```
1  df    # 转置前
```

	1月	2月
0	15	22
1	20	21

（a）df转置前

```
1  df.T    # 转置后
```

	0	1
1月	15	20
2月	22	21

（b）df转置后

图5-59　df转置前后对比

二、Pandas的条件筛选认知

（一）Pandas的条件筛选

在Pandas中，可以使用多种方法实现条件筛选。如：

（1）利用比较运算符（>、<、==、>=、<=、!=）比较某列值与特定值以实现条件筛选；

（2）给定一个值列表，使用isin()函数判断列中的值是否在此值列表中，从而实现条件筛选；

（3）使用str.contains()函数判断列中的文本是否包含特定的字符串来实现条件筛选；

（4）使用query()函数构造多个条件的组合（如&、|、~等）实现条件筛选数据。

（二）Pandas的条件筛选应用示例

下面将基于如图5-60所示的DataFrame对象df，给出使用不同方法进行条件筛选的示例。

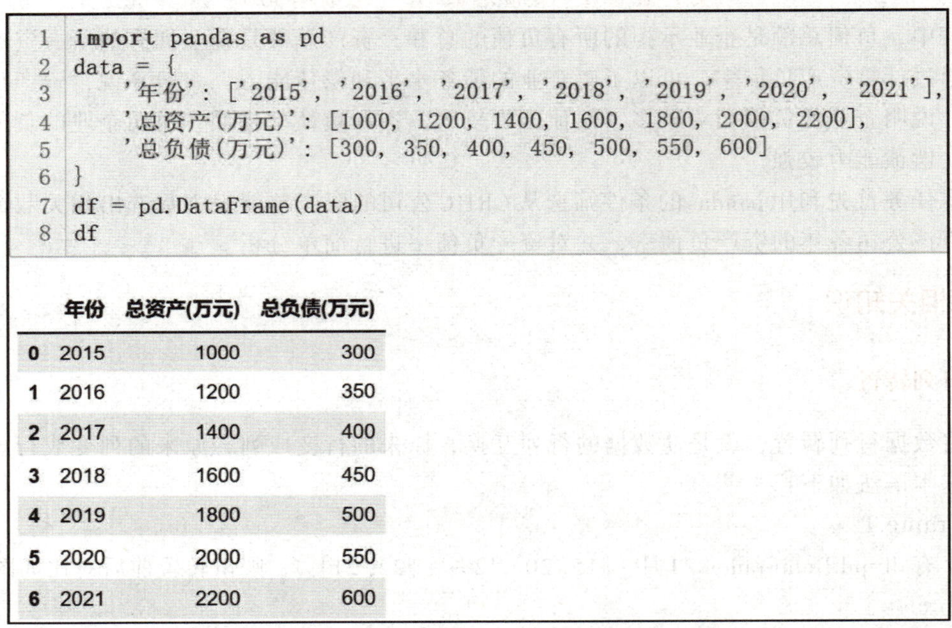

```
import pandas as pd
data = {
    '年份': ['2015', '2016', '2017', '2018', '2019', '2020', '2021'],
    '总资产(万元)': [1000, 1200, 1400, 1600, 1800, 2000, 2200],
    '总负债(万元)': [300, 350, 400, 450, 500, 550, 600]
}
df = pd.DataFrame(data)
df
```

	年份	总资产(万元)	总负债(万元)
0	2015	1000	300
1	2016	1200	350
2	2017	1400	400
3	2018	1600	450
4	2019	1800	500
5	2020	2000	550
6	2021	2200	600

图5-60　DataFrame对象df

（1）使用比较运算符筛选出总资产大于1 800万元的数据行，如图5-61所示。

```
filtered_df1 = df[df['总资产(万元)'] > 1800]
filtered_df1
```

	年份	总资产(万元)	总负债(万元)
5	2020	2000	550
6	2021	2200	600

图5-61　使用比较运算符筛选数据

（2）使用isin()筛选出年份为2017、2018、2019的数据行，如图5-62所示。

```
# 使用 isin()筛选年份为2017、2018、2019的数据
filtered_df2 = df[df['年份'].isin(['2017', '2018','2019'])]
filtered_df2
```

	年份	总资产(万元)	总负债(万元)
2	2017	1400	400
3	2018	1600	450
4	2019	1800	500

图 5-62　使用 isin()筛选数据

(3) 使用 str.contains()筛选出年份包含字符串21的数据行，如图 5-63 所示。

```
# 使用 str.contains()筛选年份包含字符串21的数据行
filtered_df3 = df[df['年份'].str.contains('21')]
filtered_df3
```

	年份	总资产(万元)	总负债(万元)
6	2021	2200	600

图 5-63　使用 str.contains()筛选数据

(4) 使用 query()筛选出总资产大于 1 500 万元，并且总负债小于 500 万元的数据行，如图 5-64 所示。由于列名总资产（万元）和列名总负债（万元）中包括英文括号，而英文括号在 Python 中具有特殊意义（例如作为函数的一部分），因此在代码中，使用反引号(`)将列名总资产（万元）和列名总负债（万元）括起来，以确保正确解析列名。

```
# 使用 query()筛选总资产大于1500万元，并且总负债小于500万元的数据行
filtered_df4 = df.query('`总资产(万元)`> 1500 & `总负债(万元)` < 500')
filtered_df4
```

	年份	总资产(万元)	总负债(万元)
3	2018	1600	450

图 5-64　使用 query()筛选数据

◎提示

在pandas中，如果列名中包含特殊字符（如空格、斜杠、英文括号等），可以使用反引号(`)将列名括起来，以确保Python能正确解析列名。

三、lambda()函数认知

lambda 函数是一种匿名函数（即没有具体的函数名），也可称为 lambda 表达式。lambda 函数通常用于在 Python 中实现一个简单的程序功能。

lambda函数认知

(一) lambda()函数语法

lambda 函数的基本语法格式如下：

lambda argument_list: expression

其中，lambda是关键字，不可省略；argument_list是参数列表，expression是实现函数功能的表达式。lambda函数可以接受多个参数，并将这些参数用于expression的计算，最终返回一个expression的计算结果。

（二）lambda()函数应用示例

如图5-65所示的代码中，第2行代码定义了一个lambda函数g，它接收x和y两个参数，并用这两个参数构成表达式x + y，即此lambda函数的功能是计算x和y的和；第3行代码使用print()函数输出g(1,2)的结果，而g(1,2)需要调用g函数，并将1和2分别传递给参数x和y，由表达式x + y计算得到的3作为g函数的返回值，最终再通过print()将3输出。

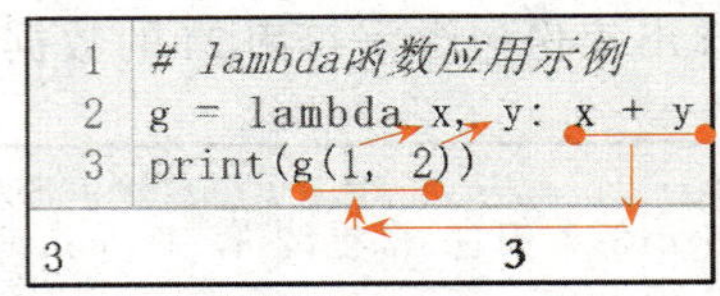

```
1 # lambda函数应用示例
2 g = lambda x, y: x + y
3 print(g(1, 2))

3
```


图5-65 lambda()函数应用示例

四、apply()函数认知

Pandas的apply()函数是一个非常重要的函数，当对某个DataFrame对象调用apply()函数时，apply()函数会自动遍历DataFrame的每一行数据，并返回一个Series对象作为apply()函数的处理结果。

apply函数认知

（一）apply()函数语法

apply()函数的基本语法格式如下：

```
df.apply(function, axis=0)
```

其中：df是DataFrame对象，function定义了要对df中的每行（axis=0）或每列（axis=1）执行某种操作的函数；axis指定在哪个轴上应用function，默认为0。

（二）apply()函数应用示例

图5-66所示的代码是使用apply()函数对DataFrame对象df的年龄列进行加5的操作。

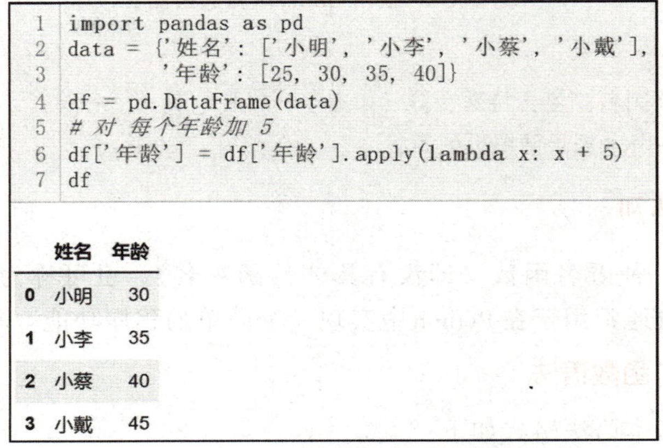

```
import pandas as pd
data = {'姓名': ['小明', '小李', '小蔡', '小戴'],
        '年龄': [25, 30, 35, 40]}
df = pd.DataFrame(data)
# 对 每个年龄加 5
df['年龄'] = df['年龄'].apply(lambda x: x + 5)
df
```

	姓名	年龄
0	小明	30
1	小李	35
2	小蔡	40
3	小戴	45

图5-66 apply()函数应用示例

任务实施

本任务包括三大步：一是从资产负债表数据中提取资产总计和负债合计；二是计算并展示CRHC公司的资产负债率；三是使用条件筛选提取特定的资产负债率数据。

计算和分析资产负债率

一、从资产负债表数据中提取资产总计和负债合计

步骤1：新建一个Python文件，命名为“项目五-任务三.ipynb”。

步骤2：使用Markdown模式为程序添加一个说明性标题，输入下列内容并运行：

```
### 一、从资产负债表数据中提取资产总计和负债合计
```

步骤3：读取Excel文件“资产负债表.xlsx”中的数据。代码如下：

```
import pandas as pd  # 导入pandas包
BalanceSheet = pd.read_excel('资产负债表.xlsx')  # 读入资产负债表数据
BalanceSheet     # 显示数据
```

代码将读取到的资产负债表数据赋值给DataFrame对象BalanceSheet。运行代码，结果如图5-67所示。

	指标	2016年年报	2017年年报	2018年年报	2019年年报	2020年年报	2021年年报	2022年年报	2023年年报
0	货币资金(万元)	3936868.7	4559498.3	6088639.2	3817100.8	4490476.4	3349235.9	4858511.5	5486183.9
1	应收账款(万元)	7251439.8	7405287.2	7767293.5	6420560.3	5971242.4	7196962.6	7298521.3	8898703.7
2	存货(万元)	5978620.1	5441616.4	5522199.8	5512150.0	6083376.8	6296612.3	6142002.1	6313601.5
3	预付款项(万元)	919462.9	1187225.2	1067785.5	919855.3	990921.9	848194.2	685184.2	758592.9
4	流动资产合计(万元)	20517803.0	22058928.0	25547121.0	22751212.8	25121511.5	24972722.5	27988263.0	29045505.0
5	固定资产(万元)	5349736.0	5693883.8	5723629.5	5739072.9	5909088.6	5797055.1	5891995.1	6082812.1
6	无形资产(万元)	1801304.6	1755166.0	1778264.7	1665010.4	1601431.4	1602438.0	1669100.6	1610304.4
7	长期待摊费用(万元)	17090.8	19248.7	18798.6	22369.1	19246.0	22553.2	20103.4	27939.5
8	非流动资产合计(万元)	10651569.9	11772133.2	11969967.7	13001092.2	13235737.0	14265314.3	14694386.9	15168509.6
9	资产总计(万元)	31169372.9	33831061.2	37517088.7	35752305.0	38357248.5	39238036.8	42682649.9	44214014.6
10	流动负债合计(万元)	16909090.6	18422717.5	20349020.3	18835143.6	20016451.1	19749291.1	21555631.7	22740375.1
11	非流动负债合计(万元)	2902825.0	3027882.1	2981128.1	1948698.7	2457949.2	2574589.3	2897867.6	2375047.9
12	负债合计(万元)	19811915.6	21450599.6	23330148.4	20783842.3	22474400.3	22323880.4	24453499.3	25115423.0

图5-67　读入Excel数据

步骤4：使用iloc方法筛选出总资产和总负债的数据。代码如下：

```
BalanceSheet = BalanceSheet.loc[[9,12]]
BalanceSheet
```

BalanceSheet.iloc[[9,12]]从BalanceSheet中提取位置索引为9和12的数据，并将提取到的数据赋值给BalanceSheet变量。运行代码，结果如图5-68所示。

	指标	2016年年报	2017年年报	2018年年报	2019年年报	2020年年报	2021年年报	2022年年报	2023年年报
9	资产总计(万元)	31169372.9	33831061.2	37517088.7	35752305.0	38357248.5	39238036.8	42682649.9	44214014.6
12	负债合计(万元)	19811915.6	21450599.6	23330148.4	20783842.3	22474400.3	22323880.4	24453499.3	25115423.0

图5-68　资产总计和负债合计的数据

步骤5：将BalanceSheet数据进行行列转置，并将转置后的结果重新赋值给BalanceSheet变量。代码如下：

```
BalanceSheet=BalanceSheet.T
BalanceSheet
```

运行代码，结果如图5-69所示。

	9	12
指标	资产总计(万元)	负债合计(万元)
2016年年报	31169372.9	19811915.6
2017年年报	33831061.2	21450599.6
2018年年报	37517088.7	23330148.4
2019年年报	35752305.0	20783842.3
2020年年报	38357248.5	22474400.3
2021年年报	39238036.8	22323880.4
2022年年报	42682649.9	24453499.3
2023年年报	44214014.6	25115423.0

图5-69　行列转置

步骤6：将列标签索引“9”和“12”分别修改为“资产总计（万元）”和“负债合计（万元）”。代码如下：

```
BalanceSheet.columns =['资产总计(万元)','负债合计(万元)']
BalanceSheet
```

运行代码，结果如图5-70所示（限于篇幅，仅截取部分数据）。

	资产总计(万元)	负债合计(万元)
指标	资产总计(万元)	负债合计(万元)
2016年年报	31169372.9	19811915.6
2017年年报	33831061.2	21450599.6

图5-70　设置列名

步骤7：选择除“指标”行以外的所有数据行，代码如下：

```
#选择除“指标”行以外的所有数据行
required_data = BalanceSheet.loc['2016年年报':]. copy()
required_data
```

运行代码，结果如图5-71所示（限于篇幅，仅截取部分数据）。

	资产总计(万元)	负债合计(万元)
2016年年报	31169372.9	19811915.6
2017年年报	33831061.2	21450599.6
2018年年报	37517088.7	23330148.4

图5-71　删除“指标”行

二、计算并展示CRHC公司的资产负债率

步骤1：使用Markdown模式添加一个说明性标题，输入下列内容并运行：

```
### 二、计算并展示CRHC公司的资产负债率
```

步骤2：按照公式：资产负债率=负债总额/资产总额×100%，计算CRHC公司的资产负债率。代码如下：

```
required_data['资产负债率']=required_data['负债合计(万元)']/required_data['资产总计(万元)']
required_data
```

运行代码，结果如图5-72所示（限于篇幅，仅截取部分数据）。

	资产总计(万元)	负债合计(万元)	资产负债率
2016年年报	31169372.9	19811915.6	0.635621
2017年年报	33831061.2	21450599.6	0.63405
2018年年报	37517088.7	23330148.4	0.621854

图5-72　资产负债率

步骤3：导入Matplotlib绘图包，并设置绘图参数。代码如下：

```
import matplotlib.pyplot as plt                    # 导入matplotlib.pyplot模块
plt.rcParams['font.sans-serif']=['SimHei']         # 在图像中以黑体显示中文
plt.rcParams['axes.unicode_minus']=False           # 在图像中正常显示负号
```

运行代码，完成导入和设置。

步骤4：使用折线图展示各年度资产负债率数据。代码如下：

```
required_data['资产负债率']. plot(figsize=(8,2))
plt.show()
```

运行代码，结果如图5-73所示。

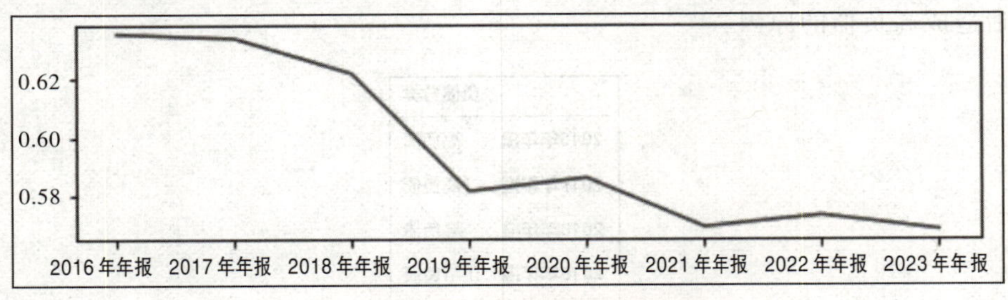

图5-73　各年资产负债率折线图

三、使用条件筛选提取特定的资产负债率数据

步骤1：使用Markdown模式添加一个说明性标题，输入下列内容并运行：

```
### 三、使用条件筛选提取特定的资产负债率数据
```

步骤2：使用条件筛选提取出资产负债率超过0.6的数据行。代码如下：

```
# 筛选出资产负债率超过0.6的记录
high_liability_years=required_data[required_data['资产负债率']>0.6]
# 打印筛选结果
print("资产负债率超过0.6的行:")
high_liability_years
```

代码首先从required_data中筛选出所有资产负债率大于0.6的行，并将这些行存储在变量high_liability_years中。最后两条print()输出了符合条件的行。运行代码，结果如图5-74所示。

资产负债率超过0.6的行：

	资产总计(万元)	负债合计(万元)	资产负债率
2016年年报	31169372.9	19811915.6	0.635621
2017年年报	33831061.2	21450599.6	0.63405
2018年年报	37517088.7	23330148.4	0.621854

图5-74　资产负债率超过0.6的年份

步骤3：使用条件表达式对资产负债率进行分类。代码如下：

```
# 使用lambda表达式对资产负债率进行分类,分为'高负债'和'正常负债'
required_data['负债分类']=required_data.apply(lambda row:'高负债'
                            if row['资产负债率']>0.6 else '正常负债', axis=1)
required_data[['负债分类']]  # 显示资产负债率分类结果
```

此段代码首先对required_data应用lambda函数，逐行检查每行的资产负债率：如果该行资产负债率大于0.6，则返回'高负债'；否则，返回'正常负债'；然后将各行的判断结果作为新列“负债分类”的值添加到required_data中。

运行代码，结果如图5-75所示。从图中可以看出，2016年、2017年和2018年均为高负债，其余年份为正常负债。针对高负债的年份，应根据该年的具体业务进行进一步的分析，明晰造成高负债的原因。

	负债分类
2016年年报	高负债
2017年年报	高负债
2018年年报	高负债
2019年年报	正常负债
2020年年报	正常负债
2021年年报	正常负债
2022年年报	正常负债
2023年年报	正常负债

图5-75　资产负债率分类

项目小结

当进行数据分析时，经常会遇到大量数据，此时若使用Python的列表或字典等数据结构存储和处理数据，既不方便，又因复杂而容易出错。针对数据分析时大量数据存储和处理的问题，Python提供了Pandas包作为解决方案。Pandas中有两种数据类型：其一是Series数据，这是一种仅包含1列的数据类型；其二是DataFrame数据，这是一种包含若干行、若干列的数据类型。

本项目通过对CRHC公司资产负债表数据的读取、展示，以及多种不同方式的查询等操作，帮助读者认知和掌握Pandas的两种数据结构、常用外部数据读取方法、数据查询等关键操作，为后续深入学习和实践数据分析奠定基础。

素质提升

学习 Series 数据和 DataFrame 数据，可培养同学们理解与利用大规模数据解决问题的基本数据思维；学习数据切片、loc 方法、iloc 方法和条件筛选查询，可培养同学们从数据集中查询数据以解决实际需求的意识和能力。通过本项目的学习和实践，同学们既要努力提升自身的专业素养和数据素养，又要学会积极应对数据挑战，使自己早日成为具备数据意识和能力的新时代人才。

实战演练

一、单项选择题

1. 下列各项中，属于 DataFrame 数据结构的特点的是（　　）。

A. 只能存储一维数据　　B. 可以存储二维数据

C. 可以存储三维数据　　D. 以上都不是

2. 使用 read_excel()函数读取 Excel 文件时，必须给出的参数是（　　）。

A. filename　　B. sheet_name　　C. header　　D. index_col

3. 使用 loc 方法查询数据时，其语法格式是（　　）。

A. df.loc[index_name，col_name]　　B. df.iloc[index_num，col_num]

C. df.loc[index_num，col_name]　　D. df.iloc[index_name，col_num]

4. 在 Pandas 中，用于条件筛选的函数不包括（　　）。

A. query()　　B. isin()　　C. contains()　　D. sort()

5.lambda 函数的基本语法格式是（　　）。

A. lambda argument_list：expression　　B. function argument_list：expression

C. argument_list：expression　　　　D. function：expression

二、实操题

1.现有CRHC公司部分利润表数据，见表5-1，请按照下面的公式计算该公司各年的净利率。其中，所得税税率为25%。为方便读者计算，表中数据可从教材配套素材文件"实战演练素材数据.xlsx"中获取。

（1）营业利润=营业收入-营业成本-税金及附加-销售费用-管理费用-财务费用

（2）净利润=营业利润*（1-所得税税率）

（3）净利率=净利润/营业收入

表5-1　CRHC公司利润表数据　金额单位：千元

报表日期	2023年	2022年
营业收入	222 938 637	225 731 755
营业成本	175 625 777	179 303 892
税金及附加	1 634 686	1 685 931
销售费用	7 724 210	7 264 149
管理费用	13 401 635	13 481 469
研发费用	13 129 748	13 085 219
财务费用	-343 488	380 159

2.请基于上述计算结果，对CRHC公司的利润变动进行简单分析。

项目六 数据清洗

学习目标

【知识目标】

- 熟悉Pandas数据的常用属性和常用功能函数
- 掌握Pandas处理缺失数据的常用函数
- 掌握Pandas处理重复数据的常用函数
- 掌握concat()数据合并函数
- 了解数据类型转换

【技能目标】

- 能使用Pandas函数完成数据清洗操作
- 会使用concat()函数完成数据合并

【素质目标】

- 培养学生的数据清洗能力，提高对数据的敏感度及对复杂数据处理的思考力
- 培养数据清洗、数据价值发现的数字化管理基本素养

项目说明

随着金融市场的不断快速发展，商业银行间的竞争不断加剧，银行业面临着越来越大的挑战。为了在激烈的市场竞争中保持竞争优势，银行需要依靠一系列的竞争力指标来评估和提升自身的综合实力。

现有10家上市银行2021—2022年的资产负债表数据，依次存放在“资产负债表.xlsx”文件的10张工作表中，如图6-1所示（限于篇幅，仅截取部分数据），即每张工作表分别

是某家银行2021—2022年的资产负债表数据，各银行资产负债表的格式基本相同，但也有部分差异，请读者仔细阅读教材配套资源提供的上述银行的资产负债表原始素材报表文件，为理解后续数据清洗代码做好铺垫。

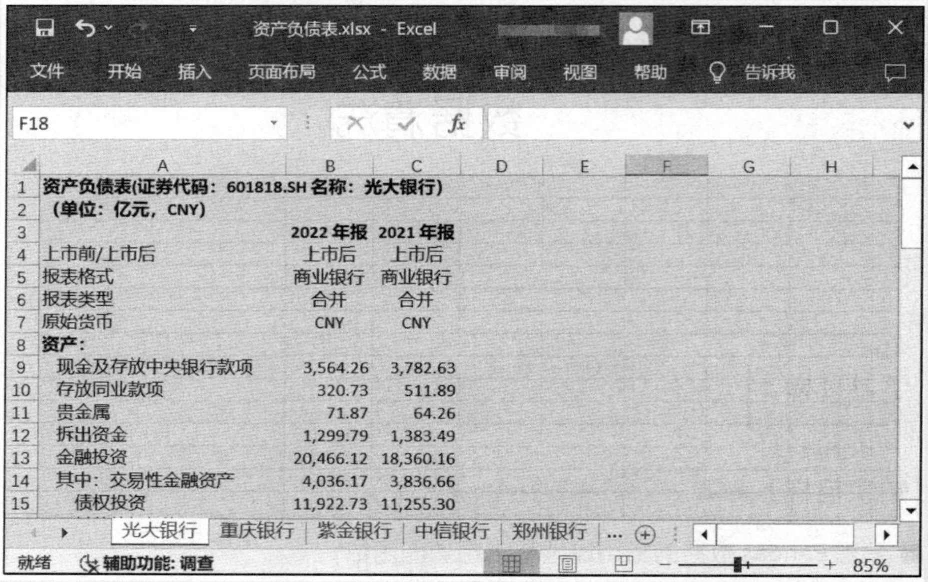

	A	B	C
1	资产负债表(证券代码：601818.SH 名称：光大银行)		
2	(单位：亿元，CNY)		
3		2022 年报	2021 年报
4	上市前/上市后	上市后	上市后
5	报表格式	商业银行	商业银行
6	报表类型	合并	合并
7	原始货币	CNY	CNY
8	资产：		
9	现金及存放中央银行款项	3,564.26	3,782.63
10	存放同业款项	320.73	511.89
11	贵金属	71.87	64.26
12	拆出资金	1,299.79	1,383.49
13	金融投资	20,466.12	18,360.16
14	其中：交易性金融资产	4,036.17	3,836.66
15	债权投资	11,922.73	11,255.30

光大银行　重庆银行　紫金银行　中信银行　郑州银行　...

图6-1　“资产负债表.xlsx”文件中的工作表

为了对这些银行的竞争力进行对比分析，现需要从各银行的资产负债表中提取现金及存放中央银行款项、发放贷款及垫款、资产总计和所有者权益合计等数据，并将所有银行的上述数据合并到一个文件中，如图6-2所示（限于篇幅，仅截取部分数据），为计算各银行竞争力指标做好数据准备。

指标名称 证券名称	现金及存放中央银行款项	发放贷款及垫款	资产总计	所有者权益合计
光大银行	3564.26	34993.51	63005.10	5100.13
重庆银行	410.26	3424.46	6847.13	514.95
紫金银行	122.14	1558.89	2247.22	170.97
中信银行	4773.81	50389.67	85475.43	6858.30
郑州银行	264.87	3222.07	5915.14	526.25
...	...	...	...	...
贵阳银行	380.41	2754.26	6459.98	586.53
工商银行	34278.92	225936.48	396096.57	35138.26
常熟银行	169.54	1856.26	2878.81	241.16
北京银行	1636.45	17491.07	33879.52	3106.17
成都银行	669.09	4688.86	9176.50	614.26

42 rows × 4 columns

图6-2　10家银行相关指标数据合并表

本项目包括以下两项任务：

1. 从光大银行资产负债表中提取以下数据：现金及存放中央银行款项、发放贷款及垫款、资产总计、所有者权益合计；

2. 批量从多家银行资产负债表中提取、合并数据，并完成银行竞争力指标计算和分析。

任务一　从光大银行资产负债表中提取行

任务分析

“资产负债表.xlsx”文件的第1张工作表是光大银行的资产负债表数据，由于数据较多，这里分两张图进行展示，如图6-3（a）和图6-3（b）所示。

	A	B	C
1	**资产负债表(证券代码：601818.SH 名称：光大银行)**		
2	**(单位：亿元，CNY)**		
3		**2022 年报**	**2021 年报**
4	上市前/上市后	上市后	上市后
5	报表格式	商业银行	商业银行
6	报表类型	合并	合并
7	原始货币	CNY	CNY
8	**资产：**		
9	现金及存放中央银行款项	3,564.26	3,782.63
10	存放同业款项	320.73	511.89
11	贵金属	71.87	64.26
12	拆出资金	1,299.79	1,383.49
13	金融投资	20,466.12	18,360.16
14	其中：交易性金融资产	4,036.17	3,836.66
15	债权投资	11,922.73	11,255.30
16	其他债权投资	4,495.96	3,256.95
17	其他权益工具投资	11.26	11.25
18	衍生金融资产	157.3	137.05
19	买入返售金融资产	0.28	311.64
20	发放贷款及垫款	34,993.51	32,393.96
21	长期股权投资	1.65	2.56
22	固定资产	233.42	251.55
23	在建工程	28.32	–
24	使用权资产	102.81	109.53
25	无形资产	35.52	27.67
26	商誉	12.81	12.81
27	递延所得税资产	327.03	198.95
28	其他资产	309.56	382.01
29	资产差额(特殊报表科目)	1,080.12	1,090.53
30	**资产总计**	**63,005.10**	**59,020.69**
31	**负债：**		
32	向中央银行借款	633.86	1,011.80
33	同业及其他金融机构存放款项	5,406.68	5,262.59
34	拆入资金	1,886.01	1,796.26

图6-3（a）　光大银行的资产负债表部分数据

	A	B	C
35	交易性金融负债	0.27	0.67
36	衍生金融负债	142.61	133.37
37	卖出回购金融资产款	929.8	806
38	吸收存款	39,171.68	36,757.43
39	应付职工薪酬	190.06	167.77
40	应交税费	111.41	65.35
41	预计负债	18.83	22.13
42	应付债券	8,759.71	7,635.32
43	租赁负债	101.51	107.36
44	其他负债	552.54	410.98
45	**负债合计**	**57,904.97**	**54,177.03**
46	**所有者权益(或股东权益):**		
47	实收资本(或股本)	540.32	540.32
48	资本公积	584.34	584.34
49	其他综合收益	-5.9	31.52
50	其他权益工具	1,090.62	1,090.62
51	其中：优先股	649.06	649.06
52	永续债	399.93	399.93
53	盈余公积	262.45	262.45
54	一般风险准备	814.01	755.96
55	未分配利润	1,792.99	1,559.68
56	归属于母公司所有者权益合计	5,078.83	4,824.89
57	少数股东权益	21.3	18.77
58	**所有者权益合计**	**5,100.13**	**4,843.66**
59	负债及股东权益差额(合计平衡项目	0	0
60	**负债和所有者权益总计**	**63,005.10**	**59,020.69**
61	审计意见(境内)	无保留意见	无保留意见
62	审计意见(境外)	--	--
63	会计师事务所	安永华明会计师事务所(特殊普通合伙)	安永华明会计师事务所(特殊普通合伙)
64	报表会计准则	新会计准则	新会计准则
65	公告日期	2023/3/25	2022/3/26
66	数据来源	上市公司定期报告	上市公司定期报告
67			
68	数据来源：同花顺iFinD		

图 6-3（b） 光大银行的资产负债表部分数据

本任务将从此资产负债表中提取现金及存放中央银行款项、发放贷款及垫款、资产总计、所有者权益合计等数据。

相关知识

一、Pandas数据常用属性

（一）Series数据常用属性

Series数据比较常用的属性有index、name、values、dtype、shape、size等。下面使用示例进行说明。

Pandas数据常用属性

图6-4所示的（a）图定义了一个Series对象，其中各元素的数据类型为int16；（b）图使用print()函数分别输出了此对象的相关属性。

```
import pandas as pd    # 导入Pandas包
li1 = [22,20,22]       # 以li1列表作为Series的数据
ser1 = pd.Series(li1, index=['张三','李四','王五'], dtype='int16', name='出勤天数')
ser1
```

```
张三    22
李四    20
王五    22
Name: 出勤天数, dtype: int16
```

（a）定义一个 Series 对象

```
print('标签：',ser1.index)
print('-'*10)   # 输出10个短线（-）作为分隔符
print('名称：',ser1.name)
print('-'*10)   # 输出10个短线（-）作为分隔符
print('数据：\n',ser1.values)
print('-'*10)   # 输出10个短线（-）作为分隔符
print('数据类型：\n',ser1.dtype)
print('-'*10)   # 输出10个短线（-）作为分隔符
print('形状：',ser1.shape)
print('-'*10)   # 输出10个短线（-）作为分隔符
print('元素个数：',ser1.size)
```

```
标签： Index(['张三', '李四', '王五'], dtype='object')
----------
名称： 出勤天数
----------
数据：
 [22 20 22]
----------
数据类型：
 int16
----------
形状： (3,)
----------
元素个数： 3
```

（b）输出 Series 对象的相关属性

图 6-4　Series数据常用属性示例

（二）DataFrame数据常用属性

DataFrame 数据比较常用的属性有 index、columns、values、dtypes、shape、size、loc、iloc 等。loc 和 iloc 前面的项目已经学过，下面仅对除二者之外的其他属性使用示例进行说明。如图 6-5 所示的（a）图定义了一个 DataFrame 对象，（b）图设置此对象的行名称和列名称，（c）图查看此对象的相关属性。

```
import pandas as pd    # 导入Pandas包
li2=[[22,20,22],[22,21,20],[22,22,21]]   # 以li2列表作为DataFrame的数据
# 定义df
df=pd.DataFrame(li2, index=['张三','李四','王五'],
                dtype='int16', columns=['1月','2月','3月'])
df  # 显示df
```

	1月	2月	3月
张三	22	20	22
李四	22	21	20
王五	22	22	21

图 6-5（a）定义一个 DataFrame 对象

```
df.index.name='姓名'              # 设置行名称
df.columns.name='出勤天数'        # 设置列名称
df  # 显示df
```

出勤天数	1月	2月	3月
姓名			
张三	22	20	22
李四	22	21	20
王五	22	22	21

图 6-5（b）设置行名称和列名称

```
print('行标签：',df.index)
print('-'*10)   # 输出10个短线（-）作为分隔符
print('列标签：',df.columns)
print('-'*10)   # 输出10个短线（-）作为分隔符
print('数据：\n',df.values)
print('-'*10)   # 输出10个短线（-）作为分隔符
print('数据类型：\n',df.dtypes)
print('-'*10)   # 输出10个短线（-）作为分隔符
print('形状：',df.shape)
print('-'*10)   # 输出10个短线（-）作为分隔符
print('元素个数：',df.size)
```

```
行标签：  Index(['张三', '李四', '王五'], dtype='object')
----------
列标签：  Index(['1月', '2月', '3月'], dtype='object')
----------
数据：
 [[22 20 22]
 [22 21 20]
 [22 22 21]]
----------
数据类型：
 1月     int16
2月     int16
3月     int16
dtype: object
----------
形状：  (3, 3)
----------
元素个数：  9
```

图 6-5（c）查看 DataFrame 的相关属性

图 6-5　DataFrame 数据常用属性示例

二、Pandas常用功能函数

本任务将使用到Pandas数据的一些常用功能函数，下面简单说明这些函数的基本语法和用法。

Pandas常用功能函数

（一）str.contains()

str.contains()可用于检查Series中的每个元素是否包含指定的字符串，若某个元素包含指定的字符串，则返回True，否则返回False。其基本语法如下：

Series.str.contains(pat，case)

其中，pat是要查找的字符串；case指示是否区分大小写，默认为True，表示区分大小写。示例代码如图6-6所示。

```
# 定义Series
ser2=pd.Series(['长期股权投资', '固定资产',
                '在建工程','使用权资产',
                '无形资产','商誉'])
# 检查Series中的每个元素是否包含'资产'二字
ser2.str.contains('资产')
```

```
0    False
1     True
2    False
3     True
4     True
5    False
dtype: bool
```

图 6-6　str.contains()函数示例

（二）rename()

rename()可用于更改DataFrame数据的行标签或列标签，其基本语法如下：

DataFrame.rename(mapper, index, columns, axis, inplace)

其中，mapper可用字典形式给出配对的原名和新名；axis指明对行重命名还是对列重命名，也可直接使用index以字典形式给出配对的原行标签名和新行标签名，或直接使用columns以字典形式给出配对的原列标签名和新列标签名；inplace为True时，表示在原数据集中重命名，为False时，表示在副本上重命名，默认为False。

示例代码如图6-7所示。其中，（a）图定义了一个df对象，（b）图对df的列标签进行重命名。

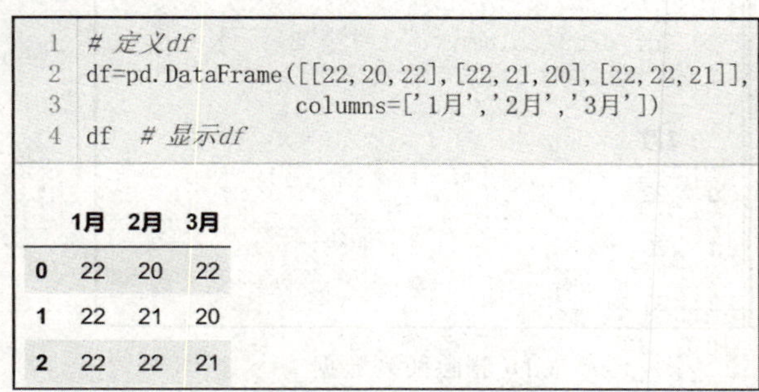

```
# 定义df
df=pd.DataFrame([[22,20,22],[22,21,20],[22,22,21]],
                columns=['1月','2月','3月'])
df   # 显示df
```

	1月	2月	3月
0	22	20	22
1	22	21	20
2	22	22	21

（a）初始定义的df

```
# 修改列标签
df.rename(columns={'1月':'1月份'})
```

	1月份	2月	3月
0	22	20	22
1	22	21	20
2	22	22	21

（b）修改第0列的列标签

图6-7　rename()函数示例

◎提示

修改第0列的列标签也可使用代码df.rename(mapper={'1月'：'1月份'}，axis=1)，或df.rename({'1月'：'1月份'}，axis=1)，后者省略了mapper=，这是因为在Python中，函数的第一个参数可以省略参数名称。

【思考】

若要修改第1列的列标签为“2月份”，代码应该如何编写？

（三）drop()

drop()可用于删除指定的行或列，其基本语法如下：

DataFrame.drop(labels, axis, index, columns, inplace)

其中，labels指明即将删除的行或列的标签；axis指明labels是行标签还是列标签：0或'index'是行标签，1或'columns'是列标签。也可直接用index指明要删除的行标签（代替行标签和axis=0），或直接用columns指明要删除的列标签（代替列标签和axis=1）。inplace为True时，表示在原数据集中删除，为False时，表示在副本上删除，默认为False。

在图6-7的（a）图所示的df中执行删除操作，示例代码如图6-8所示。这些示例均未使用inplace=True参数，表明这些删除是在df的副本上进行，即删除不影响df，df还是原来的数据。

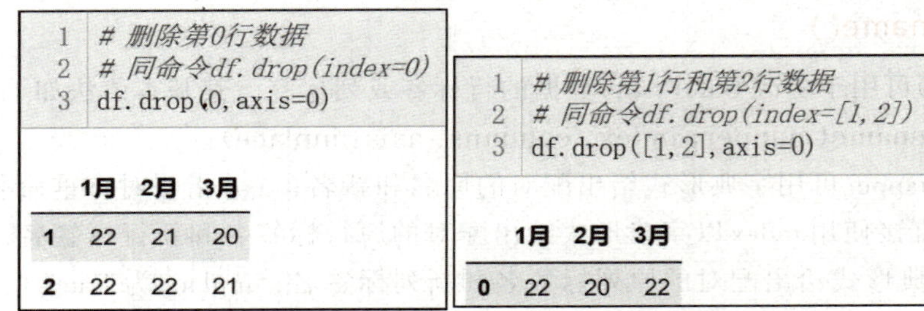

```
# 删除第0行数据
# 同命令df.drop(index=0)
df.drop(0,axis=0)
```

	1月	2月	3月
1	22	21	20
2	22	22	21

（a）删除 1 行数据

```
# 删除第1行和第2行数据
# 同命令df.drop(index=[1,2])
df.drop([1,2],axis=0)
```

	1月	2月	3月
0	22	20	22

（b）删除两行数据

```
# 删除第0列数据
# 同命令df.drop(columns='1月')
df.drop('1月',axis=1)
```

	2月	3月
0	20	22
1	21	20
2	22	21

（c）删除 1 列数据

```
# 删除第1列和第2列数据
# 同命令df.drop(['1月','2月'],axis=1)
df.drop(columns=['1月','2月'])
```

	3月
0	22
1	20
2	21

（d）删除两列数据

图 6-8　drop()函数示例

（四）reset_index()

reset_index()可用于将Series数据或DataFrame数据的标签重置为0到n-1的整数，其基本语法为：

Series.reset_index(drop, inplace)

或

DataFrame.reset_index(drop, inplace)

其中，drop指示是否删除原标签，为True时删除原标签，默认为False，即保留原标签；inplace指明是否在原数据中重置标签，默认为False，即不影响原数据，仅在副本上重置标签。

仍然以图6-7的（a）图所示的df为原始数据，在如图6-9所示的示例代码中，（a）图为在df上删除了1行数据，这使得行标签不再连续；（b）图为使用reset_index()将行标签重置后，行标签重新变为连续标签。

```
# 在df上删除第1行
df.drop(index=1, inplace=True)
df
```

	1月	2月	3月
0	22	20	22
2	22	22	21

（a）删除数据导致行标签不再连续

```
# 重新设置df的行标签
df.reset_index(drop=True, inplace=True)
df
```

	1月	2月	3月
0	22	20	22
1	22	22	21

（b）重置行标签

图 6-9　reset_index()函数示例

（五）replace()

replace()可用于替换DataFrame中的数据，其基本语法如下：

DataFrame.replace(to_replace, value, inplace)

其中，to_replace是被替换的值；value是替换后的新值；inplace指示是否在原数据集中执行替换，默认为False，表示在副本上替换。

若图6-10（a）所示的df中包含字符“--”，用replace()函数将其替换为0的代码如图6-10（b）所示。

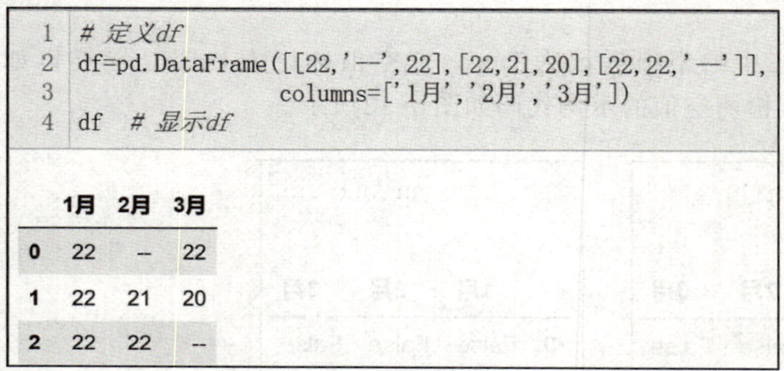

```
# 定义df
df=pd.DataFrame([[22,'--',22],[22,21,20],[22,22,'--']],
                columns=['1月','2月','3月'])
df  # 显示df
```

	1月	2月	3月
0	22	--	22
1	22	21	20
2	22	22	--

（a）df中包含字符“--”

```
# 在副本上执行替换
df.replace('--',0)
```

	1月	2月	3月
0	22	0	22
1	22	21	20
2	22	22	0

（b）将“--”替换为0

图6-10　replace()函数示例

（六）value_counts()

value_counts()可用于统计数据集中不同行的频率，即不同行出现的次数。其基本语法如下：

DataFrame.value_counts()

示例如图6-11所示。

```
# 定义df
df=pd.DataFrame([[22,20,22],
                 [22,22,21],
                 [22,22,21]],
columns=['1月','2月','3月'])
df  # 显示df
```

	1月	2月	3月
0	22	20	22
1	22	22	21
2	22	22	21

（a）定义df

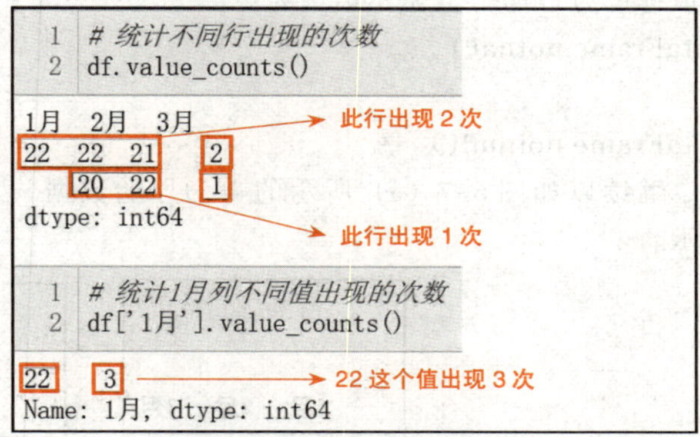

```
# 统计不同行出现的次数
df.value_counts()
```

```
1月  2月  3月
22   22   21    2
     20   22    1
dtype: int64
```



```
# 统计1月列不同值出现的次数
df['1月'].value_counts()
```

```
22    3
Name: 1月, dtype: int64
```


（b）统计不同行出现的次数

图6-11　value_counts()函数示例

三、Pandas处理缺失数据的常用函数

（一）isna( )/isnull( )

isna( )/isnull( )可用于检测数据集中的缺失值（或空值）。其基本语法格式如下：

DataFrame.isna( )

或

DataFrame.isnull( )

isna( )/isnull( )函数将数据集中的空值标记为True，非空值标记为False。同样以如图6-7（a）所示的df为例，对其检测空值的示例代码如图6-12所示。

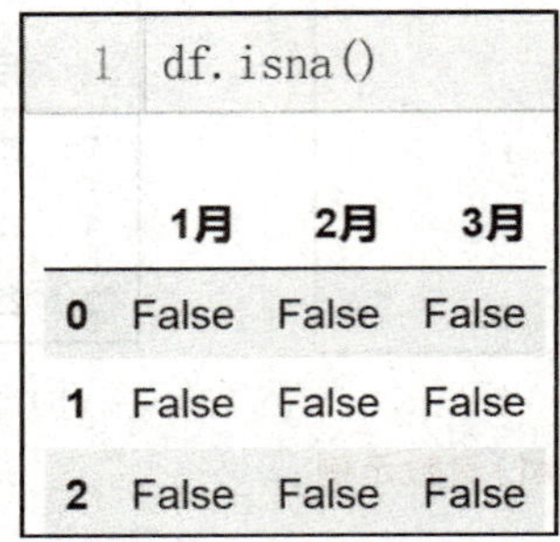

```
df.isna()
```

	1月	2月	3月
0	False	False	False
1	False	False	False
2	False	False	False

（a）isna( )检测空值

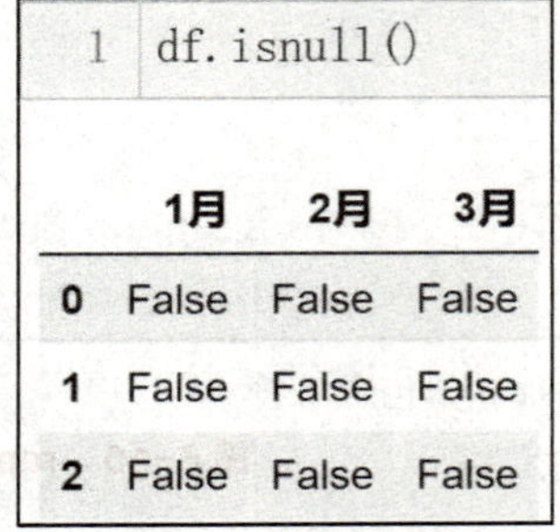

```
df.isnull()
```

	1月	2月	3月
0	False	False	False
1	False	False	False
2	False	False	False

（b）isnull( )检测空值

图6-12　isna( )/isnull( )函数示例

（二）notna( )/notnull( )

与isna( )/isnull( )方法相反，notna ( )/notnull( )方法将数据集中的非空值标记为True，空值标记为False。其基本语法为：

DataFrame.notna( )

或

DataFrame.notnull( )

继续以如图6-7（a）所示的df为原始数据，对其检测非空值的示例代码如图6-13所示。

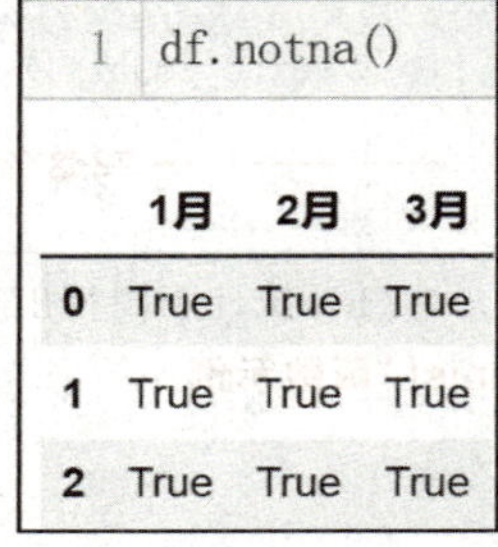

```
df.notna()
```

	1月	2月	3月
0	True	True	True
1	True	True	True
2	True	True	True

（a）notna( )检测非空值

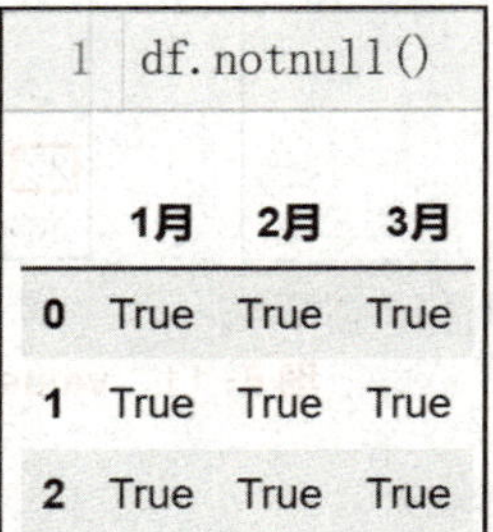

```
df.notnull()
```

	1月	2月	3月
0	True	True	True
1	True	True	True
2	True	True	True

（b）notnull( )检测非空值

图6-13　notna( )/notnull( )函数示例

（三）fillna( )

fillna( )可用于填充数据集中的空数据，其基本语法如下：

DataFrame.fillna(value, method, axis, inplace)

其中，value是用于填充的值；method是填充数据的方法：'bfill'（用下一个有效值填充）或'ffill'（用上一个有效值填充）；axis指示按行填充还是按列填充；inplace指明是否在原数据中填充，默认为False。

如图6-14所示的代码为使用fillna( )进行空值填充的示例。

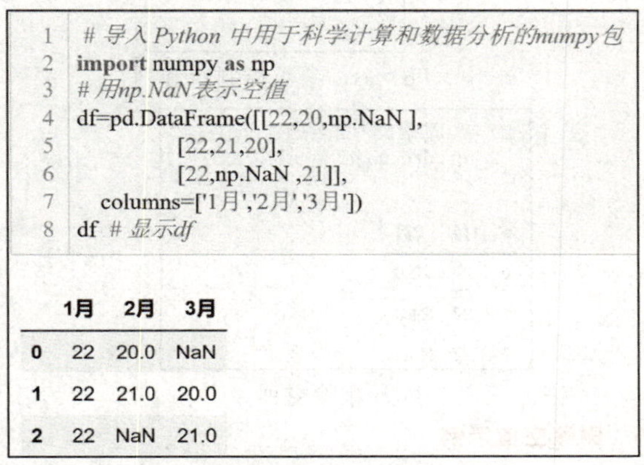

```
# 导入Python 中用于科学计算和数据分析的numpy包
import numpy as np
# 用np.NaN表示空值
df=pd.DataFrame([[22,20,np.NaN ],
            [22,21,20],
            [22,np.NaN ,21]],
   columns=['1月','2月','3月'])
df # 显示df
```

	1月	2月	3月
0	22	20.0	NaN
1	22	21.0	20.0
2	22	NaN	21.0

图6-14（a）定义df

```
# 用0填充所有空值
df.fillna(0)
```

	1月	2月	3月
0	22	20.0	0.0
1	22	21.0	20.0
2	22	0.0	21.0

图6-14（b）用0填充空值

```
# 用下一个有效值填充上一个空值
df.fillna(method='bfill')
```

	1月	2月	3月
0	22	20.0	20.0
1	22	21.0	20.0
2	22	NaN	21.0

图6-14（c）用bfill方法填充

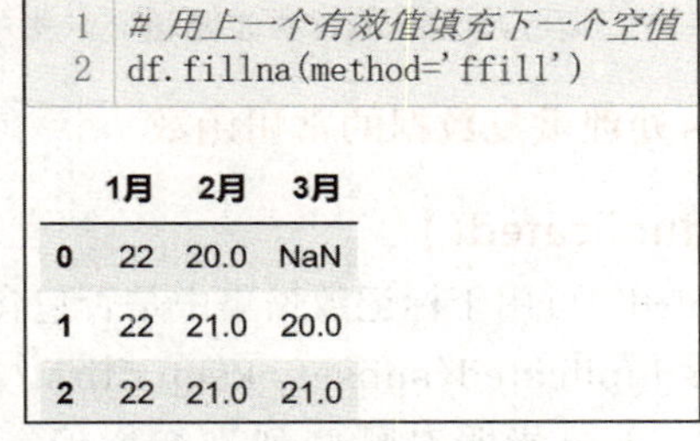

```
# 用上一个有效值填充下一个空值
df.fillna(method='ffill')
```

	1月	2月	3月
0	22	20.0	NaN
1	22	21.0	20.0
2	22	21.0	21.0

图6-14（d）用ffill方法填充

图6-14　空值填充示例

注意（c）图中的数据填充效果。此图使用后向填充方式，由于最后一行数据没有可用于填充的有效数据，因而，第2行的空值没有被填充。同理，（d）图中第0行前没有可用于填充的有效数据，因而其空值没有被填充。

（四）dropna( )

dropna( )可用于删除数据集中的空数据，其基本语法如下：

DataFrame.dropna(how, axis, inplace, ignore_index)

其中，axis指示是按行删除还是按列删除（默认为行）；how的值可以为'any'（默认值，表示部分值为空的行或列即可删除）或'all'（整行或整列为空的行或列即可删除）；inplace表示是否在原数据中删除（默认值为False）；ignore_index表示是否忽略原有数据的标签（默认值为False）。

dropna( )使用示例如图6-15所示。

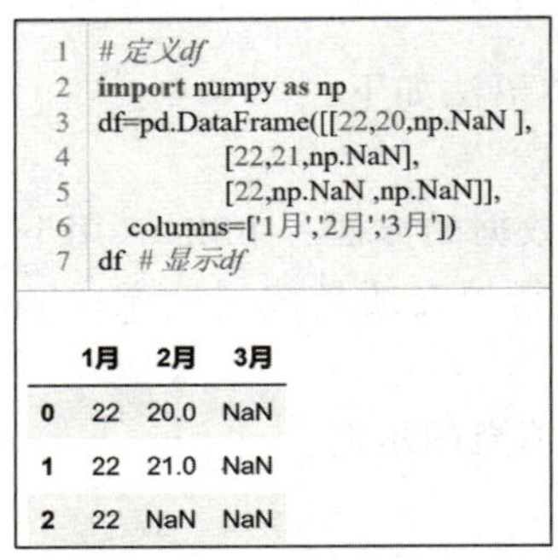

```
# 定义df
import numpy as np
df=pd.DataFrame([[22,20,np.NaN ],
             [22,21,np.NaN],
             [22,np.NaN ,np.NaN]],
   columns=['1月','2月','3月'])
df # 显示df
```

	1月	2月	3月
0	22	20.0	NaN
1	22	21.0	NaN
2	22	NaN	NaN

（a）定义 df

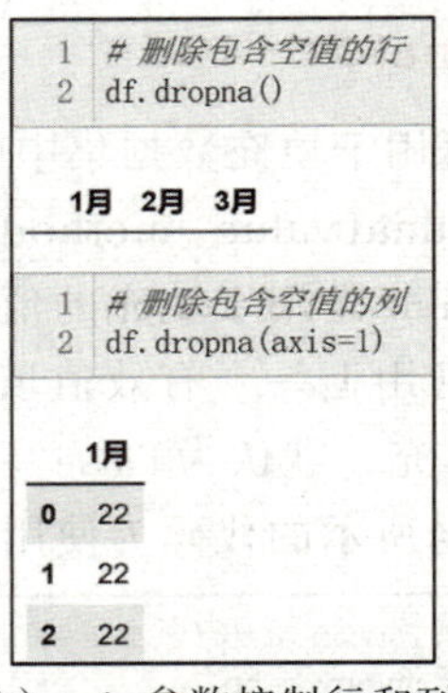

```
# 删除包含空值的行
df.dropna()
```

1月	2月	3月

```
# 删除包含空值的列
df.dropna(axis=1)
```

	1月
0	22
1	22
2	22

（b）axis 参数控制行和列

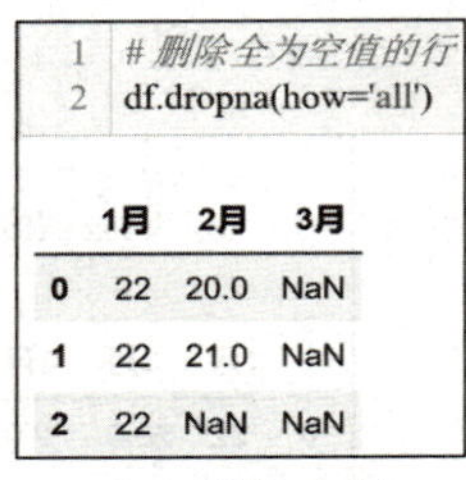

```
# 删除全为空值的行
df.dropna(how='all')
```

	1月	2月	3月
0	22	20.0	NaN
1	22	21.0	NaN
2	22	NaN	NaN

（c）删除空行

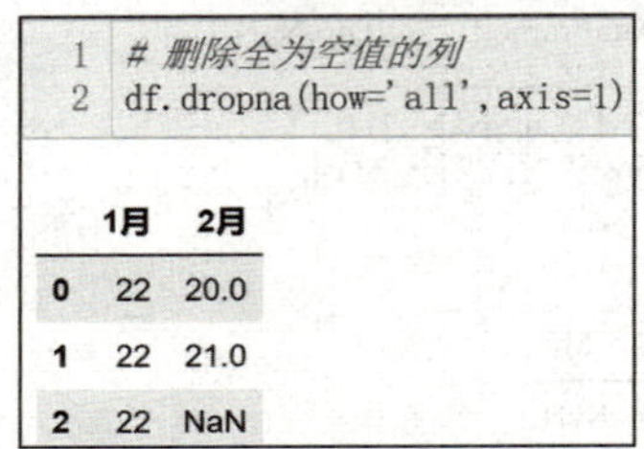

```
# 删除全为空值的列
df.dropna(how='all',axis=1)
```

	1月	2月
0	22	20.0
1	22	21.0
2	22	NaN

（d）删除空列

图 6-15　删除空值示例

◎提示

实际工作中，要根据实际情况决定是填充缺失的数据还是删除缺失的数据，切忌盲目处理。

四、Pandas处理重复数据的常用函数

（一）duplicated()

duplicated()可用于标记数据集中是否包含重复数据，其基本语法如下：

DataFrame.duplicated(subset, keep='first')

Pandas处理重复数据的常用函数

其中，subset指明对哪些列进行标记，其为可选项，当缺少此项时，对数据集的全部列进行标记（即对整行进行重复行标记）；keep指明标记重复值的方法，其取值有'first'（默认值）、'last'和 False，'first'是将除第一次出现的其他重复值标记为True，'last'是将除最后一次出现的其他重复值标记为True，False是将所有重复值标记为True。

duplicated()使用示例如图 6-16 所示。

（二）drop_duplicates()

drop_duplicates()可用于删除数据集中的重复数据，其基本语法如下：

DataFrame.drop_duplicates(subset, keep, inplace, ignore_index)

drop_duplicates()中的所有参数含义在前述的方法中都出现过，其作用也相同，在此不再赘述。

drop_duplicates()使用示例如图 6-17 所示，其中，df同图 6-7（a）中的定义。

```
# 定义df
df=pd.DataFrame([[22,20,22],
                 [22,22,21],
                 [22,22,21]],
columns=['1月','2月','3月'])
df  # 显示df
```

	1月	2月	3月
0	22	20	22
1	22	22	21
2	22	22	21

（a）定义 df

```
# 将除第一次出现的重复行标记为True
# 省略了keep = 'first'
df.duplicated()  # 标记重复行
```

```
0    False
1    False
2     True
dtype: bool
```

从前往后标记
第 1 次出现
与第 1 行重复

```
# 将除最后一次出现的重复行标记为True
df.duplicated(keep = 'last')
```

```
0    False
1     True
2    False
dtype: bool
```

从后往前标记
与第 2 行重复
最后 1 次出现

（b）keep 取值对比

```
# 将所有重复行标记为True
df.duplicated(keep = False)
```

```
0    False
1     True
2     True
dtype: bool
```

互为重复值

（c）keep = False

```
# 标记2月列的重复值
df.duplicated(subset='2月',
              keep=False)
```

```
0    False
1     True
2     True
dtype: bool
```

互为重复值

（d）对某列标记重复值

图 6-16　标记重复数据

```
# 删除除第一次出现外的重复行
df.drop_duplicates()
```

	1月	2月	3月
0	22	20	22
1	22	22	21

注意！第 1 行和第 2 行重复，删除第 2 行

（a）省略 keep ='first'

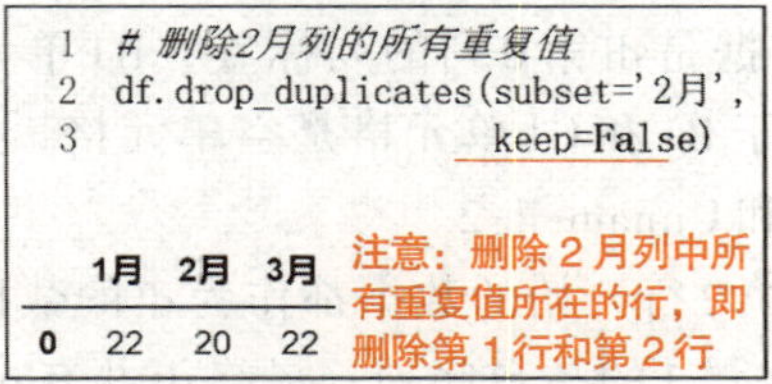

（b）keep = False

图 6-17　删除重复行

◎提示

不使用 inplace=True 参数，df.drop_duplicates()并不能真正删除 df 中的重复数据，只是生成删除重复数据后的副本供用户临时使用。

任务实施

本任务包括四大步：第一步，导入光大银行资产负债表；第二步，从导入的资产负债表中提取证券代码和名称；第三步，清洗资产负债表；第四步，从资产负债表中提取数据行。

从光大银行资产负债表中提取行

一、导入光大银行资产负债表

步骤 1：新建一个 Python 文件，命名为“项目六－任务一.ipynb”。

步骤 2：使用 Markdown 模式为程序添加一个说明性标题，输入下列内容并运行：

一、导入光大银行资产负债表

步骤3：导入Pandas包，并使用Pandas包的read_excel()函数将Excel文件资产负债表.xlsx中的第0张工作表导入到程序中。代码如下：

```
import pandas as pd  # 导入pandas包
df=pd.read_excel('资产负债表.xlsx',sheet_name=0)  # 读入资产负债表的第0张工作表
df  # 显示读入的数据
```

运行代码，结果输出如图6-18所示。

	资产负债表(证券代码：601818.SH 名称：光大银行)	Unnamed: 1	Unnamed: 2
0	(单位：亿元，CNY)	NaN	NaN
1	NaN	2022年报	2021年报
2	上市前/上市后	上市后	上市后
3	报表格式	商业银行	商业银行
4	报表类型	合并	合并
...	...	...	...
62	报表会计准则	新会计准则	新会计准则
63	公告日期	2023-03-25 00:00:00	2022-03-26 00:00:00
64	数据来源	上市公司定期报告	上市公司定期报告
65	NaN	NaN	NaN
66	数据来源：同花顺iFinD	NaN	NaN

67 rows × 3 columns

图6-18　资产负债表第0张工作表的数据

对比图6-1中的资产负债表可知，Pandas将工作表的第1行数据作为df的列标签，即A1单元格的数据是df第0列的列标签，B1单元格和C1单元格的数据是df第1列和第2列的列标签，由于B1和C1单元格是空单元格，故Pandas将df第1列和第2列的列标签命名为Unnamed:1和Unnamed:2。

从工作表第2行开始的数据都作为df的数据行，同时Pandas自动将df的行标签设置为从0开始、依次增1的整数序列。最终df共有67行3列（67 rows×3 columns）数据。

◎提示

若读入的工作表是Excel文件的首张工作表，也可以省略sheet_name参数，直接使用命令df=pd.read_excel('资产负债表.xlsx')进行读入；若要读入某张指定的工作表，除了此步骤使用sheet_name=n参数指明要读入第n（Python从0开始给工作表标记索引）张工作表外，还可以使用工作表名进行读入，例如，令df=pd.read_excel（'资产负债表.xlsx'，sheet_name='光大银行'），也可以读入光大银行的资产负债表。

二、提取证券代码和名称

步骤1：使用Markdown模式添加一个说明性标题，输入下列内容并运行：

二、提取证券代码和名称

步骤2：从df中提取当前资产负债表的证券代码和名称。由图6-18可知，当前资产负债表的证券代码和名称位于df第0列的列标签处，为更清楚地说明提取证券代码和名称的操作方法，下面分步骤进行讲解。

步骤2.1：使用df.values查看df的数据，代码如下：

```
df.values  # values是指df中的数据，是双层嵌套列表
```

运行代码，输出结果如图6-19所示。

```
array([['（单位：亿元，CNY）', nan, nan],
       [nan, '2022\xa0年报', '2021\xa0年报'],
       ['上市前/上市后', '上市后', '上市后'],
       ['报表格式', '商业银行', '商业银行'],
       ['报表类型', '合并', '合并'],
       ['原始货币', 'CNY', 'CNY'],
       ['资产：', nan, nan],
       ['\xa0\xa0\xa0\xa0现金及存放中央银行款项', 3564.26, 3782.63],
       ['\xa0\xa0\xa0\xa0存放同业款项', 320.73, 511.89],
       ['\xa0\xa0\xa0\xa0贵金属', 71.87, 64.26],
```

图6-19　df的数据

由于输出数据较多，限于篇幅，此处仅截取部分内容，更多数据请参考教材配套代码的运行结果。

步骤2.2：使用df.index查看df的行标签，代码如下：

```
df.index # 查看df的行标签
```

运行代码，输出结果RangeIndex(start=0,stop=67,step=1)，此输出说明df的行标签是由Pandas自动生成的初值为0、终值为67（不包括终值67在内）、步长为1的整数序列。

步骤2.3：使用df.columns查看df的列标签，代码如下：

```
df.columns # 查看df的列标签
```

运行代码，输出结果Index(['资产负债表(证券代码:601818.SH 名称:光大银行)', 'Unnamed:1', 'Unnamed:2'], dtype='object')，即df.columns是一个包含三个列标签的列表['资产负债表(证券代码:601818.SH 名称:光大银行)', 'Unnamed:1', 'Unnamed:2']，各个列标签之间使用英文逗号分隔。

步骤2.4：从df.columns的输出列表中获取索引为0的元素，即'资产负债表(证券代码:601818.SH 名称:光大银行)'。代码如下：

```
df.columns[0]
```

运行代码，输出结果'资产负债表(证券代码:601818.SH\xa0名称:光大银行)'，这是一个字符串形式的数据，其中'\xa0'是一个字符，代表不间断空白符。

【注意】

'\xa0'字符不是一般的普通字符，它是以转义字符'\x'开头，表示'\x'后是16进制数的一种字符表示形式，'a0'是16进制数，'\xa0'代表不间断空白符。需要注意的是，'\xa0'只是一个字符，即len('\xa0')的输出是1；当执行print('\xa0')时，输出结果为空白。

步骤2.5：从df.columns[0]中提取出证券代码和名称，代码如下：

```
# 字符串切片
codeAndName=df.columns[0][6:-1]
codeAndName
```

运行代码，输出字符串'证券代码：601818.SH\xa0名称：光大银行'。

步骤2.6：从步骤2.5的输出中提取证券代码和名称，构造包含两个键值对的字典codeAndName，代码如下：

```
#以字典存储证券代码和名称
codeAndName={codeAndName[:4]:codeAndName[5:11],codeAndName[-7:-5]:
codeAndName[-4:]}
codeAndName
```

运行代码，输出字典codeAndName的值为{'证券代码':'601818','名称':'光大银行'}，其中包含“证券代码”键值对和“名称”键值对。

◎提示

在Python中，从字符串中提取字符的方法与从列表中提取元素的方法类似，即以字符串中各个字符的索引进行切片提取。字符串中各字符的索引也与列表中各元素的索引一样，既可以从左至右按0、1、2……顺序标注，也可以从右至左按-1、-2、-3……顺序标注。对于字符串'证券代码:601818.SH\xa0名称：光大银行'，其各个字符的索引如图6-20所示。

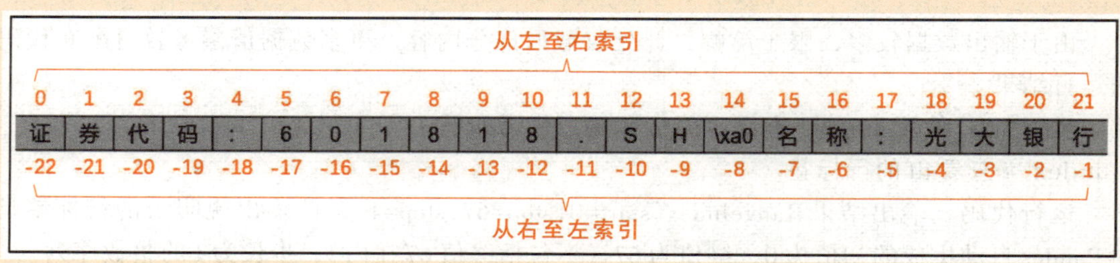

图6-20　字符串中各字符索引标记示例

三、清洗资产负债表

步骤1：使用Markdown模式添加一个说明性标题，输入下列内容并运行：

```
### 三、清洗资产负债表
```

步骤2：将行索引为1的行设置为df的列标签。代码如下：

```
df.rename(columns=df.iloc[1],inplace=True)
df
```

运行代码，完成设置，此时df的列标签如图6-21所示。

	NaN	2022 年报	2021 年报
0	(单位：亿元，CNY)	NaN	NaN
1	NaN	2022 年报	2021 年报
2	上市前/上市后	上市后	上市后
3	报表格式	商业银行	商业银行
4	报表类型	合并	合并
...	...	...	...
62	报表会计准则	新会计准则	新会计准则
63	公告日期	2023-03-25 00:00:00	2022-03-26 00:00:00
64	数据来源	上市公司定期报告	上市公司定期报告
65	NaN	NaN	NaN
66	数据来源：同花顺iFinD	NaN	NaN

67 rows × 3 columns

图6-21　设置行索引为1的行为df的列标签

对比图6-18可以发现，原来的列标签被替换为图6-21中的列标签。

步骤3：当数据行列数过多时，Pandas默认仅显示数据的前5行和后5行、前5列和后5列，由于此处资产负债表有67行，故前面的图中都只显示了df的部分数据行。为了更清楚地观察和分析资产负债表的数据特征，下面使用Pandas的set_option方法对数据显示行数进行设置，代码如下：

```
#'display.max_rows'设置为None表示不限制显示的行数
pd.set_option('display.max_rows', None)
```

运行代码后，后续Pandas在显示df时，将完整地显示所有行。

◎提示

若数据的列数过多，可以使用pd.set_option('display.max_columns', None)设置显示所有列。

步骤4：注意到df第0列的列标签为NaN，即为空，下面调用df.rename()函数将此列标签改为“指标名称”。代码如下：

```
#修改某个列的标签
df.rename(columns={df.columns[0]:'指标名称'}, inplace = True)
df
```

columns参数指明对列标签进行修改，新旧标签以字典形式给出，字典的键是旧标签，字典的值是新标签；inplace = True指明直接在df上进行修改。运行代码，结果如图6-22所示（限于篇幅，仅截取部分内容）。

	指标名称	2022年报	2021年报
0	(单位：亿元，CNY)	NaN	NaN
1	NaN	2022年报	2021年报
2	上市前/上市后	上市后	上市后
3	报表格式	商业银行	商业银行
4	报表类型	合并	合并
5	原始货币	CNY	CNY
6	资产:	NaN	NaN
7	现金及存放中央银行款项	3564.26	3782.63
8	存放同业款项	320.73	511.89

图6-22 修改第0个列的列标签为“指标名称”

步骤5：对df中的空值进行处理，处理方法分两种情况：（1）处理空行，即该行所有列值均为空；（2）处理包含空值的行，即该行某些列值为空。为更清楚地讲述空值处理方法，下面分步骤进行操作。

步骤5.1：查看df的形状，代码如下：

```
df.shape
```

运行代码，结果输出(67,3)，这是以元组形式输出的df形状，说明当前df共有67行3列。

步骤5.2：使用df.isnull()对df的各个值进行空值标注，若为空，标记为True，否则标记为False；在此基础上，使用any()进一步检测df.isnull()返回的各列中是否有True，若有True（即df中有空值），则any()返回True。代码如下：

```
df.isnull().any()
```

运行代码，结果输出如图6-23所示。可以看出，指标名称、2022年报、2021年报三个列均返回True，说明均存在空值。

```
指标名称      True
2022 年报    True
2021 年报    True
dtype: bool
```

图6-23 检查df各列是否包含空值

【知识拓展】

any()方法可用于统计数据集中（或行中、或列中）是否有为True的元素，若有，则返回True，否则返回False。此处，any()方法用于统计df.isnull()返回的各列数据中是否包含True。

步骤5.3：使用df.isnull()对df的各个值进行空值标注；在此基础上，使用value_counts()对df.isnull()标记的结果进行统计。代码如下：

```
df.isnull().value_counts()
```

运行代码，结果输出如图6-24所示。可以看出，"指标名称""2022年报""2021年报"三列均为False的行数为60，即df中有60行不包含空值。"指标名称"列为False，而"2022年报"和"2021年报"均为True的行数为5；"指标名称"列为True，而"2022年报"和"2021年报"均为False的行数为1；"指标名称"列、"2022年报"、"2021年报"三列均为True的行数为1，即df中共有7行数据包含空值。

```
指标名称  2022 年报  2021 年报
False     False     False      60
          True      True        5
True      False     False       1
          True      True        1
dtype: int64
```

图6-24 对df.isnull()的标记结果进行统计

步骤5.4：完全为空的行在df中没有意义，可使用df.dropna()函数将空行删除，代码如下：

```
df.dropna(how='all',inplace=True)
df.shape
```

运行代码，输出df形状为（66，3），说明原df中有1个空行，而此步骤将df中的空行删除。

步骤5.5：查看包含空值的行，检查这些行是否有意义。代码如下：

```
df[df.isnull().any(axis=1)]
```

此代码可分3步来理解，（1）df.isnull()函数判断df中的每个值是否为空值，并对各个值作True（空值）或False（非空值）标记；（2）df.isnull().any(axis=1)计算每行（参数axis=1表示对行进行操作）是否包含为True的值（即表示该行存在空值）；（3）df[df.isnull().any(axis=1)]表示以df.isnull().any(axis=1)为条件对df进行筛选，将满足df.isnull().any(axis=1)的行筛选出来，即筛选出包含空值的行。

运行代码，结果如图6-25所示。从图中可以看出，对于本项目的数据分析需求来说，包含空值的这6行数据均没有实际意义。

	指标名称	2022年报	2021年报
0	(单位：亿元，CNY)	NaN	NaN
1	NaN	2022年报	2021年报
6	资产:	NaN	NaN
29	负债:	NaN	NaN
44	所有者权益(或股东权益):	NaN	NaN
66	数据来源：同花顺iFinD	NaN	NaN

图6-25　查看包含空值的行

步骤5.6：将上步骤中筛选出来的包含空值的行删除掉。代码如下：

```
df.dropna(axis=0,inplace=True)
df.shape
```

运行代码，输出df形状为(60，3)，说明删除了6行数据。

步骤5.7：由于删除数据行导致行标签不再连续，因而使用reset_index()函数为df重新生成行索引。代码如下：

```
df.reset_index(drop=True, inplace=True)
```

其中，参数drop=True表示删除df的原索引，并使用新索引代替原来的索引。重新生成索引后的df请自行查看。

步骤6：查看df中是否存在重复行，代码如下：

```
df.duplicated().any()
```

df.duplicated()将df中的重复行标记为True；any()检测df.duplicated()返回的数据中是否包含True，若有True（即有重复行），则any()返回True。运行代码，结果输出False，说明df中无重复行。

步骤7：观察df数据行，会发现其中有些数据行并非资产负债表中的项目。从如图6-26（a）图和（b）图所示的数据可以看出，索引从0至3的行和索引从54至59的行均不属于资产负债表项目，可用代码将这些行检测出来并进行删除。

	指标名称	2022年报	2021年报
0	上市前/上市后	上市后	上市后
1	报表格式	商业银行	商业银行
2	报表类型	合并	合并
3	原始货币	CNY	CNY
4	现金及存放中央银行款项	3564.26	3782.63
5	存放同业款项	320.73	511.89
6	贵金属	71.87	64.26

图6-26（a）索引从0至3的行不属于资产负债表

52	负债及股东权益差额(合计平衡项目)	0	0
53	负债和所有者权益总计	63005.1	59020.69
54	审计意见(境内)	无保留意见	无保留意见
55	审计意见(境外)	--	--
56	会计师事务所	安永华明会计师事务所(特殊普通合伙)	安永华明会计师事务所(特殊普通合伙)
57	报表会计准则	新会计准则	新会计准则
58	公告日期	2023-03-25 00:00:00	2022-03-26 00:00:00
59	数据来源	上市公司定期报告	上市公司定期报告

图 6-26（b）索引从 54 至 59 的行不属于资产负债表

图 6-26　查看不属于资产负债表的数据行

利用代码删除数据行时，首先要找到需要删除的数据的特征。若要删除索引从0至3的行，可先在df中定位“现金及存放中央银行款项”指标的行索引（该指标行索引为4），再以此行索引为基准，将其前面的所有行删除。若要删除索引从54至59的行，可先在df中定位“负债和所有者权益总计”指标的行索引（该指标行索引为53），再以此行索引为基准，将其后面的所有行删除。

为更清楚地讲述删除非资产负债表数据行的操作，下面将分步骤进行操作：

步骤 7.1：定位“现金及存放中央银行款项”数据行，代码如下：

```
df[df['指标名称'].str.contains('现金及存放中央银行款项')]
```

此代码可分3步来理解：（1）由 df['指标名称']从df中取出“指标名称”列的数据；（2）由 .str.contains('现金及存放中央银行款项')在“指标名称”列中查看哪个指标名称包含“现金及存放中央银行款项”；（3）由 df[df['指标名称'].str.contains('现金及存放中央银行款项')]将包含“现金及存放中央银行款项”的数据行提取出来。

运行代码，输出结果如图 6-27 所示。

	指标名称	2022 年报	2021 年报
4	现金及存放中央银行款项	3564.26	3782.63

图 6-27　查看“现金及存放中央银行款项”数据行

步骤 7.2：获取“现金及存放中央银行款项”的行索引。代码如下：

```
startIndex=df[df['指标名称'].str.contains('现金及存放中央银行款项')].index
startIndex
```

在步骤 7.1 的基础上，使用.index获取“现金及存放中央银行款项”的行索引，并将结果保存到startIndex变量中。运行代码，输出结果：Int64Index([4], dtype='int64')，说明startIndex是包含一个元素4的列表[4]，这个数字4（即startIndex[0]）就是“现金及存放中央银行款项”的行索引。

步骤 7.3：同样地，可以使用下面的代码获取“负债和所有者权益总计”的行索引。代码如下：

```
endIndex=df[df['指标名称'].str.contains('负债和所有者权益总计')].index
endIndex[0]
```

运行代码，输出结果为53。

步骤7.4：使用drop()函数，借助startIndex和endIndex进行数据行定位，实现批量删除连续行。代码如下：

```
df.drop(df.index[endIndex[0]+1:],axis=0,inplace=True)  # 删除endIndex之后的行
df.drop(df.index[0:startIndex[0]],axis=0,inplace=True)  # 删除startIndex之前的行
df.shape
```

代码中，由df.index[endIndex[0]+1:]说明被删除的是行索引从endIndex[0]+1开始至末尾的所有行；由df.index[0:startIndex[0]]说明被删除行的行索引从0开始，至startIndex[0]之前结束（注意切片操作不包括右边界startIndex[0]）。参数axis=0说明对行进行删除；inplace=True说明直接在df中进行删除。

运行代码，输出结果为(50，3)，可以看出，df由原来的(60，3)变为(50，3)，说明删除了df中的10行数据。

◎提示

此处需要注意的是：可先删除第53行之后的非资产负债表项目，再删除第4行之前的非资产负债表项目。若先删除第4行之前的行，将会导致df的行索引发生变化，导致endIndex的值不再是“负债和所有者权益总计”的行索引，此时就需要重新计算endIndex，才能使用endIndex进行“负债和所有者权益总计”后续行的删除。

步骤7.5：对df重排索引，使行索引重新从0开始依序递增。代码如下：

```
df.reset_index(drop=True,inplace=True)
```

运行代码，完成索引重排。

步骤7.6：查看df数据的处理结果。由于数据量较多，此处仅查看df的前3行和后3行数据，全部数据请读者参考教材配套代码运行结果。代码如下：

```
df.iloc[[0,1,2,47,48,49]]
```

运行代码，结果如图6-28所示。

	指标名称	2022年报	2021年报
0	现金及存放中央银行款项	3564.26	3782.63
1	存放同业款项	320.73	511.89
2	贵金属	71.87	64.26
47	所有者权益合计	5100.13	4843.66
48	负债及股东权益差额(合计平衡项目)	0	0
49	负债和所有者权益总计	63005.1	59020.69

图6-28　处理后的df

步骤8：观察df，发现“在建工程”行的2021年报数据为“--”，实际中这表示当年资产负债表无此项数据。而对于Pandas计算、分析和可视化来说，这属于非法数据，需要进行清洗。同时，当前报表中还可能存在空白字符，这些空白字符在显示时肉眼不太能观察到，但也会对Pandas的计算、分析和可视化带来影响，因此也需要进行清洗。下面将分步骤对以上非法数据进行清洗。

步骤8.1：使用replace()函数将报表中的非法字符“--”替换为0。代码如下：

```
df=df.replace('--',0)
df.iloc[[14]]
```

代码先将df中的所有非法字符“--”替换为0，再将替换后的结果重新赋值给df，即用替换结果对df进行更新。

运行代码，输出结果如图6-29所示。

	指标名称	2022年报	2021年报
14	在建工程	28.32	0.0

图6-29　替换非法字符“--”

步骤8.2：在整体查看df时，空白字符难以观察到。如图6-29所示的“在建工程”指标，从肉眼无法查看到有空白字符存在。下面使用df.iloc定位此指标，以观察报表中的空白符现象。代码如下：

```
df.iloc[14,0]
```

运行代码，输出行索引为0、列索引为0的数据：'\xa0\xa0\xa0\xa0在建工程'。此输出中包含4个\xa0符号，如前所述，每个\xa0是由转义字符\x引导的16进制数字a0（代表不间断空白符），即输出中包含4个不间断空白符。

步骤8.3：使用len()函数检测“在建工程”的长度，代码如下：

```
len(df.iloc[14,0])
```

运行代码，输出结果为8，这与步骤8.2的结果相对比，肉眼所见的“在建工程”在df中并非只有4个字符，而是包含4个空白符在内的8个字符。

【思考】

请读者自行查看其他指标中是否包含空白符。

步骤8.4：使用str.replace()去除指标名称列中的所有空白符，代码如下：

```
df.iloc[:,0]=df.iloc[:,0]. str.replace('\xa0','')
```

代码中，df.iloc[:,0]代表指标名称列，对该列执行str.replace('\xa0','')后，再将替换后的结果赋值给df.iloc[:,0]，实现该列数据的更新。

步骤8.5：重新查看“在建工程”指标，检查空白字符去除后的结果。代码如下：

```
df.iloc[14,0], len(df.iloc[14,0])
```

此代码用逗号分隔两个输出项，Python将以元组的形式给出输出结果。运行代码，输出结果为('在建工程', 4)。可以看出，空白字符删除成功。

步骤9：数据清洗完成后，需要检查各列数据类型是否符合要求。代码如下：

```
df.dtypes
```

运行代码，输出结果如图6-30所示。从中可以看出，指标名称列是对象型（object），其他两列是浮点型（float，即小数），df各列数据类型已符合Pandas计算、分析和可视化的要求。

```
指标名称        object
2022　年报     float64
2021　年报     float64
dtype: object
```

图6-30　转换后的数据类型

步骤10：将指标名称列设为df的行索引，并删除原有的指标名称列。代码如下：

```
df.set_index(df['指标名称'],inplace=True)  #将指标名称列设为行索引
df.drop(['指标名称'],axis=1,inplace=True) #删除原有的指标名称列
```

运行代码，完成df行索引的更换。更换前后的df对比如图6-31所示。

	指标名称	2022年报	2021年报
0	现金及存放中央银行款项	3564.26	3782.63
1	存放同业款项	320.73	511.89
2	贵金属	71.87	64.26
3	拆出资金	1299.79	1383.49
4	金融投资	20466.12	18360.16

（a）更换行索引前的df

	2022年报	2021年报
指标名称		
现金及存放中央银行款项	3564.26	3782.63
存放同业款项	320.73	511.89
贵金属	71.87	64.26
拆出资金	1299.79	1383.49
金融投资	20466.12	18360.16

（b）更换行索引后的df

图6-31 更换行索引前后的df数据对比

步骤11：仔细观察图6-31，会发现df的列标签“2022年报”“2021年报”也包含空白符，为方便后续使用列标签，也可对列标签中的空白符进行删除。分步骤操作如下：

步骤11.1：查看第0列的列标签中的空白符，代码如下：

```
df.columns[0]
```

运行代码，输出'2022\xa0年报'。

【思考】

请读者查看第列的列标签中是否存在空白等符。

步骤11.2：去除所有列标签中的空白符，代码如下：

```
df.columns=df.columns.str.replace('\xa0','')
```

运行代码，完成列标签中的空白符删除。

步骤11.3：重新运行df.columns[0]查看列标签，结果输出'2022年报'。

至此，完成了光大银行资产负债表的数据清洗。

四、从资产负债表中提取行

步骤1：使用Markdown模式添加一个说明性标题，输入下列内容并运行：

```
### 四、从资产负债表中提取行
```

步骤2：使用df.loc[]方法从df中提取2022年的“现金及存放中央银行款项”、“发放贷款及垫款”、“资产总计”和“所有者权益合计”数据。代码如下：

```
df_1=df.loc[['现金及存放中央银行款项','发放贷款及垫款','资产总计','所有者权益合计'],
        ['2022年报']]
df_1
```

运行代码，输出结果如图6-32所示。

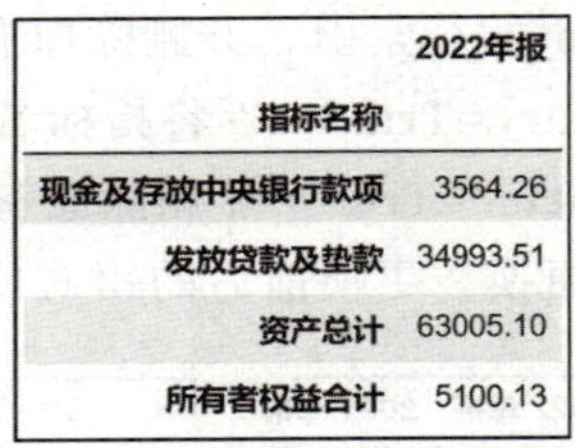

	2022年报
指标名称	
现金及存放中央银行款项	3564.26
发放贷款及垫款	34993.51
资产总计	63005.10
所有者权益合计	5100.13

图 6-32　从 df 中提取数据行

步骤 3：修改 df_1 的“2022 年报”列标签为证券名称，代码如下：

```
df_1.rename(columns={'2022年报':codeAndName['名称']},inplace=True)
df_1
```

运行代码，结果输出如图 6-33 所示。其中，codeAndName['名称']的值请参考本任务“二、提取证券代码名称”的步骤 2.6。

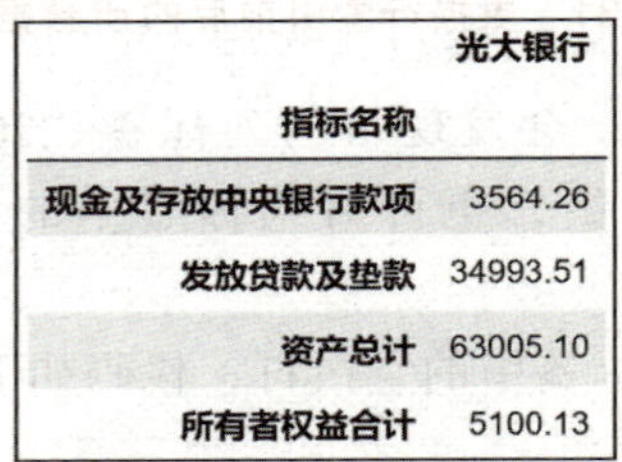

	光大银行
指标名称	
现金及存放中央银行款项	3564.26
发放贷款及垫款	34993.51
资产总计	63005.10
所有者权益合计	5100.13

图 6-33　修改列标签

任务二　批量完成多家银行资产负债表的清洗、数据提取与合并

任务分析

实现任务二前，要先对“资产负债表.xlsx”文件中各工作表（如图 6-34 所示）的数据特征进行分析。

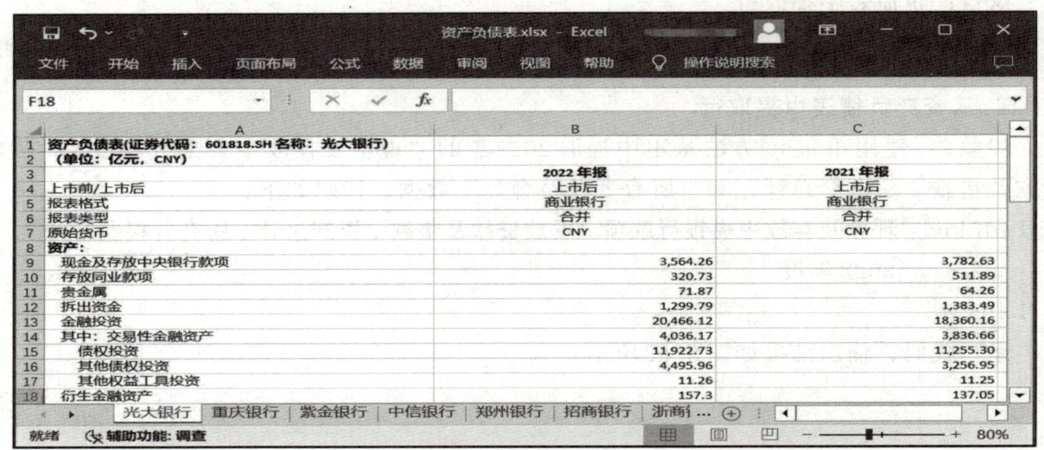

	A	B	C
1	资产负债表(证券代码：601818.SH 名称：光大银行)		
2	(单位：亿元，CNY)		
3		2022 年报	2021 年报
4	上市前/上市后	上市后	上市后
5	报表格式	商业银行	商业银行
6	报表类型	合并	合并
7	原始货币	CNY	CNY
8	资产:		
9	现金及存放中央银行款项	3,564.26	3,782.63
10	存放同业款项	320.73	511.89
11	贵金属	71.87	64.26
12	拆出资金	1,299.79	1,383.49
13	金融投资	20,466.12	18,360.16
14	其中：交易性金融资产	4,036.17	3,836.66
15	债权投资	11,922.73	11,255.30
16	其他债权投资	4,495.96	3,256.95
17	其他权益工具投资	11.26	11.25
18	衍生金融资产	157.3	137.05

图 6-34　“资产负债表.xlsx”文件中各工作表的数据

此文件的每张工作表中各保存了一家银行的资产负债表，从各工作表的行数可以观察到，不同银行资产负债表的内容可能不同，但基本框架大体相同，故读取某张资产负债表并对其进行清洗和提取数据行的方法基本也一致。这就使得利用循环对所有银行的资产负债表进行批量操作成为可能。本任务将使用循环分别对所有银行的资产负债表进行清洗，并将提取到的各银行资产负债表数据进行合并，从而生成一个完整的来自10家银行资产负债表项目的数据集。

在此数据集基础上，按以下公式计算各银行的竞争力指标：

(1) 反映银行资产信用水平的指标，以商业银行贷款余额L与总资产 TA 的比值来表示，记为 LTA，即LTA=L/TA；

(2) 反映银行流动性状况的指标，以商业银行现金及存放中央银行款项 C 与总资产 TA的比值来表示，记为 CTA，即 CTA= C/TA；

(3) 反映资本充足度的指标，以所有者权益 EQ 与总资产 TA 间的比值来表示，记为 ETA，即ETA=EQ/TA；

(4) 反映商业银行规模的指标，以银行总资产的自然对数来表示，记为 LNT，即 LNT=ln(TA)。

相关知识

一、concat()数据合并函数

concat数据合并函数

实际中，常需要将多个Series数据或多个DataFrame数据进行纵向连接（合并形成更多行数据）或横向连接（合并形成更多列数据），Pandas提供的concat()函数可以实现此要求，其基本语法如下：

```
concat(objs, axis=0)
```

其中，objs指明要参与合并的数据，为必选参数，不可省略。axis指明沿行方向拼接还是沿列方向连接，取值为0/'index'、1/'columns'，默认值为0。concat()函数示例如图6-35所示。

注意图6-35（d）中的纵向合并效果，由于df1和df2的列标签不同，因而在将两组数据的行上下合并时，不能直接将数据上下叠加，而是保留df1和df2的所有列，合并后无对应数据的位置自动填充NaN。而在图6-35（e）中，由于df1和df2的行标签相同（都是0，1，2），因而在将两组数据的列左右合并时，相同行标签的行横向连接在一起。

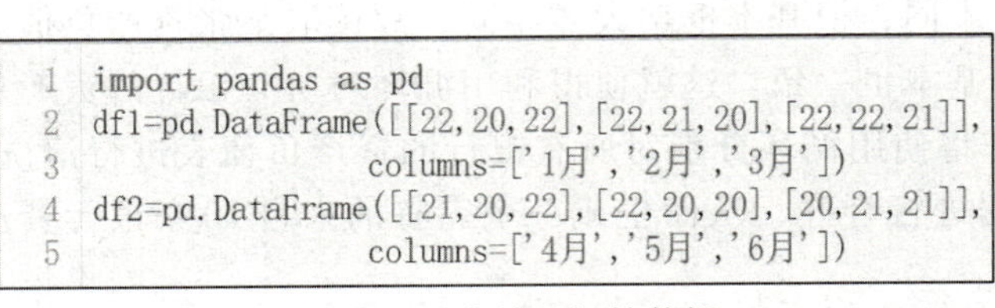

```
import pandas as pd
df1=pd.DataFrame([[22,20,22],[22,21,20],[22,22,21]],
                columns=['1月','2月','3月'])
df2=pd.DataFrame([[21,20,22],[22,20,20],[20,21,21]],
                columns=['4月','5月','6月'])
```

（a）定义要合并的初始数据

```
df1
```

	1月	2月	3月
0	22	20	22
1	22	21	20
2	22	22	21

（b）df1 数据

```
df2
```

	4月	5月	6月
0	21	20	22
1	22	20	20
2	20	21	21

（c）df2 数据

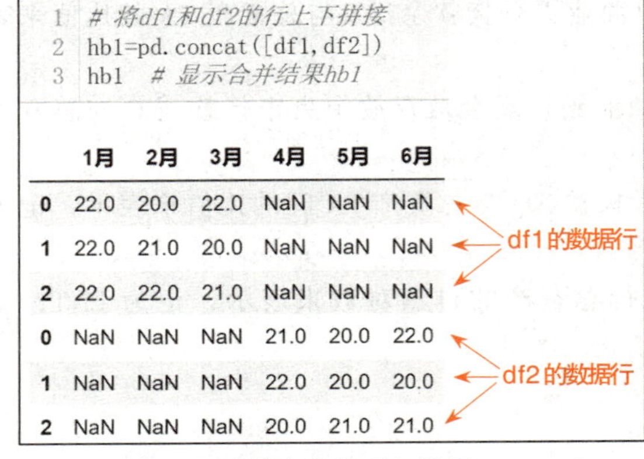

```
# 将df1和df2的行上下拼接
hb1=pd.concat([df1,df2])
hb1  # 显示合并结果hb1
```

	1月	2月	3月	4月	5月	6月
0	22.0	20.0	22.0	NaN	NaN	NaN
1	22.0	21.0	20.0	NaN	NaN	NaN
2	22.0	22.0	21.0	NaN	NaN	NaN
0	NaN	NaN	NaN	21.0	20.0	22.0
1	NaN	NaN	NaN	22.0	20.0	20.0
2	NaN	NaN	NaN	20.0	21.0	21.0

（d）纵向合并两组数据

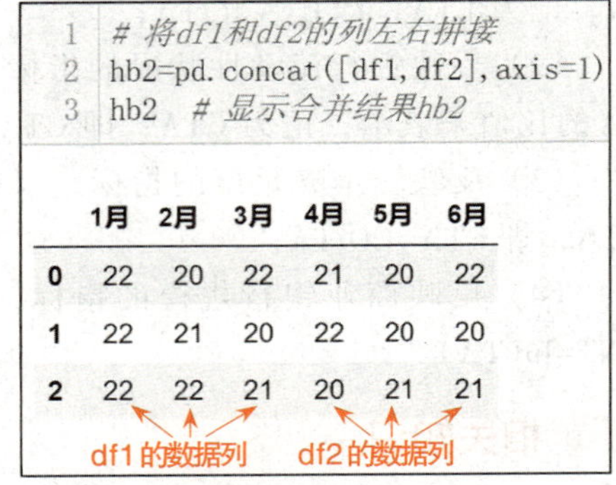

```
# 将df1和df2的列左右拼接
hb2=pd.concat([df1,df2],axis=1)
hb2  # 显示合并结果hb2
```

	1月	2月	3月	4月	5月	6月
0	22	20	22	21	20	22
1	22	21	20	22	20	20
2	22	22	21	20	21	21

（e）横向合并两组数据

图 6-35　使用 concat()函数合并数据

【思考】

请读者自行尝试，当合并的 df1 和 df2 具有相同的列标签（如都包含 1 月、2 月和 3 月等 3 列数据）时，使用 pd.concat([df1,df2])合并的结果是什么？

二、数据类型转换

Pandas 的 astype()函数可用于转换数据类型，只有合理的数据类型才能正常完成各类计算和分析。astype()基本语法格式如下：

DataFrame.astype(dtype)

其中，dtype 是目标数据类型。示例如图 6-36 所示。

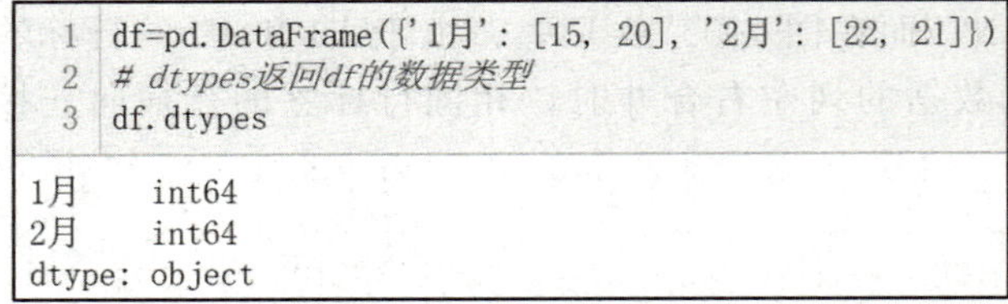

```
df=pd.DataFrame({'1月': [15, 20], '2月': [22, 21]})
# dtypes返回df的数据类型
df.dtypes
```

```
1月     int64
2月     int64
dtype: object
```

（a）原始数据类型为 int64

```
# astype()转换数据类型
# dtypes返回转换后的数据类型
df.astype('int32').dtypes
```

```
1月     int32
2月     int32
dtype: object
```

（b）转换后的数据类型为 int32

图 6-36　查看 df 的数据类型

图 6-36（a）中创建了 DataFrame 对象 df，默认情况下，DataFrame 中的整数类型为 int64（64 位整数，64 位指的是数值在存储时所占的空间）；图 6-36（b）中的代码先使用 astype()将 df 中各个数值的数据类型转换为 int32（32 位整数，比 64 位整数占用的存储空间小），再用 dtypes 属性返回 df 的数据类型。

任务实施

本任务包括三大步：第一步，定义一个批量清洗资产负债表并从中提取数据的函数；第二步，利用for循环从10家银行的资产负债表中批量提取数据，并完成数据合并；第三步，计算各银行的竞争力指标，并展示图表。

批量完成多家银行资产负债表的清洗数据提取与合并

一、定义从资产负债表中提取行的函数

步骤1：新建一个Python文件，命名为“项目六-任务二.ipynb”。

步骤2：使用Markdown模式为程序添加一个说明性标题，输入下列内容并运行：

```
### 一、定义从资产负债表中提取行的函数
```

步骤3：导入Pandas包，代码如下：

```
import pandas as pd  # 导入pandas包
```

运行代码，导入Pandas包。

步骤4：任务一实现了从光大银行资产负债表中提取行，本任务在任务一基础上，定义一个自动从资产负债表中提取行的函数df_zcfzb()，实现资产负债表数据自动提取。代码如下：

```
def df_zcfzb(i):
    # 读取“资产负债表.xlsx”中索引为i的工作表
    df=pd.read_excel('资产负债表.xlsx',sheet_name=i)
    # 从列标签中提取证券代码和名称
    codeAndName=df.columns[0][6:-1]
    codeAndName={codeAndName[:4]:codeAndName[5:11],codeAndName[-7:-5]:
codeAndName[-4:]}
    # 设置行索引为1的行为列标签
    df.rename(columns=df.iloc[1], inplace=True)
    # 修改第0列的列标签
    df.rename(columns={df.columns[0]:'指标名称'}, inplace = True)
    # 删除完全为空的行
    df.dropna(how='all',inplace=True)
    # 删除包含空值的行
    df.dropna(axis=0,inplace=True)
    # 重新生成行索引
    df.reset_index(drop=True,inplace=True)
    # 定位“现金及存放中央银行款项”的行索引
    startIndex=df[df['指标名称']. str.contains('现金及存放中央银行款项')]. index
    # 定位“负债和所有者权益总计”的行索引
    endIndex=df[df['指标名称']. str.contains('负债和所有者权益总计')]. index
    # 删除“负债和所有者权益总计”后的所有行
```

```
    df.drop(df.index[endIndex[0]+1:],axis=0,inplace=True)
    # 删除"现金及存放中央银行款项"前的所有行
    df.drop(df.index[0:startIndex[0]],axis=0,inplace=True)
    # 将字符"--"替换为数字0
    df=df.replace('--',0)
    # 去除第0列(指标名称列)中的\xa0不间断空白符
    df.iloc[:,0]=df.iloc[:,0]. str.replace('\xa0','')
    # 处理完指标名称列中的非法字符后,将指标名称设为行索引
    df.set_index(df['指标名称'],inplace=True)
    # 删除原有的指标名称列
    df.drop(['指标名称'],axis=1,inplace=True)
    # 去除列标签中的空白符
    df.columns=df.columns.str.replace('\xa0','')
    # 提取2022年"现金及存放中央银行款项""发放贷款及垫款""资产总计""所有者权益合计"
    df_1=df.loc[['现金及存放中央银行款项','发放贷款及垫款','资产总计','所有者权益
合计'],['2022年报']]
    # 修改df_1的"2022年报"列名称为证券名称
    df_1.rename(columns={'2022年报':codeAndName['名称']},inplace=True)
    # 返回提取的资产负债表数据
    return df_1
```

其中，df_zcfzb为函数名，此函数有一个参数i，代表“资产负债表.xlsx”中索引为i的工作表。函数中的各行代码功能不作过多解释，请参考任务一中的代码功能和函数中的代码注释。

运行代码，完成函数创建。

二、利用for循环实现批量数据提取

步骤1：使用Markdown模式添加一个说明性标题，输入下列内容并运行：

```
### 二、利用for循环实现批量数据提取
```

步骤2：定义for循环，在循环中调用df_zcfzb()函数，实现批量从各家银行资产负债表中提取数据，并将所提取数据进行合并。代码如下：

```
# zcfzbdf是空DataFrame,不包含任何索引和列,用于保存合并后的数据
zcfzbdf=pd.DataFrame()
# 从10家银行的资产负债表中循环提取数据
for i in range(10):
    df=df_zcfzb(i) # 调用df_zcfzb()函数,由i控制要读取的工作表索引
    zcfzbdf=pd.concat([zcfzbdf,df],axis=1) # 将zchbdf和df进行横向合并
zcfzbdf # 输出合并后的数据
```

代码中，利用for循环重复调用df_zcfzb()函数，并将返回的从某银行资产负债表中提取的数据与zcfzbdf进行合并。需要注意的是，初始zcfzbdf是个空DataFrame，在循环过程

中，逐步将df_zcfzb()函数返回的每个数据集合并到zcfzbdf中，即每循环一次就合并一家银行的数据，循环10次后，最终形成包含所有银行数据的zcfzbdf。

运行代码，输出结果如图6-37所示（限于篇幅，仅截取部分数据，更多数据请参考教材配套代码运行结果）。

	光大银行	重庆银行	紫金银行	中信银行	郑州银行	招商银行	浙商银行	中国银行	邮储银行	长沙银行
指标名称										
现金及存放中央银行款项	3564.26	410.26	122.14	4773.81	264.87	6030.27	1856.25	23785.65	12639.51	568.84
发放贷款及垫款	34993.51	3424.46	1558.89	50389.67	3222.07	58071.54	14862.91	171175.66	69777.10	4127.24
资产总计	63005.10	6847.13	2247.22	85475.43	5915.14	101389.12	26219.30	289138.57	140672.82	9047.33
所有者权益合计	5100.13	514.95	170.97	6858.30	526.25	9542.38	1659.30	25675.71	8258.14	621.72

图6-37 批量提取各银行资产负债表数据的结果

步骤3：将zcfzbdf行列转置。代码如下：

```
hbdf=zcfzbdf.T
hbdf.head()
```

运行代码，结果如图6-38所示。

指标名称	现金及存放中央银行款项	发放贷款及垫款	资产总计	所有者权益合计
光大银行	3564.26	34993.51	63005.1	5100.13
重庆银行	410.26	3424.46	6847.13	514.95
紫金银行	122.14	1558.89	2247.22	170.97
中信银行	4773.81	50389.67	85475.43	6858.3
郑州银行	264.87	3222.07	5915.14	526.25

图6-38 对数据集进行行列转置

步骤4：为hbdf的行标签添加名称。代码如下：

```
hbdf.index.name='证券名称'
hbdf.head()
```

运行代码，结果如图6-39所示。

指标名称	现金及存放中央银行款项	发放贷款及垫款	资产总计	所有者权益合计
证券名称				
光大银行	3564.26	34993.51	63005.1	5100.13
重庆银行	410.26	3424.46	6847.13	514.95
紫金银行	122.14	1558.89	2247.22	170.97
中信银行	4773.81	50389.67	85475.43	6858.3
郑州银行	264.87	3222.07	5915.14	526.25

图6-39 添加行标签名称

步骤5：检查各列数据类型。代码如下：

```
hbdf.dtypes
```

运行代码，结果输出如图6-40所示。从图中可以看出，hbdf的4个列均是object类型，而实际中，这4个列均应为数值型才可参与计算。

```
指标名称
现金及存放中央银行款项    object
发放贷款及垫款          object
资产总计              object
所有者权益合计          object
dtype: object
```

图6-40　检查hbdf各列数据类型

步骤6：更改各列的数据类型为小数型。代码如下：

```
hbdf=hbdf.astype({'现金及存放中央银行款项':'float','发放贷款及垫款':'float','资产总计':'float','所有者权益合计':'float'})
hbdf.dtypes
```

运行代码，将hbdf中4个列的数据类型修改为float类型。修改后的数据类型显示如图6-41所示。

```
指标名称
现金及存放中央银行款项    float64
发放贷款及垫款          float64
资产总计              float64
所有者权益合计          float64
dtype: object
```

图6-41　更改各列的数据类型为小数类型

步骤7：将合并后的数据保存到Excel文件"zcfzb.xlsx"中。代码如下：

```
hbdf.to_excel('zcfzb.xlsx')
```

运行代码，完成数据的保存。成功保存后，就可在当前程序文件夹下找到并打开zcfzb.xlsx文件，查看保存后的数据，如图6-42所示（限于篇幅，仅截取部分数据），全部数据共5行43列。

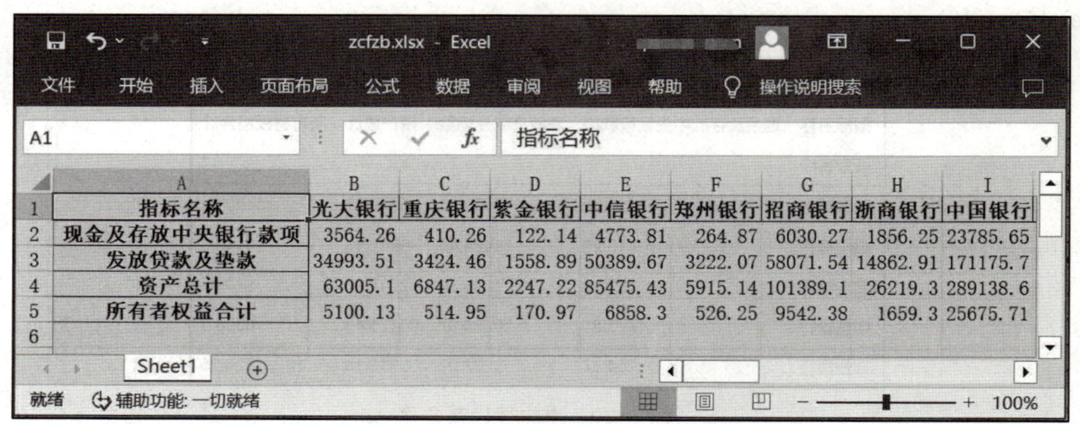

图6-42　保存数据到Excel文件

三、计算各银行的竞争力指标，并展示图表

步骤1：使用Markdown模式添加一个说明性标题，输入下列内容并运行：

```
### 三、计算各银行的竞争力指标,并展示图表
```

步骤2：导入numpy包，代码如下：

```
import numpy as np
```

运行代码，导入numpy包。

【知识拓展】

NumPy包是Python开源的科学计算工具包，使用该包时需要先导入该包。下面的步骤将使用NumPy包中的自然对数函数np.log(x)计算x的自然对数。

步骤3：计算各银行的LTA、CTA、ETA和LNT指标，并将计算结果作为新列添加到hbdf数据集中。代码如下：

```
# 反映银行资产信用水平的指标LTA=L(商业银行贷款余额)/ TA(总资产)
hbdf['LTA']=hbdf['发放贷款及垫款']/hbdf['资产总计']
# 反映银行流动性状况的指标CTA= C(商业银行现金及存放中央银行款项)/TA(总资产)
hbdf['CTA']=hbdf['现金及存放中央银行款项']/hbdf['资产总计']
# 反映银行资本充足度的指标ETA=EQ(所有者权益)/TA(总资产)
hbdf['ETA']=hbdf['所有者权益合计']/hbdf['资产总计']
# 反映商业银行规模的指标LNT=ln(TA),即总资产的自然对数
hbdf['LNT']=np.log(hbdf['资产总计'])
hbdf
```

代码中，hbdf['LTA']、hbdf['CTA']、hbdf['ETA']和hbdf['LNT']中的列标签在hbdf中均不存在，将计算结果赋值给这些不存在的新列，意味着在hbdf中添加这些新列。运行代码后，程序将在hbdf列的右侧依次增加4个新列，如图6-43所示。

指标名称	现金及存放中央银行款项	发放贷款及垫款	资产总计	所有者权益合计	LTA	CTA	ETA	LNT
证券名称								
光大银行	3564.26	34993.51	63005.10	5100.13	0.555408	0.056571	0.080948	11.050971
重庆银行	410.26	3424.46	6847.13	514.95	0.500131	0.059917	0.075207	8.831585
紫金银行	122.14	1558.89	2247.22	170.97	0.693697	0.054352	0.076081	7.717449
中信银行	4773.81	50389.67	85475.43	6858.30	0.589522	0.055850	0.080237	11.355984
郑州银行	264.87	3222.07	5915.14	526.25	0.544716	0.044778	0.088967	8.685270
招商银行	6030.27	58071.54	101389.12	9542.38	0.572759	0.059477	0.094116	11.526721
浙商银行	1856.25	14862.91	26219.30	1659.30	0.566869	0.070797	0.063285	10.174251
中国银行	23785.65	171175.66	289138.57	25675.71	0.592019	0.082264	0.088801	12.574661
邮储银行	12639.51	69777.10	140672.82	8258.14	0.496024	0.089850	0.058705	11.854192
长沙银行	568.84	4127.24	9047.33	621.72	0.456183	0.062874	0.068719	9.110225

图6-43　添加计算列后的数据集

【技能扩展】

本步骤直接给hbdf中不存在的列标签赋值，使得hbdf中新增了这些列。若给hbdf中已存在的列标签赋值，则可以更新列的数据。如有df=pd.DataFrame({'1月':[15,20],'2月':[22,21]})，若执行df['1月']=[155,200]，则可更改1月的数据。如图6-44所示。

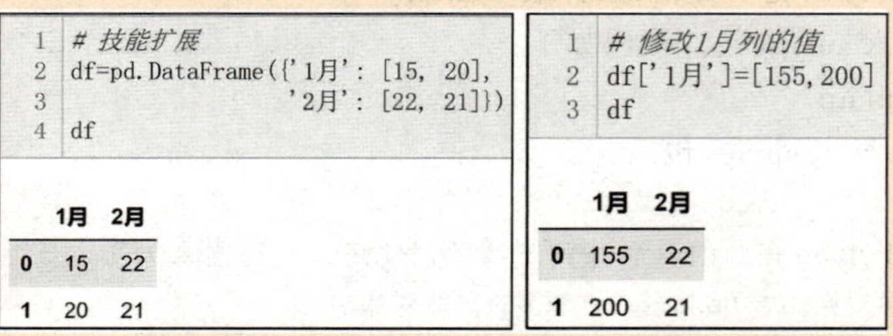

```
# 技能扩展
df=pd.DataFrame({'1月': [15, 20],
                 '2月': [22, 21]})
df
```

	1月	2月
0	15	22
1	20	21

```
# 修改1月列的值
df['1月']=[155,200]
df
```

	1月	2月
0	155	22
1	200	21

（a）定义df　　（b）修改原有列的数据

图6-44　修改df中已有列的数据

步骤4：导入绘图包，并设置图表中的中文和负号显示方式。代码如下：

```
import matplotlib.pyplot as plt  # 导入绘图包
plt.rcParams['font.sans-serif'] = ['SimHei']  # 在图像中以黑体显示中文
plt.rcParams['axes.unicode_minus'] = False  # 在图像中正常显示负号
```

在图表中出现中文和负号时，需要提前进行设置，否则可能会导致中文和负号显示不正确。plt.rcParams['font.sans-serif']和plt.rcParams['axes.unicode_minus']分别用于设置图表中的中文字体和坐标轴上负号的显示方式。

步骤5：绘制反映商业银行规模的折线图，代码如下：

```
hbdf['LNT']. plot()  # 使用LNT列的数据绘制折线图
plt.show()           # 显示图表
```

运行代码，显示结果如图6-45所示。

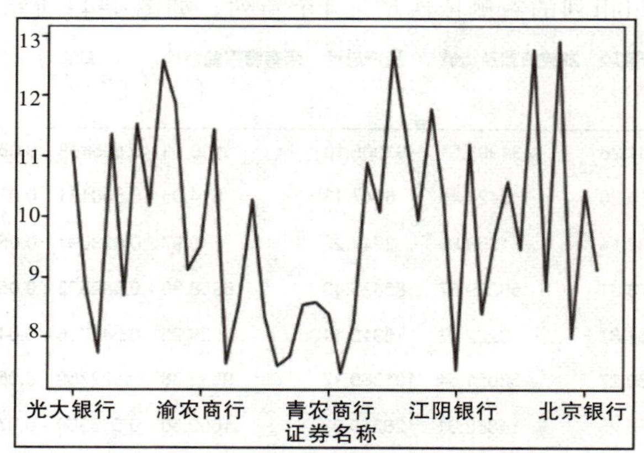

图6-45　反映商业银行规模的折线图

步骤6：绘制反映银行资产信用水平的折线图，代码如下：

```
hbdf['LTA']. plot()  # 使用LTA列的数据绘制折线图
plt.show()           # 显示图表
```

运行代码，显示结果如图6-46所示。

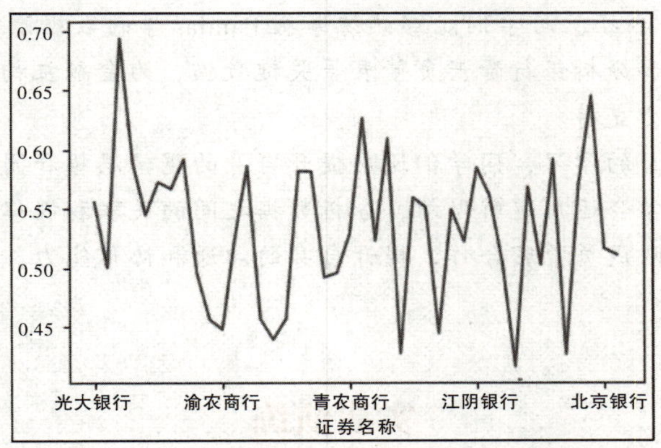

图 6-46　反映银行资产信用水平的折线图

步骤7：绘制反映银行流动性状况和资本充足度的折线图，代码如下：

```
hbdf[['CTA','ETA']]. plot()  # 同时使用CTA和ETA列的数据绘制折线图
plt.show()                   # 显示图表
```

运行代码，显示结果如图6-47所示。

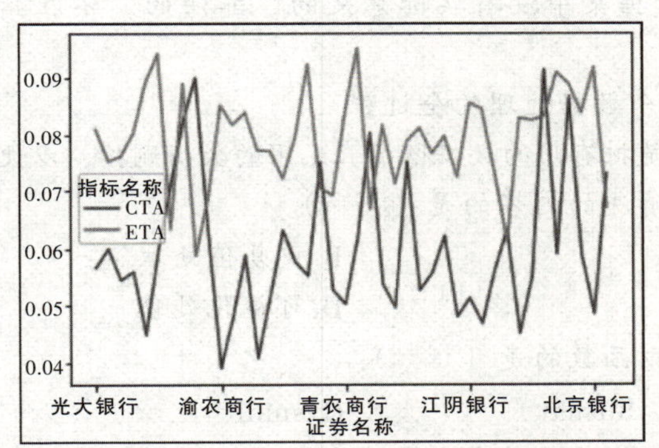

图 6-47　反映银行流动性状况和资本充足度的折线图

图 6-47 原图

项目小结

本项目围绕光大银行资产负债表数据清洗和数据提取，以及10家商业银行资产负债表的数据清洗、提取和合并等任务，讲解了Pandas数据的常用属性和常用功能函数、Pandas处理缺失数据和重复数据的常用函数、数据合并函数等知识，以及使用这些知识完成任务的技术和技能，为后续进行数据分析和精彩的可视化呈现打好基础。

素质提升

在当前国家推动数字经济和高质量发展的背景下，掌握数据处理和分析技能显得尤为

重要。通过本项目的学习，同学们能够熟练掌握Pandas库的数据清洗、提取、合并等关键技术，有效地处理和分析银行资产负债表等关键数据，为金融机构的风险评估、市场预测和决策支持提供有力支持。

同时，通过本项目的学习，同学们还应提升自身的逻辑思维和团队协作能力。在处理复杂数据问题时，要学会运用逻辑思维，分析数据之间的关联和规律，找到解决问题的最佳方案，并尝试与团队成员紧密合作，提升自身的沟通和协作能力，共同应对挑战，实现团队目标。

实战演练

一、单项选择题

1.下列关于数据清洗的描述，不正确的是（　　）。

A.数据清洗通常是在数据处理和分析之前进行的操作

B.数据清洗是对数据集中没有实际意义的、非法的、不在指定范围内的“脏数据”进行清洗

C.数据清洗伴随整个数据处理的全过程

D.数据清洗的目的是把有用的数据留下、无用的数据删掉，以便后续产生好的分析结果

2.下列不属于数据清洗的内容的是（　　）。

A.空值处理　　B.重复值处理

C.缺失值处理　　D.可视化处理

3.下列不是空值检测函数的是（　　）。

A.dropna()　　B.isna()　　C.isnull()　　D.notna()

4.要实现对数据集df以前向填充方式填充空值，下列代码正确的是（　　）。

A.df.fillna(method='ffill')　　B.df.fillna(method='bfill')

C.df.fillna(df.sum())　　D.df.fillna({})

5.下列函数中能实现合并数据功能的是（　　）。

A. concat()　　B. print()　　C. read_excel()　　D. dropna()

二、实操题

请根据素材文件“利润表.xlsx”提供的数据，完成下面的操作：

1.将光大银行2021—2022年的利润表数据清洗成如图6-48所示的形式，并从利润表中提取出2022年的“业务及管理费”和“净利润”数据，形式如图6-49所示。

指标名称	2022年报	2021年报
一、营业收入	1516.32	1527.51
利息净收入	1136.55	1121.55
利息收入	2413.09	2293.34
利息支出	1276.54	1171.79
手续费及佣金净收入	267.44	273.14
手续费及佣金收入	300.77	301.31
手续费及佣金支出	33.33	28.17
投资收益	113.86	108.02
其中：对联营企业和合营企业的投资收益	-0.63	-0.90
以摊余成本计量的金融资产终止确认收益	8.58	1.15
公允价值变动收益	-16.56	15.32
汇兑收益	4.84	0.03
其他收益	1.00	1.37
其他业务收入	9.19	8.08
二、营业支出	956.46	1001.12
税金及附加	17.66	16.20
业务及管理费	422.79	428.05
资产减值损失	0.09	0.23
信用减值损失	506.00	547.72
其他业务成本	9.92	8.92

（a）清洗后的利润表前半部分截图

三、营业利润	559.86	526.39
加：营业外收入	1.70	5.25
减：营业外支出	1.90	2.23
四、利润总额	559.66	529.41
减：所得税费用	109.26	93.02
五、净利润	450.40	436.39
归属于母公司所有者的净利润	448.07	434.07
少数股东损益	2.33	2.32
(一) 持续经营净利润	450.40	436.39
扣除非经常性损益后的归属母公司股东净利润	447.72	430.76
(一)基本每股收益(元)	0.74	0.71
(二)稀释每股收益(元)	0.67	0.65
七、其他综合收益	-37.40	17.59
归属母公司所有者的其他综合收益	-37.42	17.59
(一) 以后不能重分类进损益的其他综合收益	-1.35	-2.87
1.重新计量设定受益计划净负债或净资产的变动	-1.35	-2.87
(二) 以后将重分类进损益的其他综合收益	-36.07	20.46
5.外币财务报表折算差额	1.80	-0.83
7.其他债权投资公允价值变动	-43.92	20.01
9.其他债权投资信用减值准备	6.05	1.28
归属于少数股东的其他综合收益	0.02	0.00
八、综合收益总额	413.00	453.98
归属于母公司股东的综合收益总额	410.65	451.66
归属于少数股东的综合收益总额	2.35	2.32

（b）清洗后的利润表后半部分截图

图 6-48　完成清洗后的利润表

指标名称	光大银行
业务及管理费	422.79
五、净利润	450.40

图 6-49　从利润表中提取出的数据

2.请定义清洗某银行利润表，以及从中提取“业务及管理费”和“净利润”数据的函数 df_lrb()；再使用 for 循环调用 df_lrb()，完成 10 家银行 2022 年报表数据清洗、提取各银行的“业务及管理费”和“净利润”数据，以及合并这些银行数据的操作。合并后的数据如图 6-50 所示。

指标名称 证券名称	业务及管理费	净利润
光大银行	422.79	450.40
重庆银行	33.99	51.17
紫金银行	17.38	16.00
中信银行	645.48	629.50
郑州银行	34.72	26.00
招商银行	1133.75	1392.94
浙商银行	167.74	139.89
中国银行	1723.11	2375.04
邮储银行	2057.05	853.55
长沙银行	64.72	71.44

图 6-50　合并后的数据

3.使用折线图对这10家商业银行的“业务及管理费”和“净利润”数据进行简单对比分析，如图6-51所示。

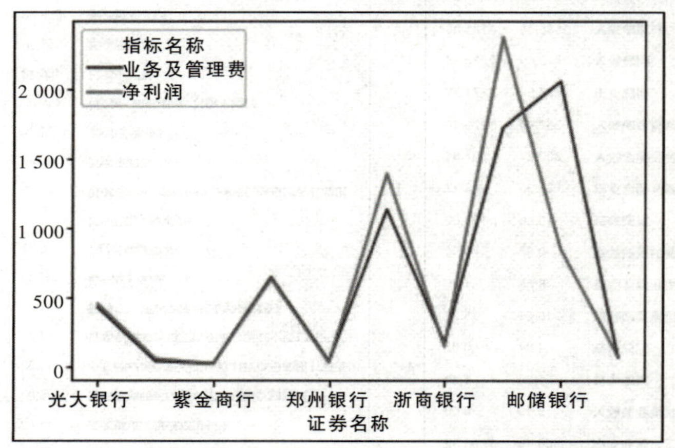

图6-51 使用折线图展示各银行数据对比

图6-51原图

项目七
数据分析和Seaborn可视化

学习目标

【知识目标】

- 掌握Pandas常用汇总计算函数的用法
- 掌握Pandas分组统计函数的用法
- 掌握Seaborn包的displot()和jointplot()函数的用法
- 了解Seaborn包的relplot()、catplot()和pairplot()等函数的用法

【技能目标】

- 能熟练使用Pandas常用函数进行统计运算
- 能熟练使用groupby()对数据进行各种维度的分组
- 会用Seaborn包的displot()和jointplot()函数完成绘图
- 会用Seaborn包的relplot()、catplot()和pairplot()等函数完成绘图

【素质目标】

- 培养学生的数据统计思维，具备分析数据的基本能力
- 培养学生养成以图表清晰展示数据的习惯，具备根据数据分析的需要选择适合图表的能力
- 养成正确认知图表、善用图表、灵活运用图表的基本数字素养

项目说明

电商运营的意义在于帮助企业利用电子商务平台提升销售业绩、品牌形象和市场竞争力。利用数据分析手段帮助企业进行电商运营，有利于企业洞察市场趋势、消费者行为和

竞争对手的动态，从而做出更明智的商业决策。

垂钓一派电子商务有限公司是一家经营垂钓用具的网店，现有该公司普通望远镜和垂钓望远镜两种商品的2023年全年运营数据，保存在“销售数据表.xlsx”文件中，如图7-1所示（限于篇幅，仅截取部分数据），请根据此数据，对该公司的运营情况进行数据分析和可视化分析，以分析数据所隐藏的含义，并提出相应的建议。

	A	B	C	D	E	F
1	月份	商品名称	品牌	访客数	转化率	客单价
2	1	普通望远镜	品牌-1	278597	0.012660126	611.8996693
3	1	普通望远镜	品牌-3	286099	0.009715911	542.1972712
4	1	普通望远镜	品牌-2	172112	0.065067158	58.93820833
5	1	普通望远镜	品牌-4	157945	0.012561985	297.7183626
6	1	普通望远镜	品牌-5	102734	0.017174589	190.6680952
7	1	垂钓望远镜	品牌-3	52824	0.010807614	141.1504076
8	1	垂钓望远镜	品牌-4	372	0.073193028	750.4742619
9	1	垂钓望远镜	品牌-1	18104	0.024075498	43.47121249
10	1	垂钓望远镜	品牌-5	5456	0.034970979	24.61445277
11	1	垂钓望远镜	品牌-2	4650	0.005887074	126.4640744
12	2	普通望远镜	品牌-2	221816	0.010010332	545.9873729
13	2	普通望远镜	品牌-5	256256	0.024633268	128.1240629

图7-1　销售数据表中的部分数据

本项目包括以下两项任务：

1. 对销售数据表的运营数据进行计算，为该公司经营提供有价值的信息；
2. 对销售数据表的运营数据进行可视化分析，为该公司经营提供有价值的信息。

任务一　对运营数据进行计算

任务分析

“销售数据表.xlsx”文件的第1张工作表是垂钓一派电子商务有限公司关于普通望远镜和垂钓望远镜两种商品的2023年全年运营数据。从图7-1可知，数据共分为6个列：月份、商品名称、品牌、访客数、转化率和客单价。普通望远镜和垂钓望远镜各有5种品牌，每一行数据描述了某月份、某商品、某品牌的访客数、转化率和客单价。

访客数是访问店铺的独立访客数量。访客数增加，可能是由于店铺通过自然搜索或对外推广带来的用户量增大，或回头客维护效果较好等。

转化率是成交用户数占访客数的百分比。转化率提高，可能是由于商品图文细节有吸引力、商品价格和运费便宜、店铺信用等级较高、客服服务到位、买家评价较好、店铺装修或页面布局较好等。

客单价是单客户的成交金额。客单价增高，可能是由于搭配销售、回头客营运效果好、每个用户购买的商品数量多、价格较高的商品销售好等。

对于电商企业来说，访客数、转化率和客单价是公司店铺命脉的黄金三角，提高流量、提高转化率、提高客单价是该类型企业永远不变的追求。本任务将依据公式：销售额=访客数×转化率×客单价，对垂钓一派电子商务有限公司2023年的普通望远镜和垂钓望远镜进行计算分析，为该公司提高销售额提供决策建议。

相关知识

Pandas简单计算函数认知

一、Pandas简单计算函数认知

Pandas提供了许多计算函数用于Series数据对象和DataFrame数据对象的简单计算。若有DataFrame数据df如图7-2所示，则使用这些计算函数对df进行各种计算的示例见表7-1。

```
df = pd.DataFrame(
    {'1月': [8000,9000,8000],
     '2月': [10000,8000,9000],
     '3月': [8000,8000,9000]},
     index = ['小李','小王','小张'])
df
```

	1月	2月	3月
小李	8000	10000	8000
小王	9000	8000	8000
小张	8000	9000	9000

图7-2　df数据

表7-1　简单计算函数

函数	功能	基本语法	简单示例

sum()	返回和	DataFrame.sum(axis=0)	# 对每列求和
			df.sum()

mean()	返回均值	DataFrame.mean(axis=0)	# 对每列求均值
			df.mean('index')

count()	返回非空值数量	DataFrame.count(axis=0)	# 统计每行非空值个数
			df.count(axis=1)

max()	返回最大值	Dataframe.max(axis=0)	# 计算每列最高值
			df.max(axis=0)

min()	返回最小值	Dataframe.min(axis=0)	# 计算每行最低值
			df.min(axis=1)

median()	返回中位数	Dataframe.median(axis=0)	# 计算每列的中位数
			df.median(axis='index')

mode()	返回众数	Dataframe.mode(axis=0)	# 计算每行的众数
			df.mode('columns')

上述函数中，参数axis用于指定计算方向 axis=0或'index'，对每列作计算，此为默认计算方向，可省略axis=，直接写0或'index' axis=1或'columns'，对每行作计算，可省略axis=，直接写1或'columns'			

二、describe() 函数认知

describe()函数是 Pandas 库中一个非常常用的函数。该函数通过计算诸如均值、中位数、标准差等一些常见统计量，实现对 DataFrame 数据或 Series 数据的基本统计描述。describe()函数针对每列数据进行计算，返回各列数据的以下统计量：count（非空值的数量）、mean（均值）、std（标准差）、min（最小值）、25%（第一四分位数，即 25% 的分位数）、50%（第二四分位数，也称中位数，即 50% 的分位数）、75%（第三四分位数，即 75% 的分位数）、max（最大值）。

describe
函数认知

describe()函数的基本语法格式如下：

```
Dataframe.describe()
```

图 7-3 所示的是使用 describe()函数对如图 7-2 所示的 df 数据进行描述性统计的结果。从图中可以看出，describe()可以一次性输出 df 的 count、mean、std、min、25%、50%、75%、max 等多种反映数据特征的统计结果。

```
1  df.describe()
```

	1月	2月	3月
count	3.000000	3.0	3.000000
mean	8333.333333	9000.0	8333.333333
std	577.350269	1000.0	577.350269
min	8000.000000	8000.0	8000.000000
25%	8000.000000	8500.0	8000.000000
50%	8000.000000	9000.0	8000.000000
75%	8500.000000	9500.0	8500.000000
max	9000.000000	10000.0	9000.000000

图 7-3　describe()函数输出结果示例

三、corr()函数认知

corr()函数是 Pandas 中用于计算 DataFrame 数据中各列之间相关系数的函数。相关系数是一种统计量，用于衡量两个变量之间的线性关系强度。相关系数的取值范围在 -1 到 1 之间，其中：

corr 函数认知

-1 表示完全负相关，即两个变量的变化方向完全相反。

1 表示完全正相关，即两个变量的变化方向完全相同。

0 表示无相关性，即两个变量之间没有线性关系。

相关系数的值越接近 -1 或 1，表示两个变量之间的线性关系越强；值越接近 0，表示线性关系越弱。

corr()函数的基本语法格式如下：

```
Dataframe.corr()
```

图 7-4 所示的是使用 corr()函数计算如图 7-2 所示的 df 数据各列之间的相关系数的结果。从图中可以看出，corr()函数输出一个相关系数矩阵，矩阵中的每个元素表示对应

两列之间的相关系数（注意，矩阵的对角元素是1，矩阵沿此对角线对称）。

```
df.corr()
```

	1月	2月	3月
1月	1.000000	-0.866025	-0.5
2月	-0.866025	1.000000	0.0
3月	-0.500000	0.000000	1.0

图7-4　corr()函数输出结果示例

四、sort_values()函数认知

sort_values函数认知

sort_values()可用于对DataFrame数据或Series数据进行排序。sort_values()函数的基本语法格式如下：

Data_frame.sort_values(by, ascending=True, inplace=False)

其中，by参数指定排序依据，排序依据可以是某列名（按单列排序）或由多个列名构成的列表（按多列排序）。ascending参数用于指定排序顺序，默认为升序（ascending=True），也可以设置为降序（ascending=False）。inplace参数表示是否在原始数据上进行排序，默认为False，表示返回一个新的排序后的结果集。

图7-5所示的是使用sort_values()函数对如图7-2所示的df数据按1月进行升序排序的结果。

```
df.sort_values('1月')
```

	1月	2月	3月
小李	8000	10000	8000
小张	8000	9000	9000
小王	9000	8000	8000

图7-5　sort_values()函数排序结果示例

五、unique()函数认知

unique函数认知

unique()用于返回Series数据中的唯一值。如图7-6所示，此示例首先定义了一个名为df的DataFrame，并对姓名列进行去重，返回该列的唯一值。

```
data = {'姓名': ['小红', '小明', '小兰', '小黄', '小红', '小明'],
        '年龄': [25, 30, 35, 27, 25, 30]}
df = pd.DataFrame(data)
# 对 '姓名' 列去重
unique_names = df['姓名'].unique()
print(unique_names)
```

```
['小红' '小明' '小兰' '小黄']
```

图7-6　unique()函数去重示例

六、groupby()函数认知

groupby函数认知

groupby()函数可以根据一个或多个列对数据进行分组，用户可在groupby()函数分组结果的基础上，对分组数据进行聚合、统计或其他操作。

groupby()函数的基本语法如下：

```
Dataframe.groupby(by)
```

其中，by是用于分组的列名或列名列表。

与groupby()相关的常用函数是get_group()函数，此函数用于在分组对象中获取特定的组。其基本语法如下：

```
grouped.get_group(name)
```

其中，grouped是分组对象，name参数是分组后的某个组名。

groupby()函数应用示例如图7-7所示，第2行至第5行代码定义了一个数据集df，第7行代码依据Sex列对数据进行分组，分组结果保存在grouped_df变量中，第9行代码计算各组Score的平均分，第10行代码用print()输出各组平均分，第12行代码调用get_group()函数从分组对象中获取男生组的数据。

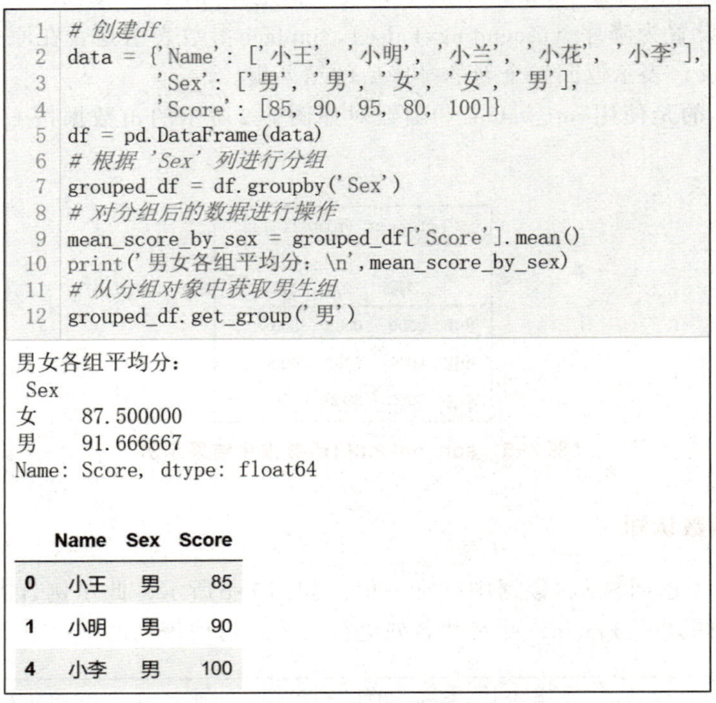

```
1  # 创建df
2  data = {'Name': ['小王', '小明', '小兰', '小花', '小李'],
3          'Sex': ['男', '男', '女', '女', '男'],
4          'Score': [85, 90, 95, 80, 100]}
5  df = pd.DataFrame(data)
6  # 根据 'Sex' 列进行分组
7  grouped_df = df.groupby('Sex')
8  # 对分组后的数据进行操作
9  mean_score_by_sex = grouped_df['Score'].mean()
10 print('男女各组平均分: \n',mean_score_by_sex)
11 # 从分组对象中获取男生组
12 grouped_df.get_group('男')
```

```
男女各组平均分:
 Sex
女    87.500000
男    91.666667
Name: Score, dtype: float64
```

	Name	Sex	Score
0	小王	男	85
1	小明	男	90
4	小李	男	100

图7-7　groupby()函数分组应用示例

groupby()函数的用法比较灵活，更多示例请参见本任务的任务实施。

Pandas提供的计算函数还有很多，由于篇幅有限，这里不再赘述其他函数。读者们可以自行学习其他函数的使用方法。

任务实施

本任务包括三大步：第一步，计算各月、各品牌、各商品的销售额；第二步，对df数据集作计算和分析；第三步，对df数据集作分组分析。

一、计算各月、各品牌、各商品的销售额

对运营数据进行计算

步骤1：新建一个Python文件，命名为“项目七-任务一.ipynb”。

步骤2：使用Markdown模式为程序添加一个说明性标题，输入下列内容并运行：

```
### 一、计算各月、各品牌、各商品的销售额
```

步骤3：导入Pandas包，并使用Pandas包的read_excel( )函数将Excel文件“销售数据表.xlsx”中的“运营数据表”工作表导入到程序中。代码如下：

```
import pandas as pd              # 导入pandas包
df=pd.read_excel('销售数据表.xlsx',sheet_name=0)  # 读入第0张工作表
df  # 显示读入的数据
```

运行代码，结果输出如图7-8所示。从图中可以看出，df中共有120行6列数据。

	月份	商品名称	品牌	访客数	转化率	客单价
0	1	普通望远镜	品牌-1	278597	0.012660	611.899669
1	1	普通望远镜	品牌-3	286099	0.009716	542.197271
2	1	普通望远镜	品牌-2	172112	0.065067	58.938208
3	1	普通望远镜	品牌-4	157945	0.012562	297.718363
4	1	普通望远镜	品牌-5	102734	0.017175	190.668095
...	...	...	...	...	...	...
115	12	垂钓望远镜	品牌-4	10819	0.025218	95.768202
116	12	垂钓望远镜	品牌-5	7161	0.007644	95.100709
117	12	垂钓望远镜	品牌-1	4247	0.044900	20.766561
118	12	垂钓望远镜	品牌-2	4030	0.006766	119.706043
119	12	垂钓望远镜	品牌-3	93	0.292860	70.807676

120 rows × 6 columns

图7-8　df数据展示

步骤4：查看各列数据类型，检查这些数据类型是否符合其实际特征。

```
df.dtypes
```

运行代码，结果输出如图7-9所示。从图中可以看出，各列数据类型符合其所存放的实际数据应具备的类型。

```
月份          int64
商品名称      object
品牌         object
访客数         int64
转化率       float64
客单价       float64
dtype: object
```

图 7-9　查看各列数据类型

步骤 5：按照公式“销售金额=访客数×转化率×客单价”计算各行记录的销售金额，并将计算结果添加到df中。代码如下：

```
df['销售金额']=round(df['访客数']*df['转化率']*df['客单价'],2)
df      # 显示数据
```

代码首先计算赋值号（=）右边的表达式，而表达式round(df['访客数']*df['转化率']*df['客单价'],2)又首先计算df['访客数']*df['转化率']*df['客单价']；计算df['访客数']*df['转化率']*df['客单价']时，Python将逐行从访客数列、转化率列、客单价列中取值，并计算每行的这三个列值的乘积，再由round()函数将乘积保留2位小数。计算出表达式的结果后，代码再将此结果逐行赋给df的销售金额列，从而形成销售金额列的整列数据。由于df中不存在销售金额列，因而，此步骤将在df中添加销售金额新列。

运行代码，结果输出如图7-10所示。从图中可以看出，df由原来的6列变成7列，即df的最右侧添加了一个名为“销售金额”的新列。

	月份	商品名称	品牌	访客数	转化率	客单价	销售金额
0	1	普通望远镜	品牌-1	278597	0.012660	611.899669	2158214.85
1	1	普通望远镜	品牌-3	286099	0.009716	542.197271	1507152.41
2	1	普通望远镜	品牌-2	172112	0.065067	58.938208	660039.49
3	1	普通望远镜	品牌-4	157945	0.012562	297.718363	590703.83
4	1	普通望远镜	品牌-5	102734	0.017175	190.668095	336417.51
...	...	...	...	...	...	...	...
115	12	垂钓望远镜	品牌-4	10819	0.025218	95.768202	26128.54
116	12	垂钓望远镜	品牌-5	7161	0.007644	95.100709	5205.97
117	12	垂钓望远镜	品牌-1	4247	0.044900	20.766561	3959.98
118	12	垂钓望远镜	品牌-2	4030	0.006766	119.706043	3263.90
119	12	垂钓望远镜	品牌-3	93	0.292860	70.807676	1928.52

120 rows × 7 columns

图 7-10　在df中添加销售金额列

二、对df数据集作计算和分析

步骤 1：使用Markdown模式为程序添加说明性标题，输入下列内容并运行：

二、对销售金额列作统计计算

步骤2：输入下面的代码，完成对销售金额列的相应统计计算：

```
print('销售金额的总和:',df['销售金额']. sum())
print('销售金额的均值:',round(df['销售金额']. mean(),2))
print('最高销售金额:',df['销售金额']. max())
print('最低销售金额:',df['销售金额']. min())
print('销售金额列的非空值个数:',df['销售金额']. count())
print('销售金额的中位数:',df['销售金额']. median())
print('最高销售金额所在行的行索引:',df['销售金额']. idxmax())
print('最低销售金额所在行的行索引:',df['销售金额']. idxmin())
print('销售金额的二分位数:',df['销售金额']. quantile())
```

运行代码，输出结果如图7-11所示。

```
销售金额的总和:  62789565.7
销售金额的均值:  523246.38
最高销售金额:  2894561.27
最低销售金额:  840.91
销售金额列的非空值个数:  120
销售金额的中位数:  254942.11
最高销售金额所在行的行索引:  30
最低销售金额所在行的行索引:  99
销售金额的二分位数:  254942.11
```

图7-11　对销售金额列进行统计计算

【知识拓展】

pandas中的quantile(q)函数是分位数函数，参数q表示要计算的分位数，其取值范围为0<=q<=1。当q=0.5时，表示计算二分位数。

步骤3：对转化率作描述性统计，代码如下：

```
print("转化率的描述性统计:")
df['转化率']. describe()
```

运行代码，输出结果如图7-12所示。从图中可以看出，最大转化率与最小转化率相差很大。

```
转化率的描述性统计:

count    120.000000
mean       0.030319
std        0.051081
min        0.000967
25%        0.010624
50%        0.019638
75%        0.034078
max        0.439334
Name: 转化率, dtype: float64
```

图7-12　转化率的描述性统计

步骤4：查看访客数、转化率、客单价和销售金额等各列的数据特征。代码如下：

```
df.iloc[:,1:]. describe()
```

代码使用df.iloc[:,1:]从df中提取列索引自1开始至末尾的所有列，再对这些列调用describe()函数。运行代码，输出结果如图7-13所示。

	访客数	转化率	客单价	销售金额
count	120.000000	120.000000	120.000000	1.200000e+02
mean	114047.508333	0.030319	426.860040	5.232464e+05
std	138033.861830	0.051081	946.037996	6.726297e+05
min	60.000000	0.000967	15.436030	8.409100e+02
25%	4944.500000	0.010624	61.334230	4.401347e+03
50%	57784.000000	0.019638	120.038751	2.549421e+05
75%	194959.000000	0.034078	264.276648	7.703614e+05
max	815490.000000	0.439334	6111.441390	2.894561e+06

图7-13　对df各列作描述性统计

步骤5：对转化率、访客数和客单价作相关性分析，代码如下：

```
df.loc[:,['转化率','访客数','客单价']]. corr()
```

代码使用df.loc[:,['转化率','访客数','客单价']]从df中提取转化率、访客数、客单价等三列，再对这些列调用corr()函数进行相关性分析。

运行代码，输出结果如图7-14所示。从图中可以看出，转化率与访客数、转化率与客单价均呈负相关关系；访客数与客单价也呈负相关关系。在这种情况下，盲目通过打广告来提高访客数并不能提高转化率，盲目通过捆绑销售提高客单价也不能提高转化率。

	转化率	访客数	客单价
转化率	1.000000	-0.102746	-0.171859
访客数	-0.102746	1.000000	-0.049307
客单价	-0.171859	-0.049307	1.000000

图7-14　转化率、访客数和客单价的相关性分析

步骤6：进一步对普通望远镜的转化率、访客数和客单价进行相关性分析，代码如下：

```
df[df['商品名称']=='普通望远镜']. loc[:,['转化率','访客数','客单价']]. corr()
```

在代码df[df['商品名称']=='普通望远镜']中，通过df['商品名称']=='普通望远镜'对商品名称列进行筛选，返回商品名称是普通望远镜的数据；接着从普通望远镜数据中由代码.loc[:,['转化率','访客数','客单价']]提取转化率、访客数、客单价等三列，最后再调用corr()函数进行相关性分析。

运行代码，输出结果如图7-15所示。从图中可以看出，普通望远镜的转化率和访客数呈正相关、转化率和客单价呈负相关；访客数与客单价呈负相关。即对于普通望远镜来说，提高访客数可以提高转化率，但提高客单价不能提高转化率。

	转化率	访客数	客单价
转化率	1.000000	0.222479	-0.551110
访客数	0.222479	1.000000	-0.460951
客单价	-0.551110	-0.460951	1.000000

图7-15　对普通望远镜的转化率、访客数和客单价进行相关性分析

步骤7：进一步对垂钓望远镜的转化率、访客数和客单价进行相关性分析，代码如下：

```
df[df['商品名称']=='垂钓望远镜']. loc[:,['转化率','访客数','客单价']]. corr()
```

从df中筛选出垂钓望远镜的数据，再对该商品的转化率、访客数、客单价等三列进行相关性分析。

运行代码，输出结果如图7-16所示。从图中可以看出，垂钓望远镜的转化率与访客数、转化率和客单价均呈负相关关系；访客数与客单价呈微弱的正相关关系。即对于垂钓望远镜来说，提高访客数不能提高转化率，提高客单价也不能提高转化率；但提高访客数可以轻微提高客单价。

	转化率	访客数	客单价
转化率	1.000000	-0.17521	-0.046748
访客数	-0.175210	1.00000	0.070810
客单价	-0.046748	0.07081	1.000000

图7-16　对垂钓望远镜的转化率、访客数和客单价进行相关性分析

步骤8：使用sort_values()对转化率进行升序排序，代码如下：

```
df['转化率']. sort_values(ascending = True)  # 升序排序
```

由于sort_values()函数默认按升序排序，故而此步骤代码也可省略ascending = True参数，直接使用代码df['转化率']. sort_values()也可实现对转化率进行升序排序。

运行代码，输出结果如图7-17所示。

```
85      0.000967
97      0.002285
14      0.002355
43      0.002748
94      0.002748
          ...
71      0.071054
6       0.073193
88      0.219667
119     0.292860
89      0.439334
Name: 转化率, Length: 120, dtype: float64
```

图7-17　按转化率的升序对df排序

【思考】

若对转化率进行降序输出，该如何修改上面的代码？

◎提示

注意此处代码是先从df中提取转化率列，再对此列的值进行升序排序。若要按转化率的升序对整个df进行排序，则应使用步骤9的代码写法。

步骤9：使用sort_values()按转化率的升序对整个df排序，代码如下：

```
df.sort_values(['转化率'],ascending = True).head()
```

df.sort_values()表示对df进行排序，sort_values()中的两个参数分别指定了排序列为转化率、排序方式为升序，最终实现按转化率的升序对df进行排序；head()函数表示输出排序结果的前5行。运行代码，输出结果如图7-18所示。

	月份	商品名称	品牌	访客数	转化率	客单价	销售金额
85	9	垂钓望远镜	品牌-5	27450	0.000967	131.600507	3491.54
97	10	垂钓望远镜	品牌-4	11904	0.002285	74.650652	2030.13
14	2	普通望远镜	品牌-1	47012	0.002355	3561.448982	394361.95
43	5	普通望远镜	品牌-2	66991	0.002748	4558.811269	839217.28
94	10	普通望远镜	品牌-1	77810	0.002748	2502.775271	535135.32

图7-18　使用sort_values()按转化率的升序对整个df排序

【思考】

若按转化率的降序对df排序，该如何修改上面的代码？

步骤10：使用value_counts()函数统计各种商品有多少行数据，代码如下：

```
print("商品名称有:")
df['商品名称']. value_counts()
```

运行代码，结果输出如图7-19所示。

```
商品名称有:

普通望远镜    60
垂钓望远镜    60
Name: 商品名称, dtype: int64
```

图7-19　统计各种商品有多少行数据

步骤11：统计数据行总数，代码如下：

```
df.value_counts().sum()
```

df.value_counts()统计df中不同行出现的次数（若有重复行，会进行累计计数），sum()对这些次数进行求和。运行代码，最终返回总行数为120。

步骤12：使用unique()函数输出所有商品名称、品牌名称，并统计品牌数量。代码如下：

```
print(df['商品名称']. unique())      #输出所有商品名称
print(df['品牌']. unique())          #输出所有品牌名称
print(len(df['品牌']. unique()))     #统计有几种品牌
```

unique()函数分别返回商品名称列和品牌列的唯一值，即所有不重复的商品名称列表和所有不重复的品牌列表。len()函数在unique()函数返回不重复品牌列表的基础上，返回此列表的元素个数，即品牌数量。

运行代码，结果输出如图7-20所示。

```
['普通望远镜' '垂钓望远镜']
['品牌-1' '品牌-3' '品牌-2' '品牌-4' '品牌-5']
5
```

图7-20　输出所有商品名称、品牌名称，并统计品牌数量

【知识拓展】

统计有几种品牌时还可以使用以下方法：借助shape属性以元组形式返回列表的形状，再从元组中提取出索引为0的元素值，此值便是列表的长度。代码如下：

```
df ['品牌'].unique().shape      # shape以元组形式返回df ['品牌'].unique()的形状，输出结果为(5,)
df ['品牌'].unique().shape[0]   # shape[0]从元组中返回索引为0的元素值，输出结果为5
```

三、对df数据集作分组分析

步骤1：使用Markdown模式为程序添加说明性标题，输入下列内容并运行：

```
### 三、对df数据集进行分组分析
```

步骤2：按照商品名称列的值对df进行分组，即将不同商品名称的数据划分到不同的组中，df有几个不同的商品名称，就会划分出几组数据。代码如下：

```
df_gb1 = df.groupby(df['商品名称'])
print(df_gb1)   # df_gb1是分组器对象
```

运行代码，结果输出：<pandas.core.groupby.generic.DataFrameGroupBy object at 0x000001EA95F60D30>，表示df_gb1是一个DataFrameGroupBy对象。

步骤3：使用get_group()函数查看df_gb1分组对象中的“普通望远镜”子集，限于篇幅，这里使用head()函数输出子集的前5行数据。代码如下：

```
df_gb1.get_group('普通望远镜').head()
```

运行代码，结果输出如图7-21所示。

	月份	商品名称	品牌	访客数	转化率	客单价	销售金额
0	1	普通望远镜	品牌-1	278597	0.012660	611.899669	2158214.85
1	1	普通望远镜	品牌-3	286099	0.009716	542.197271	1507152.41
2	1	普通望远镜	品牌-2	172112	0.065067	58.938208	660039.49
3	1	普通望远镜	品牌-4	157945	0.012562	297.718363	590703.83
4	1	普通望远镜	品牌-5	102734	0.017175	190.668095	336417.51

图7-21　“普通望远镜”子集数据的前5行

【思考】

如何修改上面的代码，使其能查看“垂钓望远镜”子集的数据？

步骤4：使用sum()函数计算各商品的销售金额总和，即在对不同商品划分成组的基础上，求出各组销售金额的和。代码如下：

```
df_gb1['销售金额']. sum()
```

运行代码，结果输出如图7-22所示。

```
商品名称
垂钓望远镜      1119795.01
普通望远镜     61669770.69
Name: 销售金额, dtype: float64
```

图7-22 计算各商品的销售金额总和

【思考】

如何修改上面的代码，实现对各商品的访客数求和？

步骤5：同时按“商品名称”和“品牌”对df分组，即先将不同商品名称的数据分在不同组里，再在各组里按品牌继续对数据分组，形成二级分组。代码如下：

```
df_gb2 = df.groupby(['商品名称','品牌'])
```

运行代码，完成分组，生成分组对象df_gb2。

步骤6：利用get_group()函数从分组对象df_gb2中提取出“普通望远镜”的“品牌-1”数据，并调用sort_values()函数将这些数据按销售金额的降序排序。代码如下：

```
df_gb2.get_group(('普通望远镜','品牌-1')).sort_values('销售金额',ascending=False)
```

运行代码，结果输出如图7-23所示。从图中可以看出，品牌-1的普通望远镜在6月时销售金额最高。

	月份	商品名称	品牌	访客数	转化率	客单价	销售金额
51	6	普通望远镜	品牌-1	163350	0.011384	1371.698780	2550845.72
0	1	普通望远镜	品牌-1	278597	0.012660	611.899669	2158214.85
110	12	普通望远镜	品牌-1	267282	0.012955	579.636602	2007001.78
100	11	普通望远镜	品牌-1	815490	0.033957	65.064156	1801709.85
81	9	普通望远镜	品牌-1	135600	0.009323	1329.135023	1680353.71
41	5	普通望远镜	品牌-1	282441	0.010697	500.598853	1512489.61
71	8	普通望远镜	品牌-1	194494	0.071054	83.420527	1152831.97
31	4	普通望远镜	品牌-1	312240	0.022572	158.876489	1119758.38
63	7	普通望远镜	品牌-1	56482	0.004318	2405.541571	586710.58
22	3	普通望远镜	品牌-1	23312	0.003926	6111.441390	559282.83
94	10	普通望远镜	品牌-1	77810	0.002748	2502.775271	535135.32
14	2	普通望远镜	品牌-1	47012	0.002355	3561.448982	394361.95

图7-23 输出普通望远镜、品牌-1的数据，并按销售金额降序排序

步骤7：按“月份”对df分组，并统计各月运营数据。代码如下：

```
df_gb3 = df.groupby(['月份'])    # 按"月份"对df分组
# 统计各月运营数据
df_total=pd.DataFrame([df_gb3.销售金额.sum(),df_gb3.访客数.sum()])
df_total.T    # 将df_total转置
```

第1行代码创建分组对象df_gb3，第3行代码的[df_gb3.销售金额.sum(),df_gb3.访客数.sum()]的功能是以销售金额和访客数的合计值构成列表，再以此列表作为pd.DataFrame()函数的值，生成DataFrame对象df_total。注意此处访问列的代码写法，如df_gb3.销售金额，这是Python面向对象的表示方式，df_gb3是分组对象，销售金额是列对象，df_gb3.销售金额表示分组对象df_gb3中的销售金额对象，此写法的作用与df_gb3['销售金额']相同。

运行代码，结果输出如图7-24所示。

月份	销售金额	访客数
1	5380650.73	1078893.0
2	3539134.91	884744.0
3	3424139.83	811518.0
4	6395682.70	1920960.0
5	7085438.36	1288484.0
6	7653924.92	1296000.0
7	4049615.72	971230.0
8	4895406.39	892335.0
9	5420640.66	701100.0
10	3788737.50	788299.0
11	5786215.11	1880400.0
12	5369978.87	1171738.0

图7-24　统计各月运营数据

任务二　对运营数据进行可视化分析

任务分析

本任务依然使用垂钓一派电子商务有限公司关于普通望远镜和垂钓望远镜两种商品的2023年全年运营数据，但与任务一不同的是，本任务主要采用Seaborn可视化工具包对该公司的运营数据进行分析。

相关知识

一、Seaborn包认知

前面的项目中，我们已经使用Python的Matplotlib包绘制过简单的折线图，Matplotlib是Python的基础绘图库，其提供了广泛的绘图功能，可以绘制各种类型的图形，如线图、散点图、柱状图等。但在功能强大的同时，Matplotlib也有明显的缺点，这个缺点就是Matplotlib更加底层，它在允许用户自定义图形的各种属性时，要求用户具备较强的编程能力，而这对于更关注从图形中观察数据特征的用户来说，感觉很不友好。

本任务将引入Python的Seaborn包。Seaborn包是建立在Matplotlib之上的高级绘图库，Seaborn包提供了更简洁、更美观的图形，同时采用预设图形风格和配色方案的方式，使得绘制复杂统计图形更加容易、方便和快捷。

（一）导入Seaborn包

在程序中使用Seaborn包需要先导入该包，直接使用如下命令即可完成该包的导入（一般地，常将此包简写为sns）：

```
import seaborn as sns
```

（二）seaborn的set()函数

使用seaborn作图前，可先使用seaborn.set()函数预设图形大小、绘制风格及中文显示的方式，若不设置，则采用seaborn的预设方式进行绘图。

sns.set()函数的基本语法格式如下：

```
sns.set(style="...",context="...",palette="...",font="...",font_scale="...",color_codes=True/False,rc=...)
```

各参数含义及取值说明如下：

style参数用于设置图形背景风格，取值可为“white”、“dark”、“whitegrid”、“darkgrid”或“ticks”中的某个值，默认值为“darkgrid”。

context参数用于设置绘图文本参数，以影响图形中的标签大小、线条和绘图的其他元素，取值可为“paper”“notebook”“talk”“poster”中的某个值。

palette参数用于改变数据可视化时的颜色搭配，可以设置为颜色名称（如“deep”“muted”“bright”“pastel”“dark”“colorblind”）或由多个颜色组成的颜色列表，默认值为“deep”。

font参数用于设置图形的字体，英文字体可设置为“Arial”“Times New Roman”等，中文字体可设置为“SimHei”（黑体）。默认字体为“Arial”。需要注意的是，当图形中出现中文时，要为中文设置字体，否则中文将不能正常显示。

font_scale参数用于调整图形中字体的大小，可以设置为一个数字，默认为1.0。

color_codes参数用于控制图形颜色，在不使用调色板控制颜色时，可使用此参数进行颜色设置。

rc参数以字典形式设置除上述参数外的其他参数，例如，{'font.sans-serif':'SimHei','axes.unicode_minus':False}可以设置图形中的中文字体为黑体，负号使用英文形式的-。

（三）set( )函数应用示例

```
import seaborn as sns
sns.set(context='notebook', style='darkgrid', palette='deep', font='sans-serif',
font_scale=1)
```

此代码首先导入seaborn包，并为此包命别名为sns；接着调用set( )函数设置context参数为notebook，style参数为darkgrid，palette参数为deep，font参数为sans-serif（专指西文中没有衬线的字体，与汉字字体中的黑体相对应），font_scale参数为1。由于篇幅限制，这里不提供专门的set( )函数示例，请读者们参考后续内容学习和理解set( )函数的设置效果。

Seaborn提供了很多绘制图形的函数，本任务将介绍displot( )函数、jointplot( )函数、relplot( )函数、catplot( )函数和pairplot( )函数，并使用这些函数完成运营数据的可视化分析。

二、displot( )函数认知

displot是Distribution Plots的缩写，中文翻译为分布图，用于可视化数据的分布情况。displot( )函数是Seaborn中用于绘制数据分布图的函数，可用来观测单一指标的分布，以便用户观察指标的中心趋势、离散程度和形状。

displot函数认知

（一）displot( )函数的基本语法

displot( )函数的基本语法格式如下：

```
seaborn.displot(a, bins=None, kde=True, rug=False)
```

参数说明：

a：绘图数据，可以是Series数据、1维数组或者列表等。

bins：整数或列表，用于设置直方图中矩形的数量，可省略此参数由系统自行计算。

kde：布尔值（True或False），可选参数，表示是否在图中绘制高斯核密度估计图；默认值为True。

rug：布尔值（True或False），可选参数，表示是否在横轴上绘制观测值竖线；默认值为False。

（二）displot( )函数应用示例

如图7-25所示的代码中，第2行和第3行代码调用set( )函数设置图形参数；第5行代码定义一个仅包含一列数据的DataFrame对象tips；第7行代码调用displot( )函数，并由data参数指明绘图数据来自于tips数据集，x参数以字符串形式给出tips的列名以指明绘图数据，height参数设定整个图形的大小；第8条代码调用plt.show( )显示图形（在Jupyter Notebook中可省略此代码）。运行代码，最终绘制出tips中的账单金额分布图。

更多displot( )函数应用示例请参见本任务的任务实施。

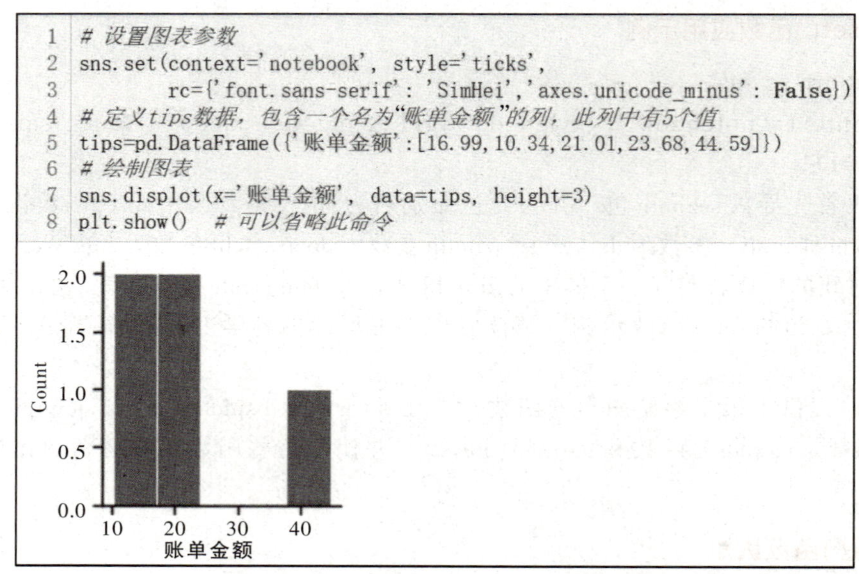

```
# 设置图表参数
sns.set(context='notebook', style='ticks',
        rc={'font.sans-serif': 'SimHei','axes.unicode_minus': False})
# 定义tips数据，包含一个名为"账单金额"的列，此列中有5个值
tips=pd.DataFrame({'账单金额':[16.99,10.34,21.01,23.68,44.59]})
# 绘制图表
sns.displot(x='账单金额', data=tips, height=3)
plt.show()   # 可以省略此命令
```


图 7-25　displot( )函数应用示例

三、jointplot( )函数认知

jointplot意为联合分布图，jointplot( )函数常用于绘制两个变量之间的关系，此函数绘制的图形用于表达两个变量对应的分布，同时在图上方和右侧额外显示两个变量各自的单变量分布。

jointplot函数认知

（一）jointplot( )函数的基本语法

jointplot( )函数的基本语法格式如下：

seaborn.jointplot(x, y, data=None, kind='scatter', height=6)

参数说明：

data为可选参数，数据类型为DataFrame，指明此函数绘图用的数据集。

x和y是绘图的x轴数据和y轴数据，可以采用两种形式提供：其一是与data配合使用，当使用data参数时，x和y是data中的列名，以字符串形式给出；其二是当缺少data参数时，可直接为x和y赋值列表、Series等类型的数据。

kind参数为可选参数，其值可为scatter（散点图）、reg（线性回归模型图）、resid（线性回归残差图）、kde（核密度估计图）、hex（一种特殊的散点图）中的某种，用以指定绘制的图形类型。

height为可选参数，用于指定图形尺寸（方形），其值为数字类型。

（二）jointplot( )函数应用示例

如图7-26所示的代码中，第2行和第3行代码调用set( )函数设置图形参数；第5行和第6行代码定义包含两个列的DataFrame对象tips；第8行代码调用jointplot( )函数，并由data参数指明绘图数据来自于tips数据集，x='就餐时段'以字符串形式给出x轴数据，y='账单金额'以字符串形式给出y轴数据，height参数设定整个图形的大小；第9条代码调用plt.show()显示图形。运行代码，最终绘制出tips中就餐时段和账单金额的分布图。

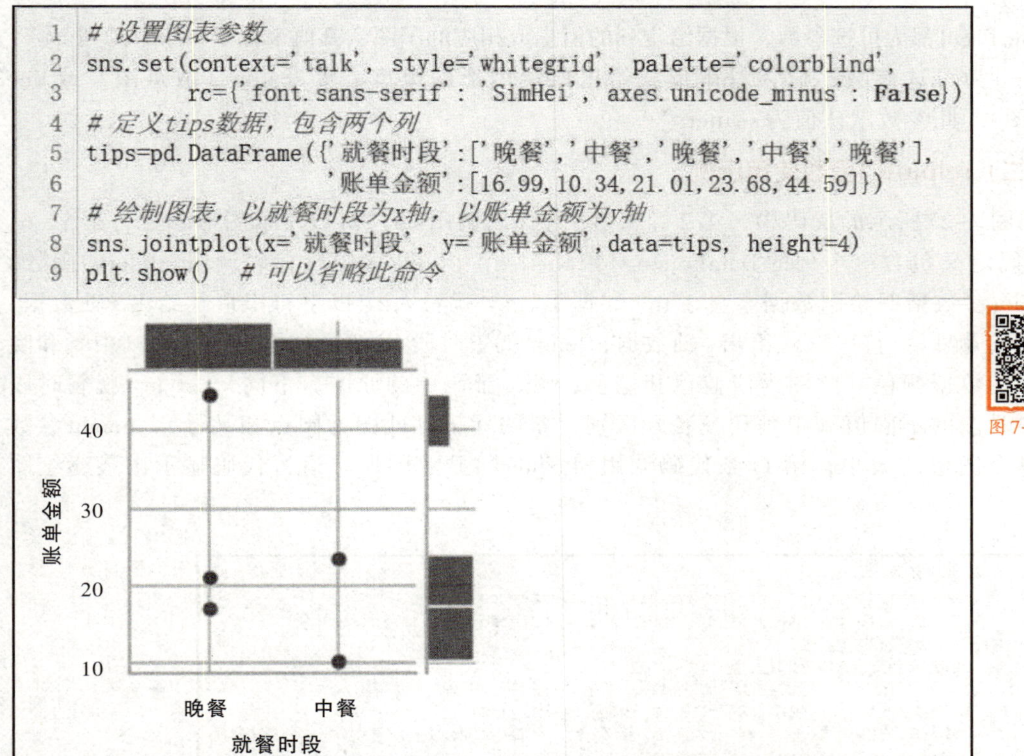

```
# 设置图表参数
sns.set(context='talk', style='whitegrid', palette='colorblind',
        rc={'font.sans-serif': 'SimHei','axes.unicode_minus': False})
# 定义tips数据，包含两个列
tips=pd.DataFrame({'就餐时段':['晚餐','中餐','晚餐','中餐','晚餐'],
                   '账单金额':[16.99,10.34,21.01,23.68,44.59]})
# 绘制图表，以就餐时段为x轴，以账单金额为y轴
sns.jointplot(x='就餐时段', y='账单金额',data=tips, height=4)
plt.show()   # 可以省略此命令
```


图 7-26 原图

图 7-26　jointplot()函数应用示例

从图中可以看出，jointplot()函数使用散点图绘制就餐时段和账单金额间的关系，同时使用直方图绘制就餐时段的数值分布和账单金额的数值分布。

更多jointplot()函数应用示例请参见本任务的任务实施。

四、relplot()函数认知

relplot是Relational plots的缩写，中文翻译为关系图，用于可视化定量变量之间的统计关系。

relplot 函数认知

(一) relplot()函数的基本语法

relplot()函数的基本语法格式如下：

seaborn.relplot(x, y, hue=None, size=None, style=None, data=None, row=None, col=None, kind='scatter', height=5)

参数说明：

x、y、data、height等参数与jointplot()函数的相关参数说明一致，此处不再赘述。

hue为可选参数，根据给定列的值对图形中的颜色进行区分，其值来源于data中的列。

size为可选参数，根据给定列的值对图形中元素的大小进行区分，其值来源于data中的列。

style 为可选参数，根据给定列的值对图形中元素的标记进行区分，其值来源于 data 中的列。

row 和 col 都为可选参数，根据给定列的值生成相应的子图，其值来源于 data 中的列。

kind 为可选参数，以字符串形式给出所绘图形的类型，如 scatter（散点图）或 line（折线图）。此参数默认值为 scatter。

（二）relplot( )函数使用示例

如图 7-27 所示的代码中，第 2 行和第 3 行代码调用 set( )函数设置图形参数；第 5、6、7 行代码定义包含三个列的 DataFrame 对象 tips；第 9 行和第 10 行代码调用 relplot( )函数，并由 data 参数指明绘图数据来自于 tips 数据集，x='就餐人数'以字符串形式给出 x 轴数据，y='账单金额'以字符串形式给出 y 轴数据，hue='就餐时段'以就餐时段的不同值（中餐和晚餐）区别数据颜色（此图为浅蓝色和橙色，见二维码中的原图，下同），style='就餐时段'以就餐时段的不同值（中餐和晚餐）区别元素的标记（此图为圆点和叉号），height 参数设定整个图形的大小；第 11 条代码调用 plt.show( )显示图形。运行代码显示出最终绘图结果。

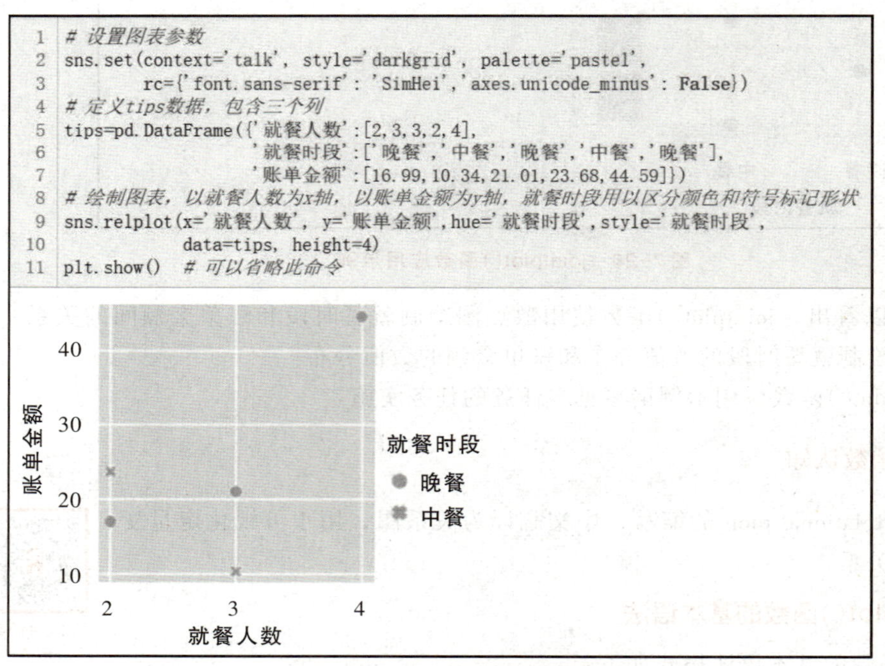

```
1  # 设置图表参数
2  sns.set(context='talk', style='darkgrid', palette='pastel',
3          rc={'font.sans-serif': 'SimHei','axes.unicode_minus': False})
4  # 定义tips数据，包含三个列
5  tips=pd.DataFrame({'就餐人数':[2,3,3,2,4],
6                    '就餐时段':['晚餐','中餐','晚餐','中餐','晚餐'],
7                    '账单金额':[16.99,10.34,21.01,23.68,44.59]})
8  # 绘制图表，以就餐人数为x轴，以账单金额为y轴，就餐时段用以区分颜色和符号标记形状
9  sns.relplot(x='就餐人数', y='账单金额',hue='就餐时段',style='就餐时段',
10             data=tips, height=4)
11 plt.show()   # 可以省略此命令
```

图 7-27 原图

图 7-27　relplot( )函数使用示例

更多 relplot( )函数应用示例请参见本任务的任务实施。

五、catplot( )函数认知

catplot函数认知

catplot 是 Categorical Plots 的缩写，中文翻译为分类图形，主要用于对分类数据进行可视化，即可依据绘图的某个轴对整个数据进行分组统计。

（一）catplot()函数的基本语法

catplot()函数的基本语法格式如下：

seaborn.catplot(x=None, y=None, hue=None, data=None, row=None, col=None, kind='strip', height=5, palette=None)

参数说明：

x、y、hue、data、row、col、kind、height、palette等参数在前面的函数中都出现过，请读者自行查阅相关内容，这里不再赘述。

（二）catplot()函数应用示例

如图7-28所示的代码中，第2行和第3行代码调用set()函数设置图形参数；第5行和第6行代码定义包含两个列的DataFrame对象tips；第8行代码调用catplot()函数，并由data参数指明绘图数据来自于tips数据集，x='性别'以字符串形式给出x轴的分类标签，y='账单金额'以字符串形式给出y轴数据，height参数设定整个图形的大小，palette参数预设了图形颜色；第9条代码调用plt.show()显示图形。运行代码显示出最终绘图结果，此图展示了以性别分组的男女两组账单金额的分布情况。

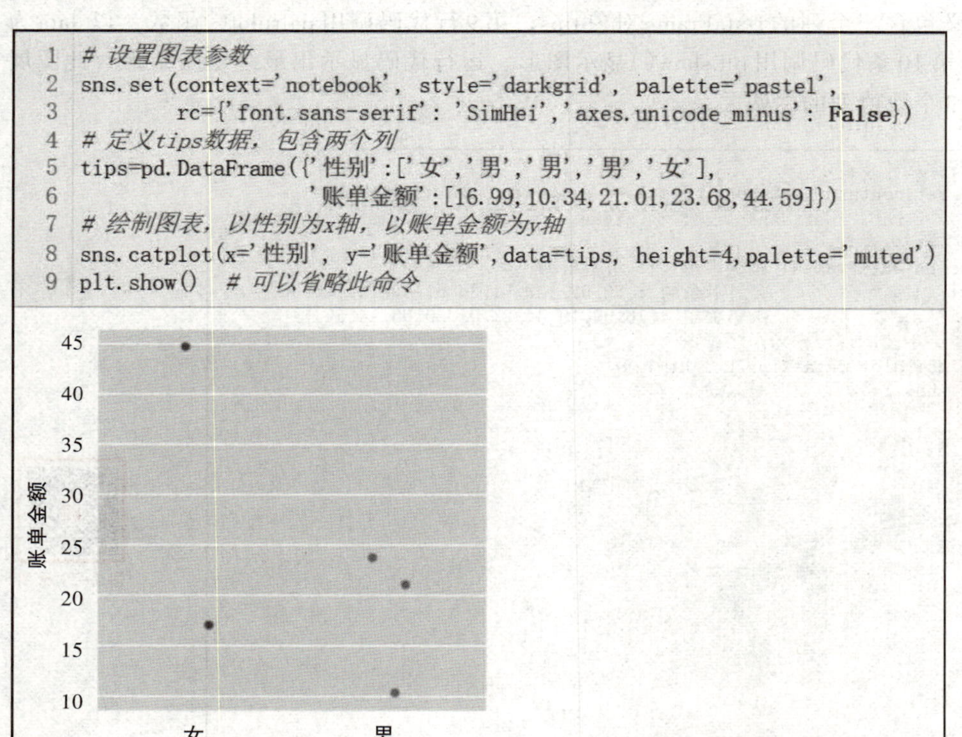

```
1 # 设置图表参数
2 sns.set(context='notebook', style='darkgrid', palette='pastel',
3         rc={'font.sans-serif': 'SimHei','axes.unicode_minus': False})
4 # 定义tips数据，包含两个列
5 tips=pd.DataFrame({'性别':['女','男','男','男','女'],
6                   '账单金额':[16.99,10.34,21.01,23.68,44.59]})
7 # 绘制图表，以性别为x轴，以账单金额为y轴
8 sns.catplot(x='性别', y='账单金额',data=tips, height=4,palette='muted')
9 plt.show()  # 可以省略此命令
```

图7-28原图

图7-28　catplot()函数应用示例

更多catplot()函数应用示例请参见本任务的任务实施。

六、pairplot()函数认知

pairplot()函数可以绘制数据集中每对变量之间的散点图以及每个变量的直方图。在pairplot()函数绘制的图表中，对角线（左上角到右下角）上绘制每个变量的频率分布图，对角线左下方绘制每对变量的关系图，对角线右上方图形与对角线左下方图形沿对角线对称，也是每对变量的关系图。

pairplot函数认知

（一）pairplot()函数的基本语法

pairplot()函数的基本语法格式如下：

seaborn.pairplot(data，hue=None，palette=None，kind='scatter'，height=2.5)

参数说明：

data、hue、palette、kind、height等参数在前面的函数中都出现过，请读者自行查阅相关内容，这里不再赘述。

（二）pairplot()函数应用示例

如图7-29所示的代码中，第2行和第3行代码调用set()函数设置图形参数；第5、6、7行代码定义包含三个列的DataFrame对象tips；第9行代码调用pairplot()函数，以data为绘图数据；第10条代码调用plt.show()显示图形。运行代码显示出最终绘图结果，此图展示了data中3个数值列的两两关系。

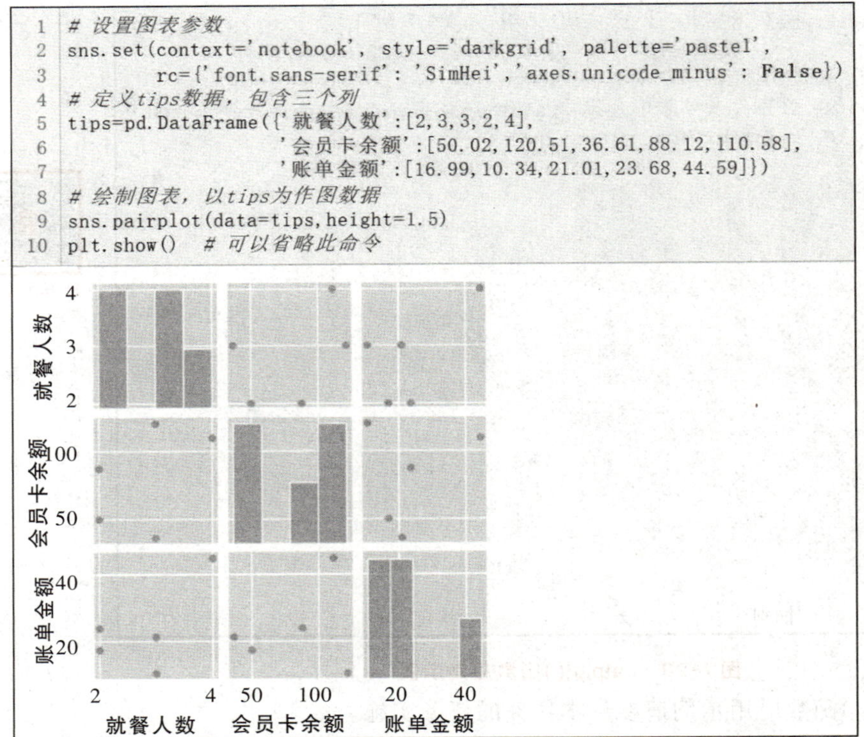

```
1  # 设置图表参数
2  sns.set(context='notebook', style='darkgrid', palette='pastel',
3          rc={'font.sans-serif': 'SimHei','axes.unicode_minus': False})
4  # 定义tips数据，包含三个列
5  tips=pd.DataFrame({'就餐人数':[2,3,3,2,4],
6                     '会员卡余额':[50.02,120.51,36.61,88.12,110.58],
7                     '账单金额':[16.99,10.34,21.01,23.68,44.59]})
8  # 绘制图表，以tips为作图数据
9  sns.pairplot(data=tips,height=1.5)
10 plt.show()   # 可以省略此命令
```

图7-29原图

图7-29　pairplot()函数应用示例

更多pairplot()函数应用示例请参见本任务的任务实施。

任务实施

对运营数据进行可视化分析

本任务包括六大步：第一步，导入相关包，并准备好数据；第二步，使用displot()函数可视化各运营指标的分布；第三步，使用jointplot()函数可视化运营指标间的双元关系；第四步，使用relplot()函数可视化运营指标的关系；第五步，使用catplot()函数基于可分类列可视化运营指标的关系；第六步，使用pairplot()函数可视化运营指标间的成对关系。

一、导入相关包，并准备好数据

步骤1：新建一个Python文件，命名为“项目七-任务二.ipynb”。

步骤2：使用Markdown模式为程序添加一个说明性标题，输入下列内容并运行：

```
### 一、导入相关包,并准备好数据
```

步骤3：导入matplotlib.pyplot包、seaborn包和pandas包。代码如下：

```
import matplotlib.pyplot as plt  # matplotlib绘图包
import seaborn as sns            # seaborn绘图包
import pandas as pd              # pandas数据分析包
```

步骤4：使用Pandas包的read_excel()函数将Excel文件“销售数据表.xlsx”中“运营数据表”工作表的数据导入到df中，并在df中添加销售金额新列，该列的计算公式为：访客数×转化率×客单价。

```
df=pd.read_excel('销售数据表.xlsx',sheet_name='运营数据表')    # 读入数据
df['销售金额']=round(df['访客数']*df['转化率']*df['客单价'],2)
df  # 显示数据
```

运行代码，结果如图7-30所示。

	月份	商品名称	品牌	访客数	转化率	客单价	销售金额
0	1	普通望远镜	品牌-1	278597	0.012660	611.899669	2158214.85
1	1	普通望远镜	品牌-3	286099	0.009716	542.197271	1507152.41
2	1	普通望远镜	品牌-2	172112	0.065067	58.938208	660039.49
3	1	普通望远镜	品牌-4	157945	0.012562	297.718363	590703.83
4	1	普通望远镜	品牌-5	102734	0.017175	190.668095	336417.51
...	...	...	...	...	...	...	...
115	12	垂钓望远镜	品牌-4	10819	0.025218	95.768202	26128.54
116	12	垂钓望远镜	品牌-5	7161	0.007644	95.100709	5205.97
117	12	垂钓望远镜	品牌-1	4247	0.044900	20.766561	3959.98
118	12	垂钓望远镜	品牌-2	4030	0.006766	119.706043	3263.90
119	12	垂钓望远镜	品牌-3	93	0.292860	70.807676	1928.52

120 rows × 7 columns

图7-30 数据集df

二、使用displot()函数可视化各运营指标的分布

步骤1：使用Markdown模式为程序添加说明性标题，输入下列内容并运行：

```
### 二、绘制和分析各运营指标
```

步骤2：设置绘图时使用的中文字体和负号显示方式，为后续绘制图形做好准备。代码如下：

```
plt.rcParams['font.sans-serif']=['SimHei']          # 在图像中以黑体显示中文
plt.rcParams['axes.unicode_minus']=False            # 在图像中正常显示负号
```

运行代码，完成设置。

步骤3：使用seaborn的displot()函数绘制单变量分布图形，查看各变量的数据分布情况。

步骤3.1：绘制“商品名称”列的数据分布。代码如下：

```
sns.displot(df['商品名称'],height=3)
```

其中，参数height用来控制图形大小。运行代码，结果输出如图7-31所示。从图中可以看出，商品名称列共有两种取值（x轴标签）：普通望远镜和垂钓望远镜，两种取值各有60个值（y轴数值，y轴标题Count是计数的意思）。

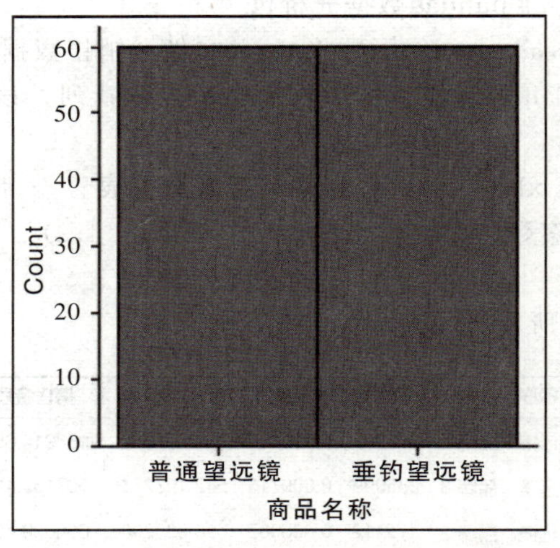

图7-31 “商品名称”列的取值分布

图7-31原图

步骤3.2：绘制“月份”列的取值分布。代码如下：

```
sns.displot(df['月份'],height=3,rug=True)
```

rug=True参数表示将值标记在相应坐标轴上（此处绘制在x轴上），与此值在数据中出现的次数无关。

运行代码，结果输出如图7-32所示。从图中可以看出，落入左起第1个柱子中有2个值（rug在此区间绘制了2个小短线），分别是1和2，代表月份列中的1月和2月，月份列中取值为1和2的共有20个（y轴对应的count值为20）；落入左起第2个柱子中有1个值（rug在此区间绘制了1个小短线），此值是3，代表月份列中的3月，月份列中取值为3的共有10个（y轴对应的count值为10）。其余柱子表示的分布读者可自行解读。

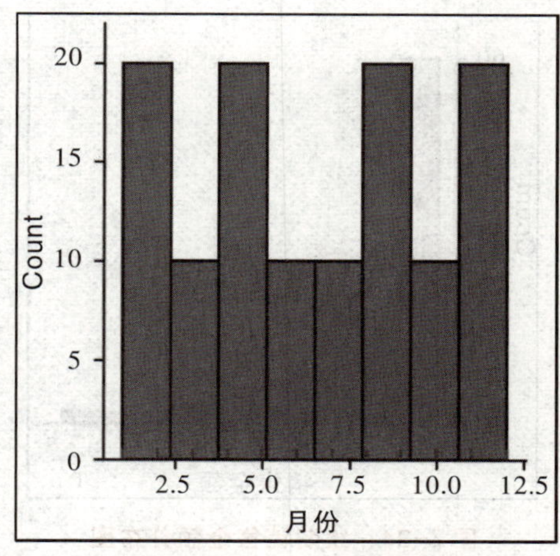

图 7-32　"月份"列的取值分布

步骤 3.3：使用 bins 参数控制直方图的划分，自定义柱子的数量，重新绘制"月份"列的取值分布。代码如下：

```
sns.displot(df['月份'],bins=12,height=3,rug=True)
```

bins 参数设置为 12，表示图中将使用 12 个柱子来表示月份取值的分布。运行代码，结果输出如图 7-33 所示。从图中可以看出，12 个柱子中各有 1 根由 rug 参数绘制的小短线，表明落入每根柱子中只有月份的某 1 个取值，从 y 轴可以看出，每根柱子的高度均为 10，表明每个月份在"月份"列中均出现了 10次。

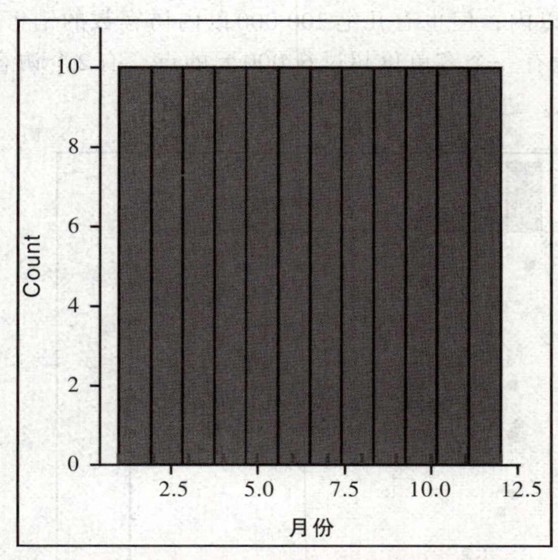

图 7-33　使用 bins 参数控制直方图的划分

步骤 3.4：绘制销售金额的分布图。代码如下：

```
sns.displot(df['销售金额'],kde=True,height=3,rug=True)
```

其中，kde=True 表示在图中显示核密度估计曲线。运行代码，结果输出如图 7-34 所示。从图中可以看出，100万元以下的销售金额占据了大部分。

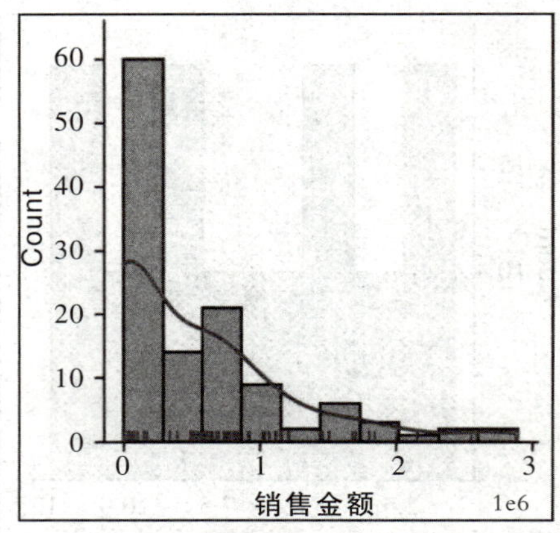

图 7-34　绘制销售金额分布图

三、使用jointplot()函数可视化运营指标间的双元关系

使用seaborn的jointplot()函数绘制双变量分布图形，探究双变量间的分布关系。

步骤1：使用Markdown模式为程序添加说明性标题，输入下列内容并运行：

```
### 三、可视化运营指标间的双元关系
```

步骤2：绘制散点图，展示访客数和客单价之间的关系。代码如下：

```
sns.jointplot(x=df['访客数'], y=df['客单价'], height=4)
```

运行代码，结果输出如图7-35所示。从图中可以看出，400 000以内的访客数贡献的客单价大都在1 000元以内；但也有几笔200 000以内访客数的销售贡献了1 000元以上的客单价；图中很明显地有一个客单价超过6 000元的点，有2个访客数超过400 000的点，用户可以根据这些信息，进一步查看更具体的相关数据。

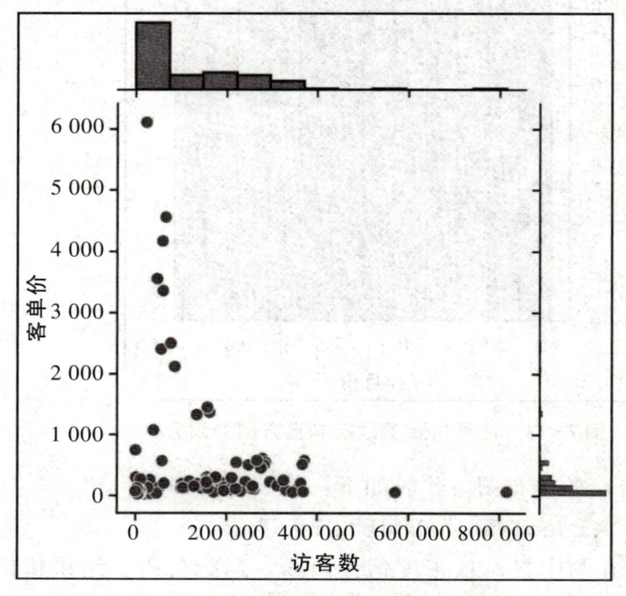

图 7-35　用散点图展示访客数和客单价之间的关系

图 7-35 原图

步骤3：查看客单价超过6 000元的行，代码如下：

```
df[df['客单价']>6000]
```

运行代码，结果输出如图7-36所示。从图中可以看出，超过6 000元的客单价是3月份品牌-1的普通望远镜，该类商品当月访客数为23 312人，销售金额达559 282.83元。

	月份	商品名称	品牌	访客数	转化率	客单价	销售金额
22	3	普通望远镜	品牌-1	23312	0.003926	6111.44139	559282.83

图7-36　查看客单价超过6 000元的行

步骤4：查看访客数超过400 000的行，代码如下：

```
df[df['访客数']>400000]
```

运行代码，结果输出如图7-37所示。从图中可以看出，超过400 000访客数的分别是4月份品牌-2的普通望远镜和11月份品牌-1的普通望远镜，但它们的客单价都很低，仅为几十元。

	月份	商品名称	品牌	访客数	转化率	客单价	销售金额
33	4	普通望远镜	品牌-2	570570	0.024339	56.376681	782903.85
100	11	普通望远镜	品牌-1	815490	0.033957	65.064156	1801709.85

图7-37　查看访客数超过40万人的行

步骤5：绘制转化率和客单价之间的关系图，代码如下：

```
sns.jointplot(x=df['转化率'], y=df['客单价'])
```

运行代码，结果输出如图7-38所示。从图中可以看出，转化率超过0.2的有三个点，但对应的客单价都不高；绝大部分销售记录的客单价都集中在4 000元以下，绝大多数销售记录的转化率都小于0.1。

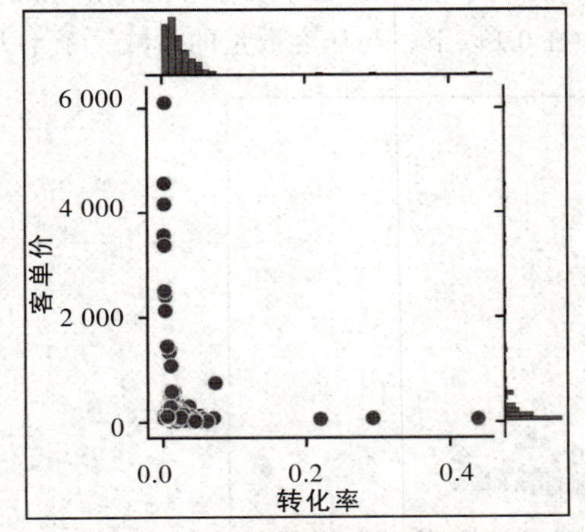

图7-38原图

图7-38　转化率和客单价之间的关系图

步骤6：绘制访客数和销售金额之间的关系，代码如下：

```
sns.jointplot(x=df['销售金额'], y=df['访客数'], kind='kde',height=3)
```

其中，参数kind='kde'指明使用核密度估计来可视化二元分布。运行代码，如果输出如图7-39所示。从图中可以看出销售金额的分布（图表上方）和访客数的分布（图表右方），以及二者的联合密度分布情况。

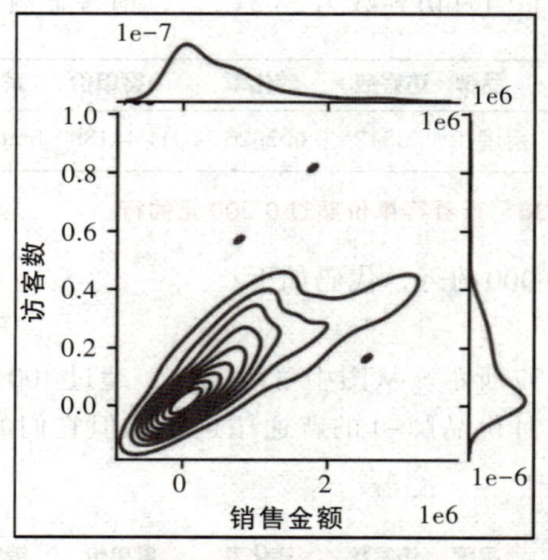

图7-39 访客数和销售金额之间的关系图

图7-39原图

四、使用relplot()函数可视化运营指标的关系

使用seaborn的relplot()函数绘制运营指标的统计关系，了解各运营指标如何相互关联，以及其他指标对关联的影响。

步骤1：使用Markdown模式为程序添加说明性标题，输入下列内容并运行：

```
### 四、可视化运营指标的关系
```

步骤2：使用relplot()函数绘制访客数和转化率间的统计关系。代码如下：

```
sns. relplot(x=df['访客数'], y=df['转化率'],height=3)
```

运行代码，结果输出如图7-40所示。从图中可以看出，转化率和访客数并没有明显的相关关系，即转化率主要集中在0.1以下，与访客数量的增减关系不大。

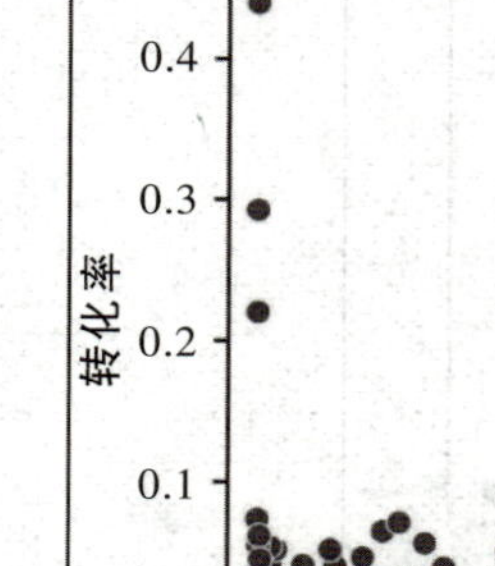

图7-40 访客数和转化率间的统计关系

图7-40原图

步骤3：使用relplot()函数，以“品牌”列来区别不同点的颜色，即将不同品牌的访客数和转化率间的关系用不同颜色的点分别绘制到散点图中。代码如下：

```
sns.relplot(x=df['访客数'], y=df['转化率'],hue=df['品牌'],height=3)
```

运行代码，结果如图7-41所示。

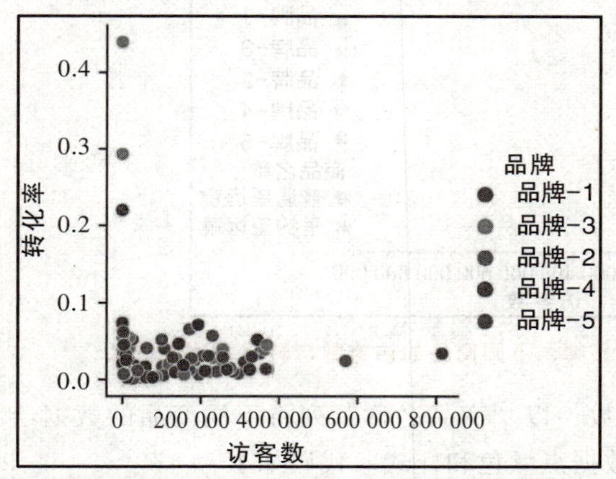

图7-41　绘制不同品牌的访客数与转化率间的关系

图7-41原图

步骤4：使用relplot()函数，以“品牌”列区别点颜色和点样式，将不同品牌的访客数和转化率间的关系用不同颜色、不同形状的标记分别绘制到散点图中。代码如下：

```
sns.relplot(x=df['访客数'], y=df['转化率'],hue=df['品牌'],style=df['品牌'],height=3)
```

运行代码，结果如图7-42所示。从图中可以看出，5种品牌分别使用了不同的符号来表示数据点。

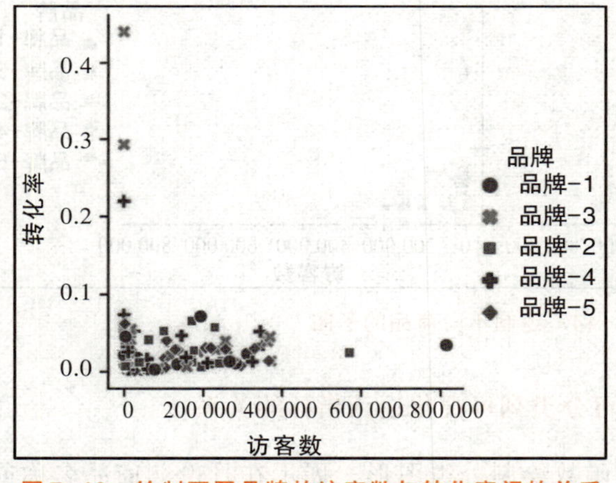

图7-42　绘制不同品牌的访客数与转化率间的关系

图7-42原图

步骤5：使用relplot()函数，以“品牌”列区别点颜色，以“商品名称”区别点样式，将不同品牌、不同商品名称的访客数和转化率间的关系表示为不同颜色、不同标记的数据点。代码如下：

```
sns.relplot(x=df['访客数'], y=np.log(df['销售金额']),hue=df['品牌'],style=df['商品名称'],height=3)
```

运行代码，结果如图 7-43 所示。从图中可以看出，每种不同品牌、不同商品名称的数据行，其访客数和销售金额对应的点都具有不同的颜色和形状。

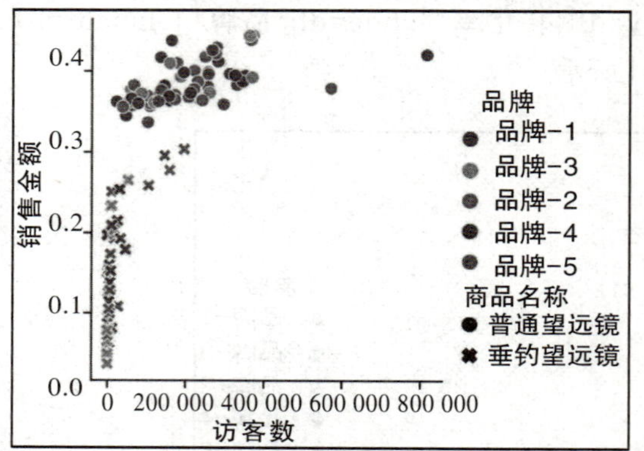

图 7-43 原图

图 7-43 绘制不同品牌、不同商品的访客数与转化率间的关系

步骤 6：使用 relplot( ) 函数，以“商品名称”列将不同商品的数据绘制在不同的子图中，每个子图均以品牌区分数据点颜色和样式。代码如下：

```
sns.relplot(x=df["访客数"], y=df["转化率"], col=df["商品名称"],hue=df["品牌"],style=df["品牌"],height=3)
```

运行代码，结果如图 7-44 所示。从图中可以看出，普通望远镜的访客数通常比垂钓望远镜的访客数多，但垂钓望远镜具有更多的客户转化机会。

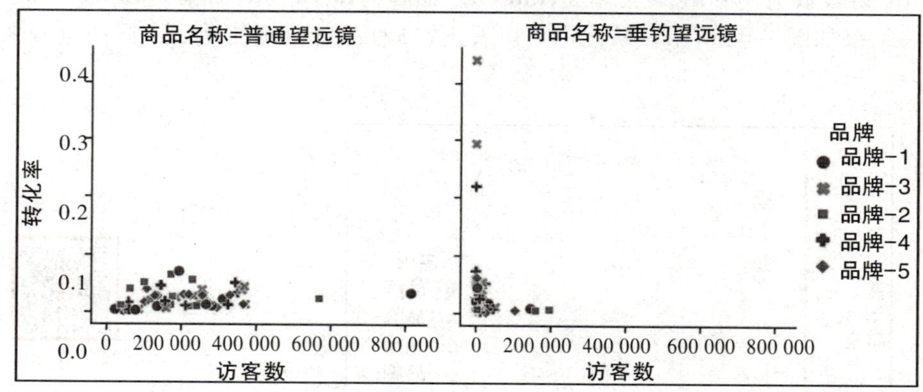

图 7-44 原图

图 7-44 绘制不同商品的子图

五、使用 catplot( ) 函数基于可分类列可视化运营指标的关系

使用 seaborn 的 catplot( ) 函数绘制分类图形，展示在月份、商品名称或品牌等具有可将数据分组的列的作用下，不同数据之间的关系。

步骤 1：使用 Markdown 模式为程序添加说明性标题，输入下列内容并运行：

```
### 五、基于可分类列可视化运营指标的关系
```

步骤 2：绘制散点图，展示各月份普通望远镜的客单价。代码如下：

```
sns.catplot(x='月份', y='客单价', data=df[df['商品名称']=='普通望远镜'], height=3)
```

绘制数据由data参数给出，data=df[df['商品名称']=='普通望远镜']的功能是将普通望远镜数据筛选出来后赋值给data参数，以此作为绘图数据。需要注意的是，在使用data参数的情况下，应直接将列名以字符串形式分别赋值给x参数和y参数。

运行代码，结果输出如图7-45所示。从图中可以看出，普通望远镜的客单价主要集中在1 000元以下，3月出现过最高客单价。

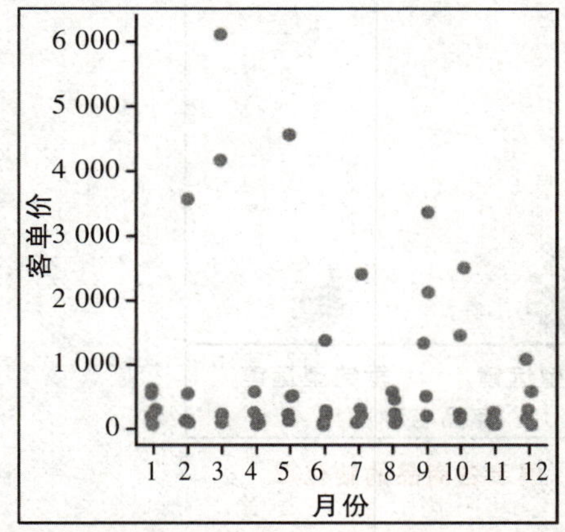

图7-45 原图

图7-45　各月份普通望远镜的客单价变化

步骤3：绘制散点图，展示各月份普通望远镜的各品牌客单价。代码如下：

```
sns.catplot(x='月份', y='客单价', hue='品牌', data=df[df['商品名称']=='普通望远镜'],
height=3)
```

运行代码，结果输出如图7-46所示。从图中可以看出，不同品牌的普通望远镜使用了不同颜色进行展示。

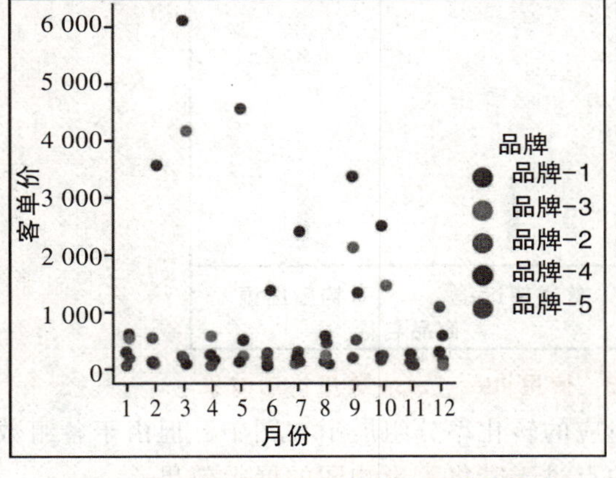

图7-46 原图

图7-46　各月份普通望远镜的各品牌客单价

步骤4：绘制散点图，展示自7月以来各商品的转化率。代码如下：

```
sns.catplot(x='商品名称', y='转化率', data=df[df['月份']>6], height=3)
```

data参数指定绘图数据为df[df['月份']>6]，其中，df['月份']>6表示筛选出大于6月的数据行；x参数和y参数以字符串形式指定绘图列的列名。

运行代码，结果输出如图7-47所示。可以看出，catplot()函数将属于各商品类别的所有点进行了轻微的随机抖动，以使数据点分散开来，提高观测效果。

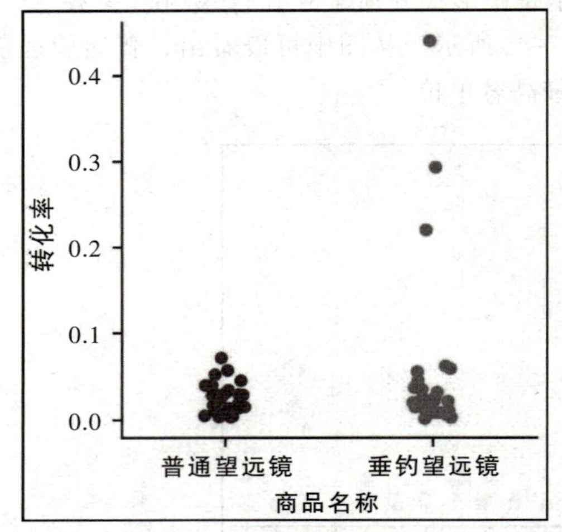

图7-47原图

图7-47 展示各商品的转化率

【知识拓展】

在catplot（）函数中使用jitter=False可以禁用点的抖动效果，若使用代码sns.catplot（x='商品名称'，y='转化率'，data=df[df['月份']>6]，height=3，jitter=False），则图形效果如图7-48所示。对比图7-47可以看出，对数据点进行轻微抖动可以提高可视化效果。

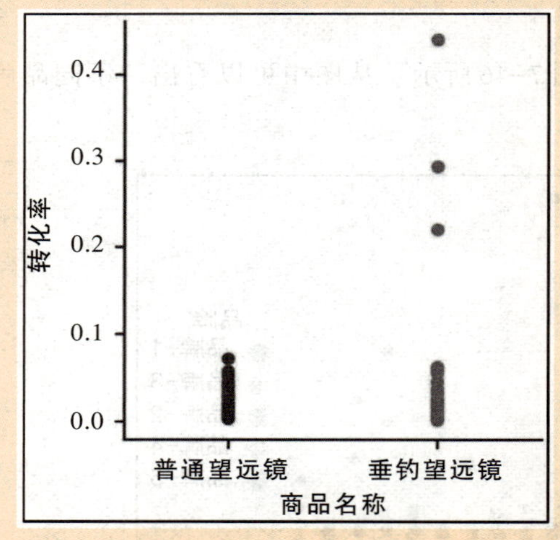

图7-48原图

图7-48 使用jitter=False禁用抖动效果

本步骤将两种商品各自对应的转化率分组展示在图中，但由于各组数据较多，且转化率分布比较集中，因此图中的点过于密集，影响图的展示效果。

步骤5：在catplot()函数中使用kind='swarm'参数实现数据点抖动分布。代码如下：

```
sns.catplot(x='商品名称',y='转化率',kind='swarm', data=df[df['月份']>6], height=3)
```

运行代码，结果输出如图7-49所示。可以看出，kind='swarm'参数将属于各商品类别的所有点进行了轻微的随机抖动，使数据点分散开来，提高了观测效果。

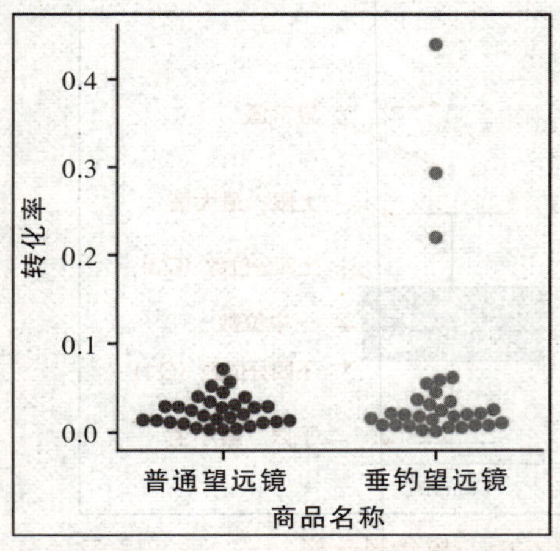

图 7-49 原图

图 7-49　使用 kind='swarm' 参数实现数据点抖动分布

【思考】

如何使用 catplot( ) 函数展示各品牌的转化率？如何使用 catplot( ) 函数展示各月的转化率？

步骤 6：在 catplot( ) 函数中使用 kind='box' 参数绘制各品牌箱线图。代码如下：

```
sns.catplot(x='品牌', y='转化率', kind='box', data=df)
```

运行代码，结果输出如图 7-50 所示。从图中可以看出，箱线图（详细释义如图 7-51 所示）显示了转化率数据分布的三个四分位数值和极值，“胡须”延伸至位于下四分位数和上四分位数的 1.5 IQR［四分位距，第三四分位数（Q3）和第一四分位数（Q1）之间的差值］内的点，超出此范围的观察值被独立显示。明显地，除了品牌-2，其余品牌均有极值出现。

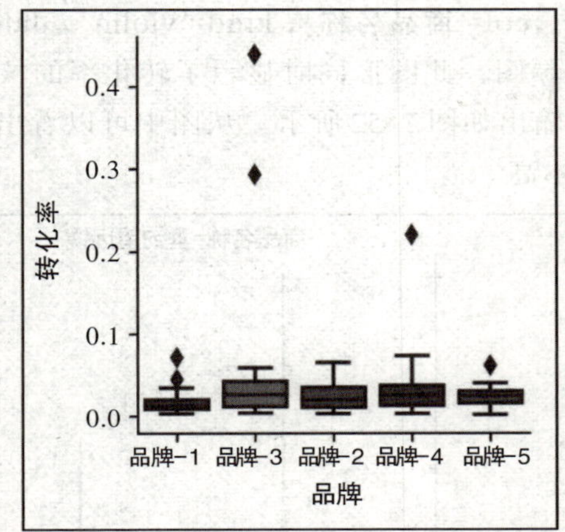

图 7-50 原图

图 7-50　使用 kind='box' 参数绘制各品牌箱线图

【思考】

如何绘制各月销售金额分类箱线图？

【知识拓展】

箱线图由箱子和线条组成，箱子展示了数据的四分位数范围，线条则显示了数据的极值情况，如图 7-51 所示。

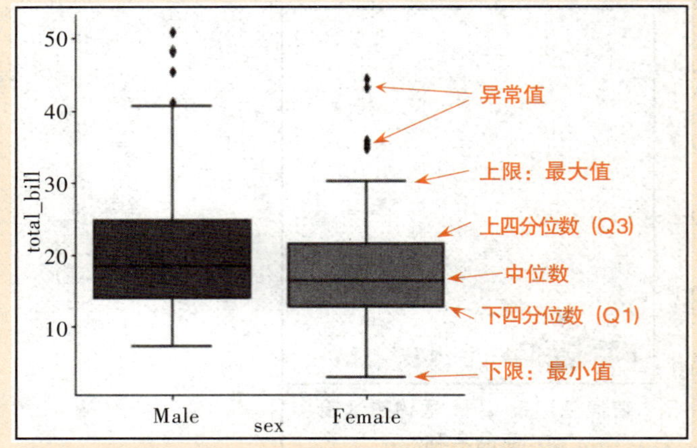

图 7-51 原图

图 7-51　箱线图示例

箱子的上下边界分别代表了数据的上四分位数（Q3）和下四分位数（Q1），箱子中间的水平线代表中位数。上下边界之外的线条分别称为上限（Upper Whisker）和下限（Lower Whisker），它们通常显示了数据的最大值和最小值，但可能会有一些异常值被排除在上下限之外。

箱子上下边界间的距离表示Q1至Q3之间的范围（称为四分位距），反映了数据中间 50% 的分布情况。箱子的宽度反映了数据的离散程度，较宽的箱子表示数据分布较分散，较窄的箱子表示数据较集中。

箱线图在数据分析中常用于比较不同组别或不同情况下的数据分布，观察数据的中心位置、离散程度和异常值情况。此种图可以帮助人们快速了解数据的基本特征，并识别可能存在的异常值或数据分布的偏态（对称分布：中位线在箱子中间；右偏分布：中位数更靠近下四分位数；左偏分布：中位数更靠近上四分位数）。

步骤 7：在 catplot( ) 函数中使用 kind='violin' 参数展示两种商品各品牌的转化率分布。代码如下：

```
sns.catplot(x='品牌',y='转化率',col='商品名称',kind='violin',data=df)
```

kind='violin' 指明图形是小提琴图，此图形同时显示了转化率的核密度估计、箱线图的四分位数等。运行代码，结果输出如图 7-52 所示。从图中可以看出，垂钓望远镜的转化率变动范围较大，但分布密度不高。

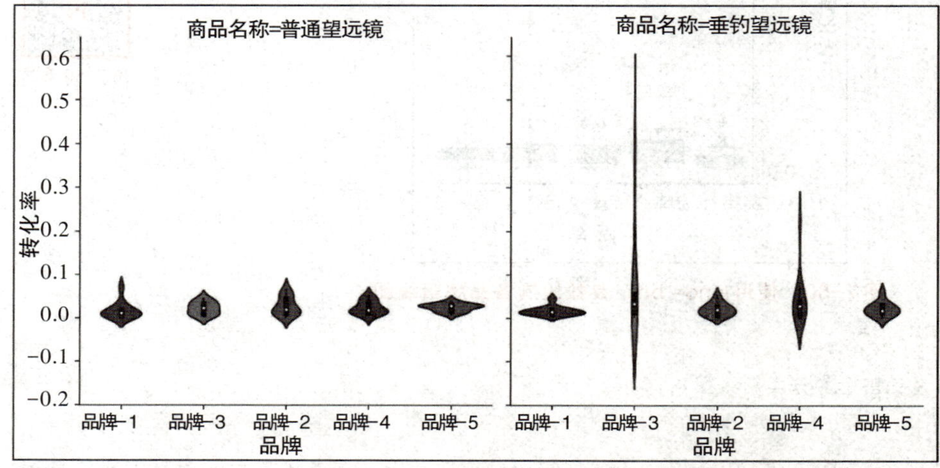

图 7-52 原图

图 7-52　使用 kind='violin' 参数展示两种商品各品牌的转化率分布

【知识拓展】

小提琴图用来展示多组数据的分布状态以及概率密度，此种图表结合了箱线图和密度图的特征，主要用来显示数据的分布形状。小提琴图的内部是箱线图，外部包裹的是核密度图，某区域图形面积越大，表示某个值附近分布的概率越大。

箱线图只能查看有关数据的基本分布信息，如中位数（图7-52中的白点）、平均值、四分位数、最大值和最小值，但不会显示数据在整个范围内的分布。如果数据的分布有多个峰值（即数据分布极其不均匀），那么箱线图就无法展现这一信息，而小提琴图却可以用外部的核密度图进行展示。

步骤8：以不同颜色对比展示两种商品各品牌的转化率分布。代码如下：

```
sns.catplot(x='品牌',y='转化率',hue='商品名称',kind='violin',split=True,data=df)
```

kind='violin'表明catplot()函数将绘制小提琴图。在此小提琴图中，hue参数指明针对不同的商品使用不同的颜色进行显示，当hue参数指定的列只有两种取值时，可以使用split=True将violins拆分成两半，这样可以更有效地利用空间展示数据。

运行代码，结果输出如图7-53所示。从图中可以清晰地看出各种商品不同品牌的转化率分布及对比情况。

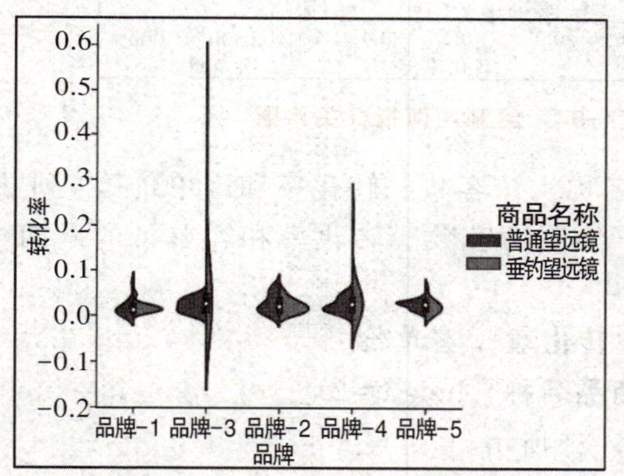

图7-53　以不同颜色对比展示两种商品各品牌的转化率分布

图7-53原图

六、使用pairplot()函数可视化运营指标间的成对关系

使用seaborn的pairplot()函数绘制运营指标间的成对关系，即绘制多个成对的双变量分布，探究各运营指标间的成对分布关系。

步骤1：使用Markdown模式为程序添加说明性标题，输入下列内容并运行：

```
### 六、可视化运营指标间的成对关系
```

步骤2：使用访客数、转化率和客单价3列数据，绘制两两指标关系图。代码如下：

```
sns.pairplot(data=df.iloc[:,[3,4,5]],height=2)
```

df.iloc[:,[3,4,5]]从df数据集中提取列索引为3、4、5的数据列，pairplot()函数绘制出这3个列的两两配对关系图。

运行代码，结果输出如图7-54所示。从图中可以看出，pairplot()函数创建了一个轴矩阵，并显示了访客数、转化率和客单价3列数据两两成对的关系，同时，它还绘制了对角轴上每个变量的单变量分布。

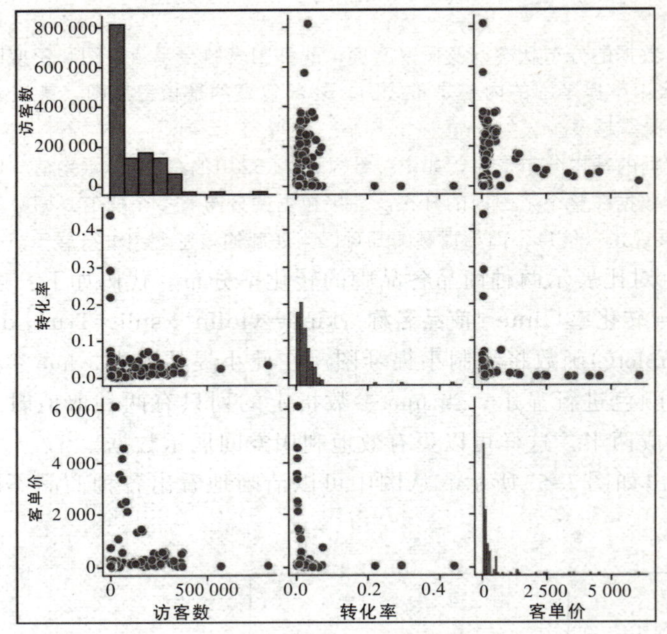

图 7-54 原图

图 7-54　绘制两两指标关系图

步骤3：从df中提取商品名称、访客数、转化率和客单价等4列数据作为绘图数据，以商品名称列作为颜色区分，绘制访客数、转化率和客单价的两两指标关系图。代码如下：

```
df1=df[['商品名称','访客数','转化率','客单价']]
sns.pairplot(data=df1, hue='商品名称',height=2)
```

运行代码，结果输出如图7-55所示。

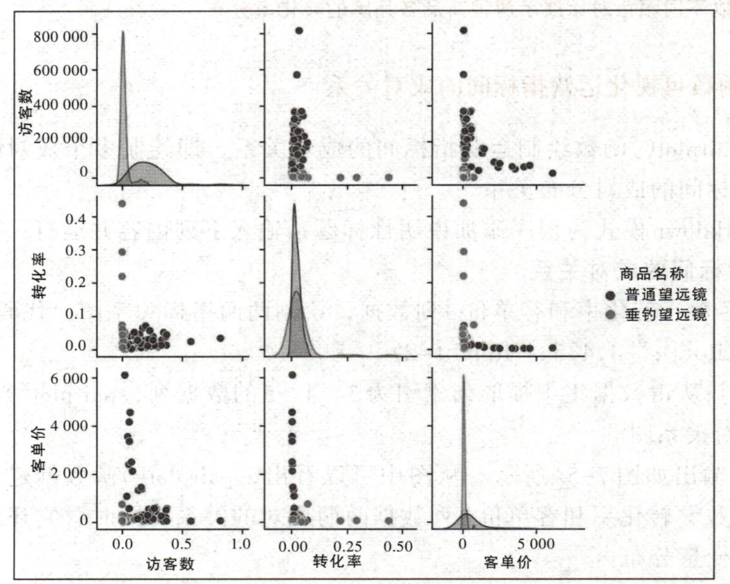

图 7-55 原图

图 7-55　绘制不同商品的访客数、转化率和客单价两两指标关系

【思考】

如何绘制不同品牌的访客数、转化率和客单价两两指标关系？

项目小结

本项目围绕垂钓一派电子商务有限公司2023年普通望远镜和垂钓望远镜两种商品全年运营数据的可视化分析等任务，讲解了Pandas常用计算函数、分析函数、分组统计函数和Seaborn可视化分析函数等知识，以及使用这些知识完成运营数据计算和可视化分析任务的技术和技能，夯实未来成为企业数字员工的基本数字素养，提升数字胜任力。

素质提升

数字化时代，培养自身的数据分析能力和使用图表展示数据的能力是提升数字胜任力的关键。青年学生应积极学习数据分析的方法和工具，善于运用Pandas常用计算函数、分析函数和分组统计函数，深入挖掘数据背后的规律和信息；应学会选择合适的图表类型，准确、直观地展示数据，使复杂的信息一目了然。同时，要培养自身严谨的思维和科学的态度，确保所展示数据的准确性和可靠性。

实战演练

一、单项选择题

1. 有如图7-56所示的数据集data，现要求分组计算每个公司（company）薪资（salary）的最大值，下列代码中正确的是（　　）。

	company	age	salary
0	A	32	12
1	B	25	25
2	B	43	23
3	C	22	26
4	A	18	16
5	A	28	40
6	C	42	46
7	C	23	14

图7-56　数据集data

A. groupby_obj = data.groupby('salary').['company']. max()

B.groupby_obj = data.groupby('salary').max()

C.groupby_obj = data.groupby('company')['salary']. max()

D.groupby_obj = data.groupby('company').max()

2.有如图7-57所示的数据集df，下面代码中，可以对利润总额作统计性描述的是（　　）。

	报表日期	一、营业总收入	二、营业总成本	三、营业利润	四、利润总额	五、净利润
0	2024-06-30	576690.84	101388.93	-21628.35	-47157.95	-67324.31
1	2024-03-31	16408.10	12334.87	-25977.06	-74450.92	-63979.53
2	2023-12-31	592183.30	36365.84	80593.73	47218.00	38761.38
3	2023-09-30	931203.34	921402.41	-22819.97	-14735.20	-82876.30
4	2023-06-30	523059.66	236908.65	-65533.90	-41068.55	-63807.76

图7-57　数据集df

A. df[2:3]. describe()　　B. df['利润总额']. describe()

C. df['四、利润总额']. describe()　　D. df.iloc[3]. describe()

3.在计算相关系数时，以下函数中可以计算多个变量之间的相关系数的是（　　）。

A. corr()　　B. cor()　　C. describe()　　D. plot()

4.使用 Seaborn 包进行数据可视化时，通常需要先将其导入。以下导入语句正确的是（　　）。

A. import sns　　B. import matplotlib.pyplot as plt

C. import seaborn as sns　　D. 以上都不对

5.以下函数中，不是Seaborn包中的绘图函数的是（　　）。

A. displot()　　B. jointplot()　　C. relplot()

D. catplot()　　E. pairplot()　　F. corr()

二、实操题

1.请根据下面代码定义的data对象，按要求编写代码。

```
import pandas as pd
df_obj = pd.DataFrame([[102,12,12,122],[212,22,222,22],[330,313,133,353],[15,
15,50,51]], columns=['a','b','c','d'])
```

（1）分别计算每列和每行的和。

（2）分别计算每列的最大值和每行的最大值。

（3）计算每行的平均值。

（4）计算每列的中位数。

（5）计算每列的众数。

（6）对data作统计描述。

2.素材文件“滑雪装备运营数据.xlsx”中存放了某公司2023年9月至12月的运营数据，根据此文件，按下列要求编写代码：

（1）将“滑雪装备运营数据.xlsx”中的“滑雪装备”工作表数据读入DataFrame对象

df中。

（2）计算各月、各品牌、各商品的销售额。

（3）按日期对df进行分组，并计算各月的销售总额。

（4）使用displot()函数可视化商品名称列的数据分布。

（5）使用jointplot ()函数可视化访客数和销售金额之间的关系。

（6）使用relplot()函数可视化不同品牌的访客数和转化率间的关系。

（7）使用catplot()函数展示12月份各商品的转化率。

（8）使用pairplot()函数可视化访客数、转化率、客单价和销售额4列数据两两成对的关系。

项目八 时间序列分析及可视化

学习目标

【知识目标】

- 理解时间序列和时间序列分析
- 掌握时间序列中的时间数据处理
- 掌握季节性分解函数 seasonal_decompose( )的用法

【技能目标】

- 能编写 Python 程序，实现对时间序列指标值的描述分析及可视化展示
- 能编写 Python 程序，实现对时间序列的季节性分解及分解结果的可视化展示

【素质目标】

- 培养学生的数据敏感度和逻辑思维能力，使其能够从大量的时间序列数据中提炼出有价值的信息
- 提升学生的问题解决能力，使其能够运用所学的统计和数据分析方法，有效地解决时间序列分析中的实际问题

项目说明

现有 CRHC 公司自 2019 年 1 月 1 日至 2023 年 12 月 31 日的历史股票交易数据和自 2015 年 12 月 31 日至 2023 年 12 月 31 日间的净利润数据。请编写 Python 程序，对该公司自上市以来的历史股票数据进行描述性统计和可视化展示，并对该公司的历史净利润数据进行季节性分解和可视化展示，帮助投资者理解该公司股票的走势、波动情况和整体趋势，并结合其净利润表现来发现该公司未来的盈利情况，辅助投资者做出更明智的投资决策，同时

帮助该公司改进业务运营和财务策略。

本项目包括以下两项任务：

1. 编写Python程序，实现历史股票数据的描述性统计及可视化展示；
2. 编写Python程序，实现历史净利润的季节性分解及可视化展示。

任务一　编程实现股票数据的描述性统计及可视化展示

任务分析

CRHC公司自2019年1月1日至2023年12月31日的历史股票交易数据保存在“CRHC.csv”文件中，其中包含交易日期、开盘价、收盘价、成交量（股）、成交额（元）和换手率等数据，如图8-1所示（限于篇幅，仅展示部分数据）。

	A	B	C	D	E	F
1	交易日期	开盘价	收盘价	成交量（股）	成交额（元）	换手率
2	2019/1/2	8.98	8.84	49188653	434483384	0.214632
3	2019/1/3	8.84	9.04	52822840	472865415	0.230489
4	2019/1/4	8.96	9.19	66147349	600451510	0.28863
5	2019/1/7	9.31	9.23	69171342	644319544	0.301825
6	2019/1/8	9.19	9.3	46528541	433666284	0.203025
7	2019/1/9	9.41	9.17	56709983	528678922	0.247451
8	2019/1/10	9.14	9.04	46424198	420898385	0.202569
9	2019/1/11	9.07	9.04	34479666	311041189	0.15045
10	2019/1/14	9	9.03	26649964	240628004	0.116286
11	2019/1/15	9.06	9.07	39253332	354824862	0.17128
12	2019/1/16	9.07	9.01	33580869	303232390	0.146528
13	2019/1/17	9.05	8.92	28694752	257457779	0.125208
14	2019/1/18	8.96	8.97	32912119	294816928	0.14361
15	2019/1/21	8.93	8.95	33154331	297556119	0.144667
16	2019/1/22	8.96	8.91	34695191	308934690	0.15139

图8-1　CRHC公司历史股票数据

为了帮助CRHC公司对其历史股票数据进行分析，本任务将基于Pandas对股票数据进行描述性统计，并绘制可视化图形，为该公司及潜在投资者观察股票数据的分布形态和变化趋势，进而为进行决策提供辅助。

相关知识

时间序列分析在现代数据分析领域占据着举足轻重的地位，其重要性不仅体现在对数据的深入挖掘和理解上，更在于能够揭示数据背后的趋势、周期性以及潜在规律。尤其在金融、营销、经济等领域，时间序列分析都具有至关重要的应用价值。

一、时间序列和时间序列分析

时间序列是数据科学领域中的一个核心概念，它指的是按照时间顺序排列的一系列数据或变量的集合。这些数据或变量可以是任何类型，如经济指标、天气变化、股票价格等。时间序列分析则是对这些数据进行统计分析和预测的方法，旨在揭示其中的规律和趋势，以便进行预测和决策。

时间序列数据具有几个显著的特点。首先，时间维度是关键，同样的变量在不同时间点上具有不同的取值。其次，时间序列数据具有趋势、季节性、周期性和随机性等特征。这些特征使得时间序列分析需要采用特定的方法和模型来捕捉数据的动态性和复杂性。

在时间序列分析中，常用的方法包括趋势分析、季节性分析、周期性分析和随机性分析等。通过这些方法，可以识别时间序列数据中的不同成分，并构建合适的模型来预测未来的数据。此外，时间序列模型的选择也是非常重要的，需要根据数据的特性和分析目标来选择合适的模型。

二、时间序列中的时间数据处理

在数据处理和分析过程中，时间数据往往是一个非常重要的组成部分。Pandas库提供了强大的时间处理功能，可以方便地对DataFrame中的时间数据进行各种操作。

（一）to_datetime()函数认知

Pandas的to_datetime()函数用于将各种日期和时间的表示形式转换为Pandas的日期时间类型。这种转换对于时间序列数据的处理和分析至关重要。

to_datetime 函数认知

to_datetime()函数可以接受多种输入格式，包括字符串、整数、列表、Series、DataFrame等，并尝试将它们转换为日期时间类型。to_datetime()函数的基本语法为：

```
pandas.to_datetime(arg)
```

其中，arg参数是要转换的数据，可以是字符串、列表、Series、DataFrame或其他Python数据结构。

如图8-2所示的示例展示了如何使用to_datetime()函数将字符串类型的数据转换为日期时间类型。其中，(a) 图定义了包含一个名为date_str列的DataFrame数据df。(b) 图输出了date_str列第0行的值的数据类型。(c) 图调用to_datetime()函数将df['date_str']列的数据类型转换为日期时间类型，并将转换的数据以新列date_datetime追加到数据集df中。(d) 图输出了date_datetime列的第0行的值的数据类型。

对比 (b) 图和 (d) 图，可以看出date_str列的数据类型为字符串类型（<class'str'>），而date_datetime列的数据类型为日期时间类型（'pandas._libs.tslibs.timestamps.Timestamp'）。

```
import pandas as pd
# 创建包含日期字符串的DataFrame
data = {'date_str': ['2024-01-01', '2024-02-15', '2024-03-20']}
df = pd.DataFrame(data)
df
```

	date_str
0	2024-01-01
1	2024-02-15
2	2024-03-20

（a）定义数据集 df

```
# 输出某个值的数据类型
print(f"{df['date_str'][0]}的数据类型为{type(df['date_str'][0])}")
```

```
2024-01-01的数据类型为<class 'str'>
```

（b）date_str 列第 0 行的值的数据类型

```
# 将字符串类型的列转换为datetime类型
df['date_datetime'] = pd.to_datetime(df['date_str'])
# 输出转换后的DataFrame
df
```

	date_str	date_datetime
0	2024-01-01	2024-01-01
1	2024-02-15	2024-02-15
2	2024-03-20	2024-03-20

（c）调用 to_datetime()函数实现数据类型转换

```
# 输出转换后的某个值的数据类型
print(f"{df['date_datetime'][0]}的数据类型为{type(df['date_datetime'][0])}")
```

```
2024-01-01 00:00:00的数据类型为<class 'pandas._libs.tslibs.timestamps.Timestamp'>
```

（d）date_datetime 列的第 0 行的值的数据类型

图 8-2　to_datetime()函数示例 1

（二）日期时间数据的属性认知

日期时间数据的属性认知

日期时间类型的数据具有的常见属性见表 8-1，可以利用这些属性从日期时间数据中提取相应的信息。

表 8-1　　日期时间数据的常见属性

属性名称	描述	类型
year	年份	int
month	月份（1—12）	int
day	一个月中的第几天（1—31）	int
hour	小时（0—23）	int
minute	分钟（0—59）	int
second	秒（0—59）	int
date	返回日期部分	datetime.date
time	返回时间部分	datetime.time

可以从某个特定的日期时间数据中提取这些属性值，也可以从某个Series数据中提取所有值的这些属性值。图 8-3 所示的为从 DataFrame 对象 df_dt 中提取相关属性值的示例。其中，图 8-3（a）定义了包含一个名为 datetime_str 列的 DataFrame 数据 df_dt。图 8-3（b）调用 to_datetime( )函数将 df_dt ['datetime_str']列的数据类型转换为日期时间类型，并将转换的数据以新列 datetime_dt 追加到数据集 df_dt 中。图 8-3（c）提取 datetime_dt 列第 0 行元素的相关属性。图 8-3（d）提取 datetime_dt 列的相关属性，并将提取到的数据分别作为新列追加到 df_dt 中，最后输出一个包含 8 列的数据集。

```
# 定义包含一个列的DataFrame对象df_dt，注意值的数据类型是字符串型
df_dt = pd.DataFrame({'datetime_str': ['2024-05-01 10:30:45',
                                       '2024-05-02 11:45:56',
                                       '2024-05-03 12:59:59']})
df_dt
```

	datetime_str
0	2024-05-01 10:30:45
1	2024-05-02 11:45:56
2	2024-05-03 12:59:59

图 8-3（a）定义数据集 df_dt

```
# 使用pd.to_datetime函数将字符串型转换为日期时间类型
df_dt['datetime_dt'] = pd.to_datetime(df_dt['datetime_str'])
df_dt
```

	datetime_str	datetime_dt
0	2024-05-01 10:30:45	2024-05-01 10:30:45
1	2024-05-02 11:45:56	2024-05-02 11:45:56
2	2024-05-03 12:59:59	2024-05-03 12:59:59

图 8-3（b）调用 to_datetime( )函数实现数据类型转换

```
# 提取datetime_dt列第0行元素的相关属性
year=df_dt['datetime_dt'][0].year     # 提取年
month=df_dt['datetime_dt'][0].month    # 提取月
day=df_dt['datetime_dt'][0].day        # 提取日
hour=df_dt['datetime_dt'][0].hour      # 提取小时
minute=df_dt['datetime_dt'][0].minute # 提取分钟
second=df_dt['datetime_dt'][0].second # 提取秒
print(f'时间列的第0个元素是{year}年{month}月{day}日{hour}时{minute}分{second}秒')
```

```
时间列的第0个元素是2024年5月1日10时30分45秒
```

图 8-3（c）从 datetime_dt 列的第 0 行的值中提取相关属性

```
# 提取整列的相关属性，DataFrame的单列都是Series对象
df_dt['year']=df_dt['datetime_dt'].dt.year       # 提取年，生成新列year
df_dt['month']=df_dt['datetime_dt'].dt.month     # 提取月，生成新列month
df_dt['day']=df_dt['datetime_dt'].dt.day         # 提取日，生成新列day
df_dt['hour']=df_dt['datetime_dt'].dt.hour       # 提取小时，生成新列hour
df_dt['minute']=df_dt['datetime_dt'].dt.minute   # 提取分钟，生成新列minute
df_dt['second']=df_dt['datetime_dt'].dt.second   # 提取秒，生成新列second
df_dt
```

	datetime_str	datetime_dt	year	month	day	hour	minute	second
0	2024-05-01 10:30:45	2024-05-01 10:30:45	2024	5	1	10	30	45
1	2024-05-02 11:45:56	2024-05-02 11:45:56	2024	5	2	11	45	56
2	2024-05-03 12:59:59	2024-05-03 12:59:59	2024	5	3	12	59	59

图 8-3（d）从 datetime_dt 列提取相关属性并生成新列

图 8-3　to_datetime( )函数示例 2

注意对比图 8-3（c）和图 8-3（d），从某个单一日期时间数据中提取相关属性时，只需直接调用日期时间对象的相关属性（如图 8-3（c），代码 df_dt['datetime_dt'][0].year 提取第 1 列第 0 行数据的“年”属性）；而从某个 Series 中提取所有元素的相关属性时，则需使用 .dt 访问器才能提取全列所有日期时间数据的相关属性（如图 8-3（d），代码 df_dt['datetime_dt']. dt.year 对第 1 列所有值提取“年”属性）。

任务实施

本任务包括四大步：第一步，导入 CRHC 公司股票数据；第二步，将交易日期列的值类型转换为日期时间类型；第三步，对开盘价列数据作基本统计描述；第四步，绘制 CRHC 公司股票分析图。

一、导入 CRHC 公司股票数据

股票数据的描述性统计及可视化展示

步骤 1：新建一个 Python 文件，命名为“项目八-任务一.ipynb”。

步骤 2：使用 Markdown 模式为程序添加一个说明性标题，输入下列内容并运行：

```
### 一、导入CRHC公司股票数据
```

步骤 3：导入 pandas、seaborn 及 matplotlib.pyplot 包。代码如下：

```
import pandas as pd; import seaborn as sns; import matplotlib.pyplot as plt
```

注意，代码中分号（;）的作用是分隔同一行中的多个不同Python语句。

步骤4：使用pandas的pd.read_csv()方法读入"CRHC.csv"文件中的数据，并将读取到的数据存储在DataFrame对象df中。代码如下：

```
df = pd.read_csv('CRHC.csv',encoding='GB2312')
df
```

其中，read_csv()函数中的参数encoding='GB2312'用于指定所读取文件的编码格式。

运行代码，结果如图8-4所示。

	交易日期	开盘价	收盘价	成交量（股）	成交额（元）	换手率
0	2019/1/2	8.98	8.84	49188653	434483384.0	0.214632
1	2019/1/3	8.84	9.04	52822840	472865415.0	0.230489
2	2019/1/4	8.96	9.19	66147349	600451510.0	0.288630
3	2019/1/7	9.31	9.23	69171342	644319544.0	0.301825
4	2019/1/8	9.19	9.30	46528541	433666284.0	0.203025
...	...	...	...	...	...	...
1209	2023/12/25	5.18	5.20	37136300	192508603.5	0.152600
1210	2023/12/26	5.21	5.19	33939171	176509833.7	0.139500
1211	2023/12/27	5.21	5.19	35708574	185231173.4	0.146800
1212	2023/12/28	5.20	5.25	72308391	377799084.5	0.297200
1213	2023/12/29	5.23	5.26	59498723	312736191.7	0.244600

1214 rows × 6 columns

图8-4　导入股票数据

【思考】

在读入"CRHC.csv"文件数据时，若不指定encoding='GB2312'，是否能成功读入数据？

【知识拓展】

GB2312是中华人民共和国国家标准简体中文字符集，全称《信息交换用汉字编码字符集·基本集》。它是由中国国家标准总局发布，于1981年5月1日开始实施。这个字符集主要用于简体中文的计算机处理和信息交换。

GB2312收录了大量的简化汉字及一般符号、序号、数字、拉丁字母、日文假名、希腊字母、俄文字母、汉语拼音符号、汉语注音字母等，共计7 445个图形字符。其中，汉字占6 763个，包括一级汉字3 755个，二级汉字3 008个。

GB2312在中国大陆和新加坡等地得到了广泛的使用。随着信息技术的不断发展，为了满足更多字符的需求，后来又出现了GBK、GB18030等扩展字符集。这些字符集在GB2312的基础上增加了更多的汉字和其他字符，以支持更广泛的文字处理和信息交换需求。

二、将交易日期列的值类型转换为日期时间类型

步骤1：使用Markdown模式为程序添加说明性标题，输入下列内容并运行：

```
### 二、将交易日期列的值类型转换为日期时间类型
```

步骤2：检查df各列的数据类型，代码如下：

```
df.dtypes # 检查df各列数据类型
```

运行代码，结果输出如图8-5所示。从图中可以看出，交易日期列是Pandas的object类型。

```
交易日期          object
开盘价           float64
收盘价           float64
成交量（股）         int64
成交额（元）       float64
换手率           float64
dtype: object
```

图8-5　检查df各列的数据类型

步骤3：检查df中某个值的数据类型，代码如下：

```
type(df['交易日期'][0]) # 检查df中某个值的数据类型
```

运行代码，结果输出：str，说明交易日期列中第0行的值是字符串类型。

步骤4：调用Pandas的to_datetime()函数将交易日期列所有值的数据类型转换为日期时间类型。代码如下：

```
df['交易日期'] = pd.to_datetime(df['交易日期'])
df.tail()        # 显示后5行数据
```

运行代码，结果输出如图8-6所示。

	交易日期	开盘价	收盘价	成交量（股）	成交额（元）	换手率
1209	2023-12-25	5.18	5.20	37136300	192508603.5	0.1526
1210	2023-12-26	5.21	5.19	33939171	176509833.7	0.1395
1211	2023-12-27	5.21	5.19	35708574	185231173.4	0.1468
1212	2023-12-28	5.20	5.25	72308391	377799084.5	0.2972
1213	2023-12-29	5.23	5.26	59498723	312736191.7	0.2446

图8-6　转换数据类型后的df后5行数据

三、对开盘价列数据作基本统计描述

步骤1：使用Markdown模式为程序添加说明性标题，输入下列内容并运行：

```
### 三、对开盘价列数据作基本统计描述
```

步骤2：使用describe()函数对开盘价列作描述性统计。代码如下：

```
df['开盘价']. describe()
```

运行代码，结果如图8-7所示。

```
count    1214.000000
mean        6.296771
std         1.086560
min         4.660000
25%         5.510000
50%         6.090000
75%         6.737500
max         9.720000
Name: 开盘价, dtype: float64
```

图 8-7　开盘价的描述性统计

四、绘制CRHC公司股票分析图

步骤1：使用Markdown模式为程序添加说明性标题，输入下列内容并运行：

```
### 四、绘制 CRHC 公司股票分析图
```

步骤2：设置图形参数，代码如下：

```
plt.rcParams['font.sans-serif'] = ['SimHei']    # 在图像中以黑体显示中文
plt.rcParams['axes.unicode_minus'] = False    # 在图像中正常显示负号
```

运行代码，完成参数设置。

步骤3：绘制开盘价直方图。使用Seaborn的displot()函数，以开盘价为数据绘制直方图与核密度估计图。代码如下：

```
sns.displot(df['开盘价'], bins=30, kde=True, height=5, aspect=1.5)  # 绘制直方图
plt.title('开盘价直方图与核密度估计图', fontsize=16)  # 添加标题,字号大小为16
plt.xlabel('股票价格')        # 设置横坐标标签
plt.ylabel('频数')            # 设置纵坐标标签
plt.show()                    # 显示图表
```

绘制图形的displot()函数中，参数df['开盘价']给出了绘图数据；bins=30表示绘制30个矩形（直方条）；kde=True表示在绘制直方图的同时，绘制核密度估计曲线，以利于估计概率密度；height=5设置图形高度为5英寸；aspect=1.5设置图形的宽高比为1.5（即宽度是高度的1.5倍）。

plt.title()、plt.xlabel()、plt.ylabel()等函数分别为图形添加标题、横坐标标签和纵坐标标签。

运行代码，结果输出如图8-8所示。图中，横轴代表股票开盘价格，纵轴代表在各个价格区间内的观察次数或频率。由横轴上出现在5附近和6附近的矩形条较高可以得知，股票收盘价较多集中在相对较低的价格区间内，高价位收盘价出现次数相对较少。同时，核密度曲线反映了开盘价呈左偏分布现象，表明市场对该股票的价值有一个相对较低的认知或预期。

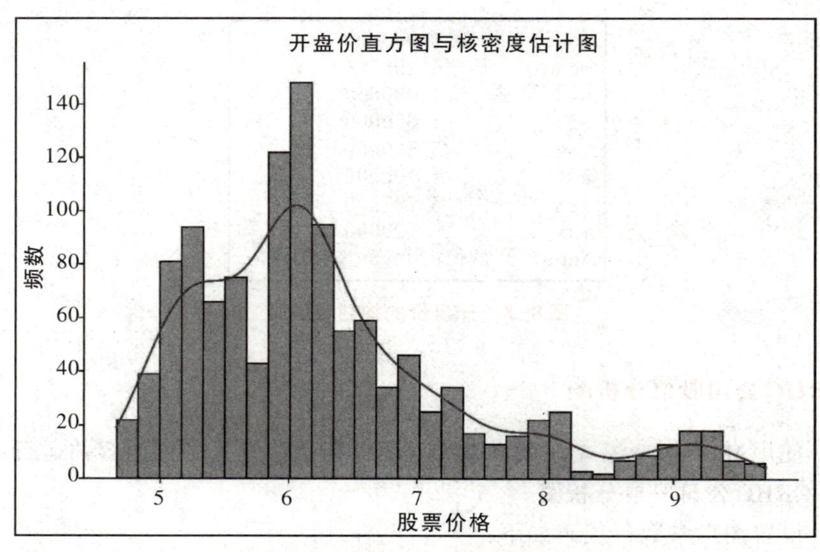

图 8-8　开盘价直方图与核密度估计图

步骤4：绘制开盘价时序图。使用Seaborn的relplot()函数绘制以时间为横轴、开盘价为纵轴的折线图，以观察股票开盘价按时间变化的趋势。代码如下：

```
sns.relplot(x=df['交易日期'], y=df['开盘价'], kind='line', height=5, aspect=1.5)
# 绘制时序图
plt.title('股票开盘价走势图', fontsize=16) # 设置图表标题
plt.xlabel('时间')        # 设置x轴标签
plt.ylabel('开盘价')      # 设置y轴标签
plt.grid(True)            # 显示网格线
plt.show()                # 显示图表
```

绘制图形的relplot()函数中，参数x= df['交易日期']给出了绘制图形所用的横轴数据，y=df['开盘价']给出了绘图图形所用的纵轴数据；kind='line'表示绘制折线图；height=5设置图形高度为5英寸；aspect=1.5设置图形的宽高比为1.5（即宽度是高度的1.5倍）。

plt.title()、plt.xlabel()、plt.ylabel()等函数分别为图形添加标题、横坐标标签和纵坐标标签；plt.grid()函数表示在图形中显示网络线。

运行代码，结果输出如图8-9所示。从图中可以清晰地看到过去5年中股票开盘价的显著波动。在经历2019年初的短暂上升后，股票开盘价逐渐走低，直至2021年逐渐平稳。然而，在2022年又出现轻微下滑，到了2023年，股票开盘价先升后降，波动明显。总体来看，该股票的开盘价并未展现出稳定的上升或下降趋势，而是呈现出频繁的上下波动，这凸显了市场对该股票价值的不确定性。对于投资者而言，此类信息极为关键，有助于人们更深入地把握市场动态，从而制定出更为合理的投资策略。

图 8-9 原图

图 8-9　绘制开盘价时序图

步骤 5：绘制收盘价时序图。使用 Seaborn 的 relplot()函数绘制以时间为横轴、收盘价为纵轴的折线图，以观察股票收盘价按时间变化的趋势。代码如下：

```
sns.relplot(x=df['交易日期'],y=df['收盘价'],kind='line',height=5, aspect=1.5,
        hue=df['交易日期']. dt.year)          # 绘制收盘价时序图
plt.title('股票收盘价走势图', fontsize=16)    # 设置图表标题
plt.xlabel('时间')                  # 设置 x 轴标签
plt.ylabel('收盘价')                # 设置 y 轴标签
plt.grid(True)                      # 显示网格线
plt.show()                          # 显示图表
```

绘制图形的 relplot()函数中，参数 hue=df['交易日期']. dt.year 表示以不同的交易年份对折线图颜色进行区分。其他参数同前述图形，这里不再赘述。

运行代码，结果输出如图 8-10 所示。从图中可以看出，5 个年份的收盘价分别使用不同颜色的折线绘制，相比图 8-9，此图的时间特性更加明显。

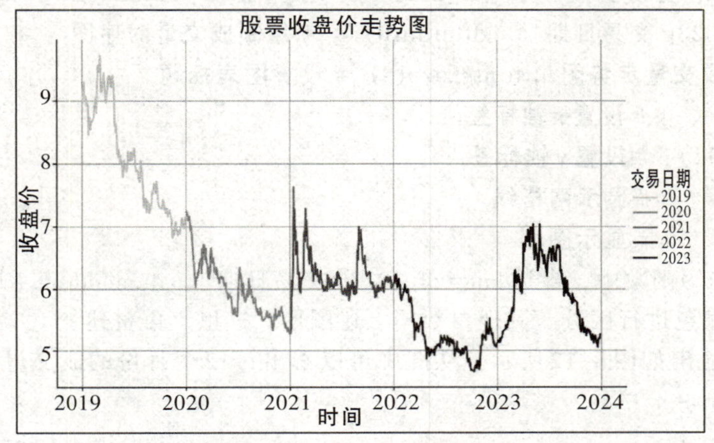

图 8-10 原图

图 8-10　绘制收盘价时序图

步骤6：绘制成交量时序图。

步骤6.1：从df中提取出2023年的股票交易数据。代码如下：

```
df_2023=df[df['交易日期']. dt.year==2023]
df_2023
```

代码首先对df进行条件查询，以df['交易日期']. dt.year==2023为条件筛选出2023年的交易数据，并将筛选结果保存到df_2023中。运行代码，结果输出如图8-11所示。

	交易日期	开盘价	收盘价	成交量（股）	成交额（元）	换手率
972	2023-01-03	5.11	5.13	31856010	163352051.7	0.1309
973	2023-01-04	5.13	5.16	36280183	186870662.6	0.1491
974	2023-01-05	5.16	5.16	33584407	173437383.1	0.1380
975	2023-01-06	5.16	5.14	36174216	186191967.3	0.1487
976	2023-01-09	5.15	5.15	23194983	119644048.8	0.0953
...	...	...	...	...	...	...
1209	2023-12-25	5.18	5.20	37136300	192508603.5	0.1526
1210	2023-12-26	5.21	5.19	33939171	176509833.7	0.1395
1211	2023-12-27	5.21	5.19	35708574	185231173.4	0.1468
1212	2023-12-28	5.20	5.25	72308391	377799084.5	0.2972
1213	2023-12-29	5.23	5.26	59498723	312736191.7	0.2446

242 rows × 6 columns

图8-11　筛选出2023年的交易数据

步骤6.2：使用Seaborn的relplot()函数绘制以时间为横轴、成交量为纵轴的折线图，以观察股票成交量按时间变化的趋势。代码如下：

```
sns.relplot(x=df_2023['交易日期'],y=df_2023['成交量(股)'],kind='line',height=5,
aspect=1.5,hue=df_2023['交易日期']. dt.month)    #绘制成交量时序图
plt.title('2023年股票成交量走势图', fontsize=16) #设置图表标题
plt.xlabel('时间')             #设置x轴标签
plt.ylabel('成交量(股)')       #设置y轴标签
plt.grid(True)                 #显示网格线
plt.show()                     #显示图表
```

绘制图形的relplot()函数中，参数hue= df_2023['交易日期']. dt.month表示以2023年各交易月份对折线图颜色进行区分。其他参数同上述图形，这里不再赘述。

运行代码，结果输出如图8-12所示。从图中可以看出，12个月份的成交量分别使用了不同的颜色进行绘制。

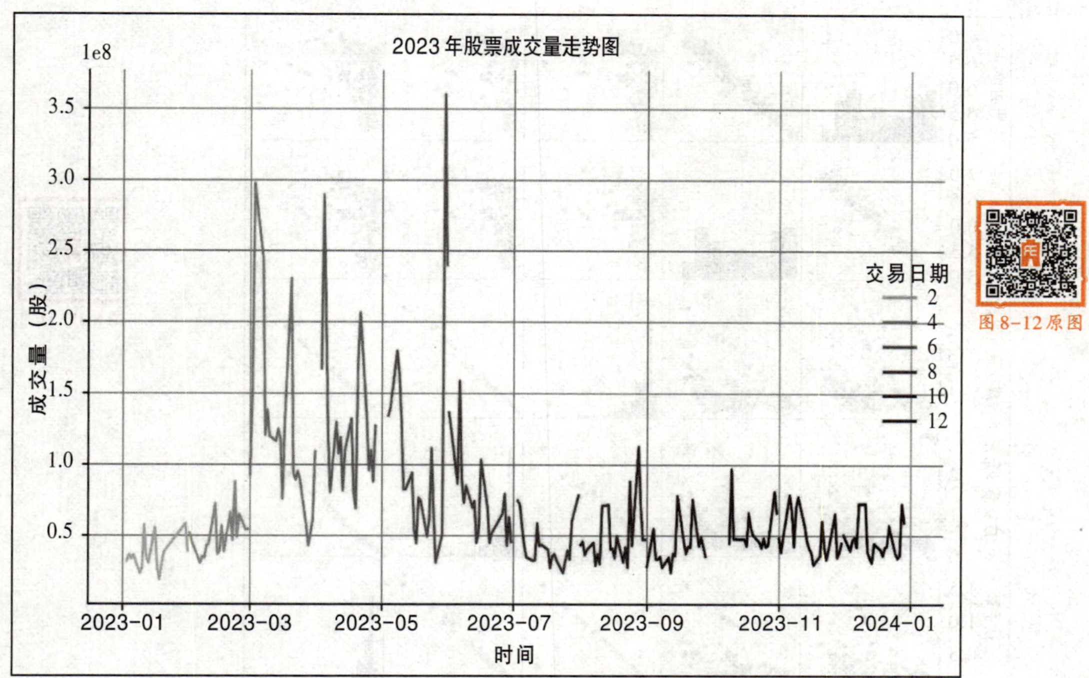

图 8-12　绘制成交量时序图

【思考】

想一想，此图反映了2023年成交量的什么变化趋势?

步骤7：绘制2023年两两指标间的关系图（除交易日期外）。代码如下：

```
# 绘制2023年两两指标间的关系图(除交易日期外)
sns.pairplot(data=df_2023.iloc[:,1:],height=2)
plt.show() # 显示图表
```

代码中，df_2023.iloc[:,1:]表示从df_2023中提取第1列至最后一列的所有数据，即提取“开盘价”“收盘价”“成交量（股）”“成交额（元）”“换手率”等5列数据，并以此数据作为pairplot()函数的绘图数据。运行代码，结果输出如图8-13所示。依据图中两两指标的散点图，可以分析判断开盘价与收盘价之间的价格变动关系、成交量与成交额之间的交易活跃度和资金流动的关系、换手率与成交量或成交额之间的股票流动性关系等。

步骤8：直接以2019年至2023年间的开盘价、收盘价、成交量（股）、成交额（元）、换手率等为pairplot()函数的作图数据，绘制各指标两两关系图。代码如下：

```
sns.pairplot(data=df.iloc[:,1:],height=2)   # 绘制两两指标间的关系图,除交易日期外
plt.show()    # 显示图表
```

代码中，df.iloc[:,1:]表示从df中提取第1列至最后一列的所有数据，即提取“开盘价”“收盘价”“成交量（股）”“成交额（元）”“换手率”等5列数据，并以此数据作为pairplot()函数的绘图数据。运行代码，结果输出如图8-14所示。

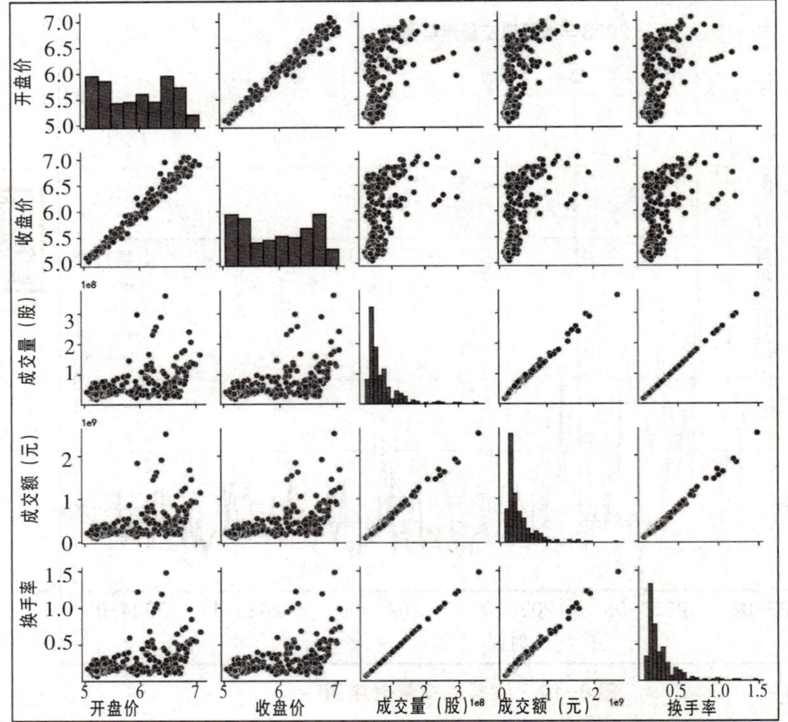

图 8-13 原图

图 8-13 绘制 2023 年两两指标间的关系图

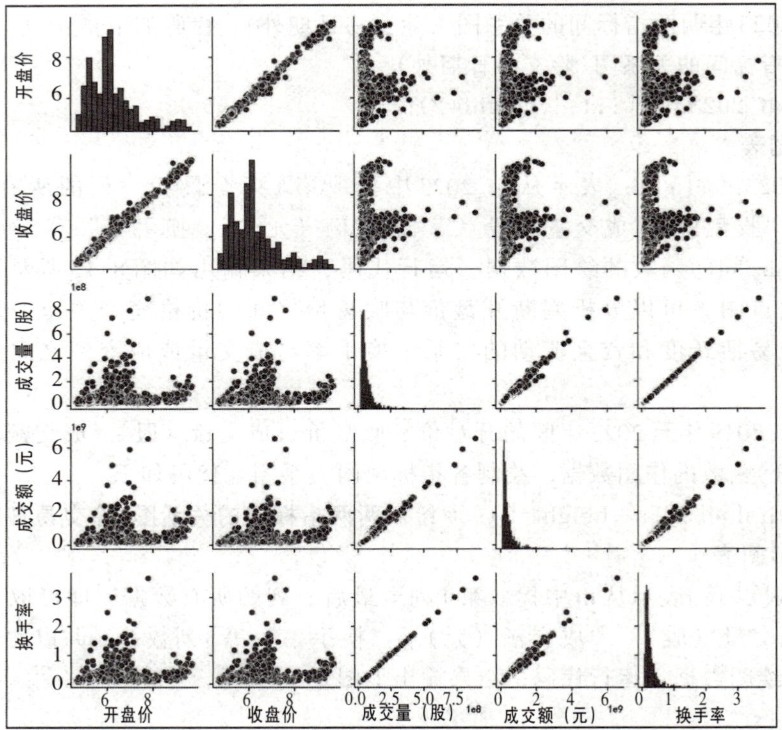

图 8-14 原图

图 8-14 绘制两两指标间的关系图

【思考】

若使用如下代码从df中提取出2023年12月的交易数据，那么该如何绘制该月收盘价的时序图？从此图中能发现怎样的变动趋势？

df_2023_12=df[(df['交易日期'].dt.year==2023)&(df['交易日期'].dt.month==12)]

任务二　编程实现净利润数据的季节性分解及可视化展示

任务分析

CRHC公司自2015年12月31日至2023年12月31日间的历史净利润数据保存在“CRHC_Profit.xlsx”文件中，其中包含报表日期和净利润两列数据，如图8-15所示（限于篇幅，仅展示部分数据）。由原数据可以看出，此数据是典型的时间序列。为了帮助该公司对净利润进行分析，本任务将利用季节性分解方法，把净利润分解为体现净利润长期趋势的部分、随季节波动的部分及不规则波动部分，为公司测定影响净利润的各类因素、研究净利润数值变化的原因提供辅助。

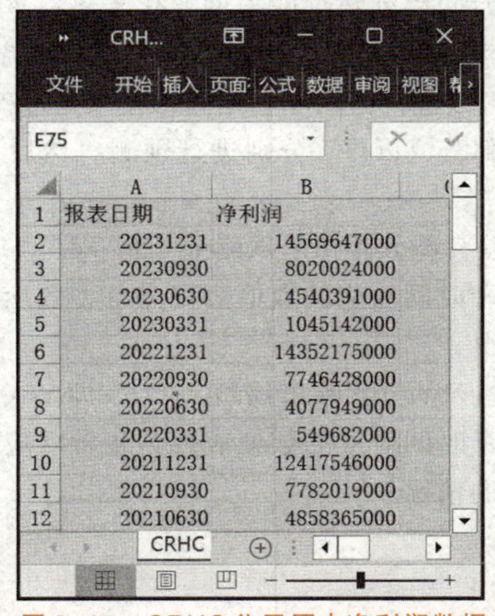

	A	B
1	报表日期	净利润
2	20231231	14569647000
3	20230930	8020024000
4	20230630	4540391000
5	20230331	1045142000
6	20221231	14352175000
7	20220930	7746428000
8	20220630	4077949000
9	20220331	549682000
10	20211231	12417546000
11	20210930	7782019000
12	20210630	4858365000

图8-15　CRHC公司历史净利润数据

相关知识

一、Statsmodels库的时间序列季节性分解

Statsmodels库的时间序列季节性分解

（一）Statsmodels库认知

Statsmodels库是一个功能强大且灵活的Python统计建模和数据分析工具集。它提供了丰富的统计模型和函数，帮助研究人员和数据科学家在Python环境中执行复杂的统计分析任务。特别是在时间序列分析方面，Statsmodels展现出了卓越的性能。

要使用Statsmodels库，首先需确保该库已正确安装在Python环境中。对于使用

Anaconda发行版的用户，Statsmodels库通常已经预装。在Anaconda Navigator中启动Python环境后，可以通过以下代码导入Statsmodels库：

```
import statsmodels.api as sm    # 导入Statsmodels库
```

这行代码的作用是在当前Python环境中导入Statsmodels库的api模块，并使用sm作为别名。通过这个别名，用户可以访问Statsmodels库中的各种函数和类。

此外，Statsmodels库中的tsa（Time Series Analysis，时间序列分析）模块专注于时间序列分析，提供了各种时间序列模型和工具。可以使用以下代码导入该模块：

```
import statsmodels.tsa.api as tsa    # 导入时间序列分析模块
```

（二）时间序列的季节性分解

在时间序列分析中，趋势是指数据在较长一段时间内呈现出的总体上升或下降方向，反映了数据的长期变化规律。趋势分析对于理解时间序列数据的长期发展方向和速度至关重要，有助于预测未来的数据变化。

季节性则是指时间序列数据在固定周期内呈现出的重复性或周期性波动。这种波动通常是由外部因素（如气候、节假日、政策调整等）引起的。季节性分解是一种常用的时间序列分析方法，旨在将时间序列数据分解为趋势（T(t)）、季节性（S(t)）和残差（e(t)）三个部分。其中，趋势部分反映了时间序列数据的长期变化趋势，季节性部分则揭示了数据在固定周期内的周期性波动规律，而残差部分则包含了除趋势和季节性以外的其他随机波动。

利用季节性分解的结果可以进行时间序列预测。在预测过程中，可将趋势部分（T(t)）、季节性部分（S(t)）和残差部分（e(t)）分别进行预测，然后再将它们相加或相乘得到最终的预测值。

若将趋势、季节性和残差三部分相加来预测Y（t），即 $Y(t)=T(t)+S(t)+e(t)$，则称为加法模型，即时间序列中各个时间对应的数值表现为各种效应之和；此模型适用于季节性变动不随趋势水平变化的情况。

若将趋势、季节性和残差三部分相乘来预测Y（t），即 $Y(t)=T(t)*S(t)*e(t)$，则称为乘法模型，即时间序列中各个时间对应的数值表现为各种效应之积；此模型适用于季节性变动随趋势水平成比例变化的情况。

【注意】

1.本部分内容中出现的t代表时间。

2.在进行季节性分解时，需要根据数据的特性选择合适的模型。对于具有明显季节性波动的时间序列数据，季节性分解可以帮助人们更好地理解数据的周期性变化规律，并据此制定相应的战略和计划。

（三）时间序列的季节性分解示例

若将某商店的月销售数据视为时间序列数据，并聚焦于3月份的销售额，即320 000元，这一数据可以细致地拆分为三个独立却相互影响的组成部分：趋势、季节性和残差。接下来通过加法模型和乘法模型，详细阐述这三个组成部分如何共同影响3月份的销售额。

1.用加法模型解释3月份的销售额

在加法模型中，3月的销售额被视为趋势、季节性和残差三个部分的线性叠加。

趋势部分代表了由于市场扩张和顾客基础增长所带来的长期、稳定的销售额增长。这部分是一个随时间变化的数值，通常呈现出正值，因为它反映了销售额在整体上的上升趋势。

季节性部分体现了商店在特定月份（如3月作为旺季）的周期性销售额波动。由于3月是商店的旺季，季节性部分也呈现出正值，这反映了春季促销活动、消费者购物习惯等因素对销售额的积极影响。

残差部分是在排除了趋势和季节性因素后，由其他不可预测因素（如天气变化、突发事件等）引起的随机波动。这部分的值可能为正也可能为负，具体取决于当月各种随机因素的综合影响。

因此，在加法模型中，3月的销售额可以表示为：销售额（3月）= 趋势部分 + 季节性部分 + 残差部分。

2.用乘法模型解释3月份的销售额

在乘法模型中，3月的销售额被视为趋势、季节性和残差三个部分的乘积。

趋势部分与加法模型中的解释相同，它代表了长期、稳定的销售额增长，是一个正值乘数因子。

季节性部分同样与加法模型中的解释相同，它体现了商店在特定月份的周期性销售额波动，也是一个正值乘数因子。

乘法模型中的残差部分通过一个与销售额相乘的系数来体现，这个系数可能大于1（增加销售额）、小于1（减少销售额）或等于1（无影响）。

因此，在乘法模型中，3月的销售额可以表示为：销售额（3月）= 趋势部分 × 季节性部分 × 残差部分。这种乘法关系反映了在实际销售中，各个因素通常是相互关联、共同作用的，而不仅仅是简单的相加关系。

通过对这两个模型的解释，我们可以更深入地理解3月份销售额的构成，并为未来的销售策略制定提供有力的支持。

（四）利用seasonal_decompose()函数实现时间序列的季节性分解

在statsmodels库的tsa.seasonal模块中，seasonal_decompose()函数是一个用于时间序列分解的工具，此函数可以将时间序列数据分解为趋势、季节性和残差三个部分。

1.seasonal_decompose()函数基本语法

seasonal_decompose()函数的基本语法如下：

```
result = seasonal_decompose(x, model='additive', period=None , extrapolate_trend=
                            None)
```

其中：

（1）x参数表示要进行季节性分解的时间序列数据，通常是一个Pandas的Series对象，其中包含了时间序列的观测值。

（2）model参数用于指定季节性分解的模型类型，可以是'additive'（加法模型）或'multiplicative'（乘法模型）。默认值为'additive'。

（3）period参数用于指定时间序列的季节性周期。若x是Pandas的Series或DataFrame对象，并且这些对象的行标签索引具有明确的频率信息，则seasonal_decompose()通常能够自动检测周期。

（4）extrapolate_trend参数用于指定在时间序列的开始和结束处外推趋势成分的点数。如果设置为None，则不进行外推；如果设置为正整数，则进行相应点数的外推。默认值为None。

2. 使用 seasonal_decompose( )函数对时间序列数据进行季节性分解示例

使用seasonal_decompose( )函数对时间序列数据按加法模型进行季节性分解的示例如图8-16所示。

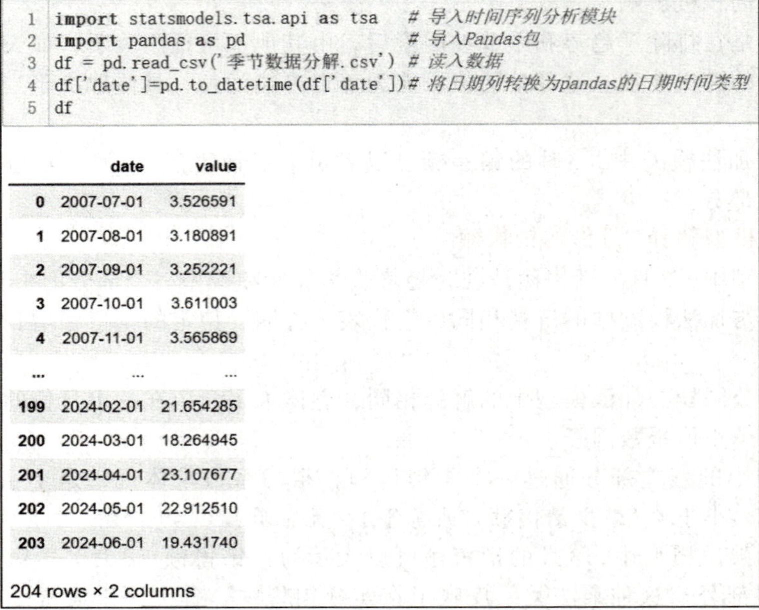

```
import statsmodels.tsa.api as tsa    # 导入时间序列分析模块
import pandas as pd                   # 导入Pandas包
df = pd.read_csv('季节数据分解.csv')  # 读入数据
df['date']=pd.to_datetime(df['date'])# 将日期列转换为pandas的日期时间类型
df
```

	date	value
0	2007-07-01	3.526591
1	2007-08-01	3.180891
2	2007-09-01	3.252221
3	2007-10-01	3.611003
4	2007-11-01	3.565869
...	...	...
199	2024-02-01	21.654285
200	2024-03-01	18.264945
201	2024-04-01	23.107677
202	2024-05-01	22.912510
203	2024-06-01	19.431740

204 rows × 2 columns

图 8-16（a）导入包和原始数据

```
# 调用seasonal_decompose()函数进行季节性分解，模型为加法模型
# 由于行标签索引不是时间序列，因而需用period参数指出时间周期
result1 = tsa.seasonal_decompose(df['value'], model='additive',
                    period=12, extrapolate_trend=1)
result1
```

<statsmodels.tsa.seasonal.DecomposeResult at 0x189a54036a0>

图 8-16（b）对 df 按加法模型进行季节性分解

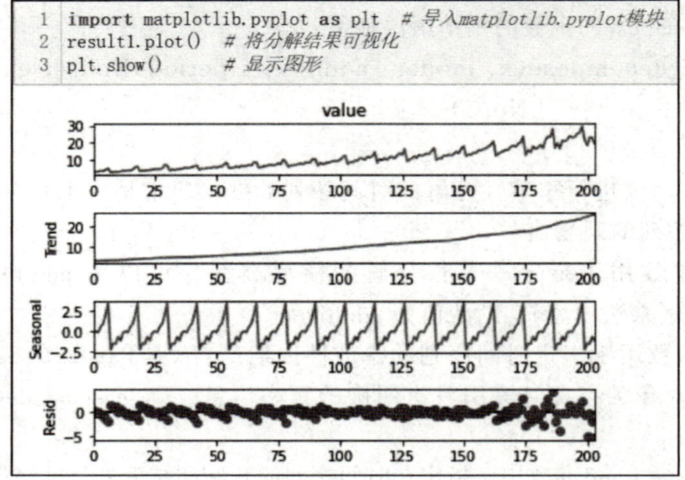

```
import matplotlib.pyplot as plt  # 导入matplotlib.pyplot模块
result1.plot()    # 将分解结果可视化
plt.show()        # 显示图形
```


图 8-16（c） 将分解结果可视化

```
# 季节性分解结果的趋势部分
result1.trend
```

```
0      3.356057
1      3.380605
2      3.405153
3      3.429700
4      3.454248
         ...
199   24.269418
200   24.627423
201   24.985429
202   25.343435
203   25.701441
Name: trend, Length: 204, dtype: float64
```

图 8-16（d）季节性分解结果的趋势部分

```
# 分解结果的每个部分都是Series数据，将这些部分沿axis=1方向合并
df1= pd.concat([result1.trend, result1.seasonal, result1.resid, result1.observed], axis=1)
df1.columns = ['Trend','Seasonal', 'Resid', 'Actual_value']  # 添加列标题
df1.head()  # 显示前5行
```

	Trend	Seasonal	Resid	Actual_value
0	3.356057	-0.141320	0.311854	3.526591
1	3.380605	0.029553	-0.229267	3.180891
2	3.405153	-0.086195	-0.066737	3.252221
3	3.429700	0.609403	-0.428100	3.611003
4	3.454248	0.979586	-0.867965	3.565869

图 8-16（e）合并 4 个属性到 df1 中

```
# 用加法模型验证第0个value的分解结果
# df1['Actual_value'][0]==(df1['Trend'][0]+df1['Seasonal'][0]+df1['Resid'][0])
df['value'][0]==(df1['Trend'][0]+df1['Seasonal'][0]+df1['Resid'][0])
```

```
True
```

图 8-16（f）用加法模型验证第 0 个 value 的分解结果

图 8-16　按加法模型对 df 进行季节性分解

图 8-16（a）的代码导入相关包并将原始文件“季节数据分解.csv”中的数据读入到 df 中。从图中可以看出，df 包含两列：date 和 value，其中，date 列是自 2007-07-01 至 2024-06-01 的月度时间序列，共 204 行数据。

图 8-16（b）的代码调用 seasonal_decompose()函数对 df 进行季节性分解，分解模型为加法模型。注意此处由于 df 的行标签索引不是时间序列，因而需用 period 参数指出时间周期。从图中可以看出，seasonal_decompose()函数返回的结果保存在 result1 中，而 result1 是统计模型的时间序列季节性分解结果（statsmodels.tsa.seasonal.DecomposeResult）。

时间序列季节性分解结果 result1 包含 observed（原始的时间序列数据）、trend（趋势成分，即时间序列的长期变化或增长）、seasonal（季节性成分，即由于季节变化而产生的周期性模式）及 resid（残差成分，即原始数据在去除趋势和季节性后的剩余部分）。

图8-16（c）的代码直接调用result1对象的plot()方法，将其包含的四组属性可视化。注意图中的横坐标显示的是df的行标签索引，没有体现出时间序列。

也可以通过调用result1对象的observed属性、trend属性、seasonal属性或resid属性，来查看季节性分解结果的各个部分。

图8-16（d）给出了查看result1对象的trend属性（即季节性分解结果的趋势部分）的示例，由该图可知，trend属性是Series数据，当然其他几个属性也是Series数据。

图8-16（e）的代码将4个属性按axis=1的方向合并到df1中，并为合并后的df1设置列标题，最后查看了df1的前5行数据，即df的前5个value按加法模型分解的结果。

图8-16（f）的代码按照加法模型对df的第0个value的分解结果进行验证，从图8-16中可以看出，验证结果为True。

使用seasonal_decompose()函数对时间序列数据按乘法模型进行季节性分解的示例如图8-17所示。其中：

```
df.set_index('date', inplace=True) # 将date列设为行标签索引
df
```

	value
date	
2007-07-01	3.526591
2007-08-01	3.180891
2007-09-01	3.252221
2007-10-01	3.611003
2007-11-01	3.565869
...	...
2024-02-01	21.654285
2024-03-01	18.264945
2024-04-01	23.107677
2024-05-01	22.912510
2024-06-01	19.431740

204 rows × 1 columns

图 8-17（a） 将 df 的 date 列设为行标签索引

```
# 调用seasonal_decompose（）函数进行季节性分解，模型为乘法模型
# 行标签索引是时间序列，具有明确的频率信息，可以省略period参数，由函数自动检测周期
result2 = tsa.seasonal_decompose(df['value'], model='multiplicative', extrapolate_trend=1)
result2
```

```
<statsmodels.tsa.seasonal.DecomposeResult at 0x189aa32f310>
```

图 8-17（b） 对 df 按乘法模型进行季节性分解

```
result2.plot()   # 将分解结果可视化
plt.show()       # 显示图形
```

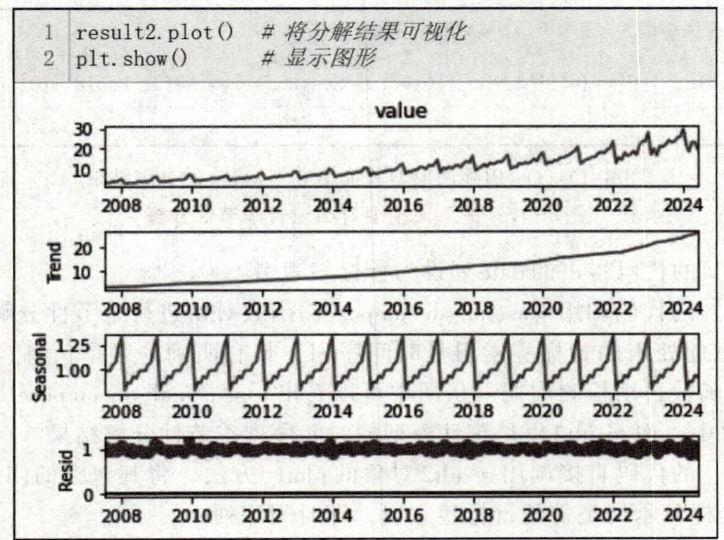

图 8-17（c） 将分解结果可视化

```
result2.seasonal   # 季节性分解结果的季节性部分
```

```
date
2007-07-01      0.984070
2007-08-01      0.988162
2007-09-01      0.985883
2007-10-01      1.047331
2007-11-01      1.074453
                   ...
2024-02-01      0.787231
2024-03-01      0.869604
2024-04-01      0.862870
2024-05-01      0.932579
2024-06-01      0.908357
Name: seasonal, Length: 204, dtype: float64
```

图 8-17（d） 季节性分解结果的季节性部分

```
# 分解结果的每个部分都是Series数据，将这些部分沿axis=1方向合并
df2= pd.concat([result2.trend, result2.seasonal, result2.resid, result2.observed], axis=1)
df2.columns = ['Trend','Seasonal', 'Resid', 'Actual_value']  # 添加列标题
df2.head()   # 显示前5行
```

date	Trend	Seasonal	Resid	Actual_value
2007-07-01	3.356057	0.984070	1.067824	3.526591
2007-08-01	3.380605	0.988162	0.952196	3.180891
2007-09-01	3.405153	0.985883	0.968764	3.252221
2007-10-01	3.429700	1.047331	1.005281	3.611003
2007-11-01	3.454248	1.074453	0.960781	3.565869

图 8-17（e）合并 4 个属性到 df2 中

```
# 用乘法模型验证第0个value的分解结果
# df2['Actual_value'][0]==(df2['Trend'][0]*df2['Seasonal'][0]*df2['Resid'][0])
df['value'][0]==(df2['Trend'][0]*df2['Seasonal'][0]*df2['Resid'][0])
```

```
True
```

图 8-17（f） 用乘法模型验证第 0 个 value 的分解结果

图 8-17 按乘法模型对df进行季节性分解

图8-17（a）的代码将df的date列设为行标签索引。

图8-17（b）的代码调用seasonal_decompose()函数对df进行季节性分解，分解模型为乘法模型。注意此处df的行标签索引是时间序列，具有明确的频率信息，因而可以省略period参数，由函数自动检测周期。从图中可以看出，seasonal_decompose()函数返回的结果保存在result2中，而result2也是统计模型的时间序列季节性分解结果。

图8-17（c）的代码直接调用result2对象的plot()方法，将其包含的四组属性可视化。注意图中的横坐标显示的是df的行标签索引，即时间序列。

图8-17（d）给出了查看result2对象的seasonal属性（即季节性分解结果的季节性部分）的示例。

图8-17（e）的代码将4个属性按axis=1的方向合并到df2中，并为合并后的df2设置列标题，最后查看了df2的前5行数据，即df的前5个value按乘法模型分解的结果。

图8-17（f）的代码按照乘法模型对df的第0个value的分解结果进行验证，从图中可以看出，验证结果为True。

二、任务中涉及的相关函数认知

（一）date_range()函数认知

date_range函数认知

pandas.date_range()函数是 Pandas 库中用于生成一个固定频率的日期时间索引的函数。该函数的基本语法如下：

pandas.date_range(start=None,end=None,periods=None,freq='D',tz=None,normalize=False,name=None,closed=None,inclusive=None,kwargs)**

start参数表示日期范围的起始时间，默认为None。end参数表示日期范围的结束时间，默认为None。periods参数表示要生成的周期数，默认为None。freq参数表示日期频率，默认为'D'（每日）；其余常见的表示频率的字符还有：'H'(每小时)、'T'或'min'（每分钟)、'S'(每秒)、'M'(每月末)、'Q'(每季末）等。图8-18所示的为使用date_range()函数生成日期时间序列的示例。其中，图8-18（a）生成从2024年5月1日起的连续5天时间序列；图8-18（b）生成自2024年5月1日至2024年5月10日的连续10天日期时间序列；图8-18（c）生成自2023年1月1日至2024年6月10日、频率为季度的日期时间序列。

```
import pandas as pd
date_with_periods = pd.date_range(start='2024-05-01', periods=5)
print(date_with_periods)
```

```
DatetimeIndex(['2024-05-01', '2024-05-02', '2024-05-03', '2024-05-04',
               '2024-05-05'],
              dtype='datetime64[ns]', freq='D')
```

（a）生成从 2024 年 5 月 1 日起的连续 5 天时间序列

```
date_range = pd.date_range(start='2024-05-01', end='2024-05-10')
print(date_range)
```

```
DatetimeIndex(['2024-05-01', '2024-05-02', '2024-05-03', '2024-05-04',
               '2024-05-05', '2024-05-06', '2024-05-07', '2024-05-08',
               '2024-05-09', '2024-05-10'],
              dtype='datetime64[ns]', freq='D')
```

（b）生成自 2024 年 5 月 1 日至 2024 年 5 月 10 日的连续 10 天日期时间序列

```
date_range = pd.date_range(start='2023-01-01', end='2024-06-10', freq='Q')
print(date_range)
```

```
DatetimeIndex(['2023-03-31', '2023-06-30', '2023-09-30', '2023-12-31',
               '2024-03-31'],
              dtype='datetime64[ns]', freq='Q-DEC')
```

（c）生成自 2023 年 1 月 1 日至 2024 年 6 月 10 日、频率为季度的日期时间序列

图 8-18　date_range()函数使用示例

（二）reindex()函数认知

reindex()是 pandas 中的一个方法，用于更改 DataFrame 的索引。其基本语法为：

DataFrame.reindex(index=None, columns=None, fill_value=None, method=None)

各参数释义如下：

index 参数给出了用于替换原行标签索引的新索引。

columns 参数给出了用于替换原列标签索引的新索引。

fill_value 参数给出了用于填充新索引中不存在的元素所对应的缺失值。如果不指定，则这些元素会使用 NaN 填充。

method 参数给出了用于填充新索引中不存在的元素的方法，可选的值有 'ffill'（前向填充）、'bfill'（后向填充）等。

限于篇幅，这里不再对 sort_values()函数和 reindex()函数举例，请参考任务实施中的相关代码进行学习。

任务实施

对净利润数据进行季节性分解及可视化展示

本任务包括五大步：第一步，导入 CRHC 公司净利润数据；第二步，将报表日期列的值类型转换为日期时间类型；第三步，将净利润处理为季度数据，形成连续的季度时间序列；第四步，对净利润时间序列进行季节性分解；第五步，可视化净利润的季节性分解结果。

一、导入CRHC公司净利润数据

步骤1：新建一个Python文件，命名为"项目八-任务二.ipynb"。

步骤2：使用Markdown模式为程序添加一个说明性标题，输入下列内容并运行：

```
### 一、导入CRHC公司净利润数据
```

步骤3：导入pandas和matplotlib.pyplot，并调用pandas的read_excel()函数将文件"CRHC_Profit.xlsx"中的数据读入到df中。代码如下：

```
import pandas as pd; import numpy as np; import matplotlib.pyplot as plt
df = pd.read_excel('CRHC_Profit.xlsx') # 导入数据
df  # 显示df数据
```

运行代码，输出结果如图8-19所示。从图中可以看出，df共67行2列数据。

	报表日期	净利润
0	20231231	1.456965e+10
1	20230930	8.020024e+09
2	20230630	4.540391e+09
3	20230331	1.045142e+09
4	20221231	1.435218e+10
...	...	...
62	20080630	9.332078e+08
63	20080331	4.072763e+08
64	20071231	1.069046e+09
65	20061231	6.199106e+08
66	20051231	4.803440e+08

67 rows × 2 columns

图8-19 导入数据

二、将报表日期列的值类型转换为日期时间类型

步骤1：使用Markdown模式为程序添加说明性标题，输入下列内容并运行：

```
### 二、将报表日期列的值类型转换为日期时间类型
```

步骤2：检查df各列数据类型。代码如下：

```
df.dtypes
```

运行代码，结果输出如图8-20所示。从图中可以看出，报表日期列为整数类型。

```
报表日期      int64
净利润      float64
dtype: object
```

图8-20 检查df各列数据类型

步骤3：将报表日期列由整数（int）类型转换为字符串（str）类型。代码如下：

```
df['报表日期'] = df['报表日期']. astype('str')
```

代码首先通过 df['报表日期']选取 df 中名为“报表日期”的列，再调用 astype('str')方法将报表日期列的数据类型转换为字符串类型。

步骤 4：使用 Pandas 的 to_datetime()函数将报表日期列由字符串类型转换为日期时间类型，代码如下：

```
df['报表日期'] = pd.to_datetime(df['报表日期'])
df.dtypes
```

代码首先通过 df['报表日期']选取 df 中名为“报表日期”的列，再由 to_datetime()函数将报表日期列的数据类型转换为日期时间类型。

运行代码，结果如图 8-21 所示，从图中可以看出，报表日期列的数据类型已变为日期时间型（datetime）。

```
报表日期    datetime64[ns]
净利润          float64
dtype: object
```

图 8-21　重新检查 df 各列数据类型

步骤 5：将 df 按照时间升序排序，形成时间序列。代码如下：

```
df.sort_values(by='报表日期',inplace=True, ascending=True, ignore_index=True)
df
```

通过调用 sort_values()使 df 按照指定报表日期列对整个数据集进行升序排序。其中，by='报表日期'指定排序列；inplace=True 则表示直接在原 df 上排序；ignore_index=True 表示对排序后的数据重建行标签索引。此代码可省略 ascending=True（升序）参数，因为 sort_values()默认按升序排序。

运行代码，结果如图 8-22 所示。

	报表日期	净利润
0	2005-12-31	4.803440e+08
1	2006-12-31	6.199106e+08
2	2007-12-31	1.069046e+09
3	2008-03-31	4.072763e+08
4	2008-06-30	9.332078e+08
...	...	...
62	2022-12-31	1.435218e+10
63	2023-03-31	1.045142e+09
64	2023-06-30	4.540391e+09
65	2023-09-30	8.020024e+09
66	2023-12-31	1.456965e+10

67 rows × 2 columns

图 8-22　将 df 按照时间升序排序

步骤6：为了方便后续分析，将报表日期列设置为df的行标签索引，代码如下：

```
df.set_index('报表日期', inplace=True)
```

三、将净利润处理为季度数据，形成连续的季度时间序列

观察df数据集中的数据，会发现其中包含的数据是从2005-12-31始至2023-12-31止的净利润数据。但数据中，除2006年和2007年仅包括年度净利润外，其余年份都包含4个季度的净利润（起始点2005年的净利润除外）。显然，这些净利润数据不能构成时间序列，因为待处理的净利润数据既有年报数据，也有季报数据。而调用seasonal_decompose()函数对净利润进行季节性分解前，需要将净利润处理成时间间隔相同的连续型时间序列。对于df来说，可以将其处理成季度净利润，即每个季度均有净利润数据。

步骤1：使用Markdown模式为程序添加说明性标题，输入下列内容并运行：

```
### 三、将净利润处理为季度数据,形成连续的季度时间序列
```

步骤2：使用代码df.index查看df的行标签索引。代码如下：

```
df.index
```

运行代码，结果输出如图8-23所示。从图中可以看出，df的行标签索引不是按季度连续的日期时间序列。

```
DatetimeIndex(['2005-12-31', '2006-12-31', '2007-12-31', '2008-03-31',
               '2008-06-30', '2008-09-30', '2008-12-31', '2009-03-31',
               '2009-06-30', '2009-09-30', '2009-12-31', '2010-03-31',
               '2010-06-30', '2010-09-30', '2010-12-31', '2011-03-31',
               '2011-06-30', '2011-09-30', '2011-12-31', '2012-03-31',
               '2012-06-30', '2012-09-30', '2012-12-31', '2013-03-31',
               '2013-06-30', '2013-09-30', '2013-12-31', '2014-03-31',
               '2014-06-30', '2014-09-30', '2014-12-31', '2015-03-31',
               '2015-06-30', '2015-09-30', '2015-12-31', '2016-03-31',
               '2016-06-30', '2016-09-30', '2016-12-31', '2017-03-31',
               '2017-06-30', '2017-09-30', '2017-12-31', '2018-03-31',
               '2018-06-30', '2018-09-30', '2018-12-31', '2019-03-31',
               '2019-06-30', '2019-09-30', '2019-12-31', '2020-03-31',
               '2020-06-30', '2020-09-30', '2020-12-31', '2021-03-31',
               '2021-06-30', '2021-09-30', '2021-12-31', '2022-03-31',
               '2022-06-30', '2022-09-30', '2022-12-31', '2023-03-31',
               '2023-06-30', '2023-09-30', '2023-12-31'],
              dtype='datetime64[ns]', name='报表日期', freq=None)
```

图8-23 查看df的行标签索引

步骤3：调用pd.date_range()函数，生成自2005-12-31始至2023-12-31止的季度时间序列。其中，2005-12-31是df行标签索引中的最小日期，可用df.index.min()获得；2023-12-31是df行标签索引中的最大日期，可用df.index.max()获得。代码如下：

```
all_dates = pd.date_range(start=df.index.min(), end=df.index.max(), freq='Q')
```

代码调用pd.date_range()函数生成自start指明的起始日期开始、至end指明的终止日期为止，且由freq指明的以季度为频率的日期时间序列，并将其存储在all_dates变量中。

步骤4：用all_dates更新df的行标签索引，并采用ffill方法填充空值。最后将更新索引后的数据保存在df_reindexed中。代码如下：

```
df_reindexed = df.reindex(all_dates, method='ffill')
df_reindexed.head(10)
```

运行代码，结果如图8-24所示。从图中可以看出，df_reindexed数据集中添加了2006-03-31、2006-06-30、2006-09-30、2007-03-31、2007-06-30、2007-09-30共6行净利润数据，这些行的净利润均是由相应上年度的年度净利润值填充而来。

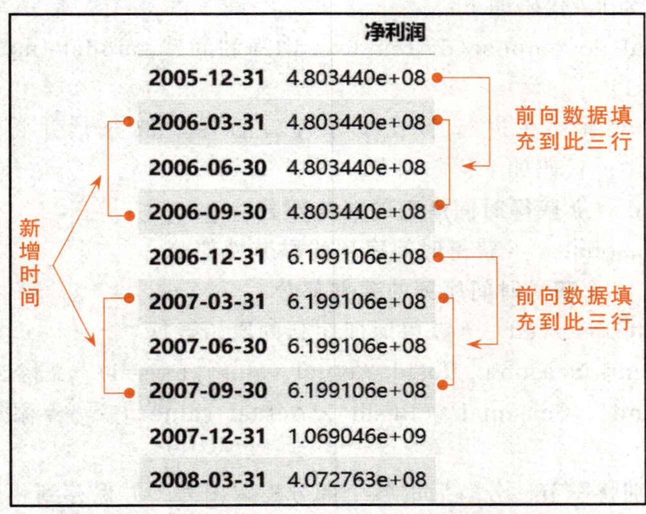

	净利润
2005-12-31	4.803440e+08
2006-03-31	4.803440e+08
2006-06-30	4.803440e+08
2006-09-30	4.803440e+08
2006-12-31	6.199106e+08
2007-03-31	6.199106e+08
2007-06-30	6.199106e+08
2007-09-30	6.199106e+08
2007-12-31	1.069046e+09
2008-03-31	4.072763e+08

图8-24　更新索引后的df_reindexed数据

◎提示

若代码df.reindex(all_dates, method='ffill')中未使用method='ffill'参数，则仅会更新df的行标签索引，新出现的行标签索引对应的净利润会用NaN填充。如图8-25所示。

	净利润
2005-12-31	4.803440e+08
2006-03-31	NaN
2006-06-30	NaN
2006-09-30	NaN
2006-12-31	6.199106e+08
2007-03-31	NaN
2007-06-30	NaN
2007-09-30	NaN
2007-12-31	1.069046e+09
2008-03-31	4.072763e+08

图8-25　生成更新行标签索引后的数据集df_reindexed

四、对净利润时间序列进行季节性分解

步骤1：使用Markdown模式为程序添加说明性标题，输入下列内容并运行：

```
### 四、对净利润时间序列进行季节性分解
```

步骤2：导入时间序列分析模块，代码如下：

```
import statsmodels.tsa.api as tsa
```

步骤3：按乘法模型调用seasonal_decompose()函数，对净利润进行季节性分解，并设置extrapolate_trend为1。代码如下：

```
result = tsa.seasonal_decompose(df_reindexed['净利润'], model='multiplicative',
extrapolate_trend=1)
```

步骤4：提取对净利润进行季节性分解后的各个部分，并将这些部分合并到DataFrame对象df1中。代码如下：

```
Trend = result.trend    # 获得时间序列的趋势部分
Seasonal=result.seasonal    # 获得时间序列的季节性部分
Resid=result.resid    # 获得时间序列的残差部分
Actual_value=result.observed    # 获得时间序列的原始数据
df1=pd.concat([Trend, Seasonal, Resid, Actual_value], axis=1)    # 将这些数据进行合并
df1.columns=['Trend','Seasonal','Resid','Actual_value']    # 添加列标签索引
df1.tail()
```

此代码首先分别将季节性分解后的各个部分提取出来，并保存到相应变量中；接着使用pd.concat()函数将保存在各变量中的趋势部分、季节性部分、残差部分和原始数据沿行方向（axis=1）合并到DataFrame对象df1中，并给df1的各个列添加列标签索引；最后，使用df1.tail()显示df1的后5行数据。

运行代码，结果如图8-26所示。

	Trend	Seasonal	Resid	Actual_value
2022-12-31	6.863229e+09	1.701686	1.228881	1.435218e+10
2023-03-31	6.955234e+09	0.368227	0.408083	1.045142e+09
2023-06-30	7.016617e+09	0.767730	0.842863	4.540391e+09
2023-09-30	7.139243e+09	1.162357	0.966460	8.020024e+09
2023-12-31	7.231248e+09	1.701686	1.184013	1.456965e+10

图8-26　提取并合并对净利润进行季节性分解后的各个部分

五、可视化净利润的季节性分解结果

步骤1：使用Markdown模式为程序添加说明性标题，输入下列内容并运行：

```
### 五、可视化净利润的季节性分解结果
```

步骤2：设置绘图相关参数。代码如下：

```
plt.rcParams['font.sans-serif']=['SimHei']    # 在图像中以黑体显示中文
```

```
plt.rcParams['axes.unicode_minus']=False      #在图像中正常显示负号
```

运行代码，完成设置。

步骤3：调用plot()方法可视化净利润的季节性分解结果。代码如下：

```
result.plot()
plt.show()
```

运行代码，结果如图8-27所示。

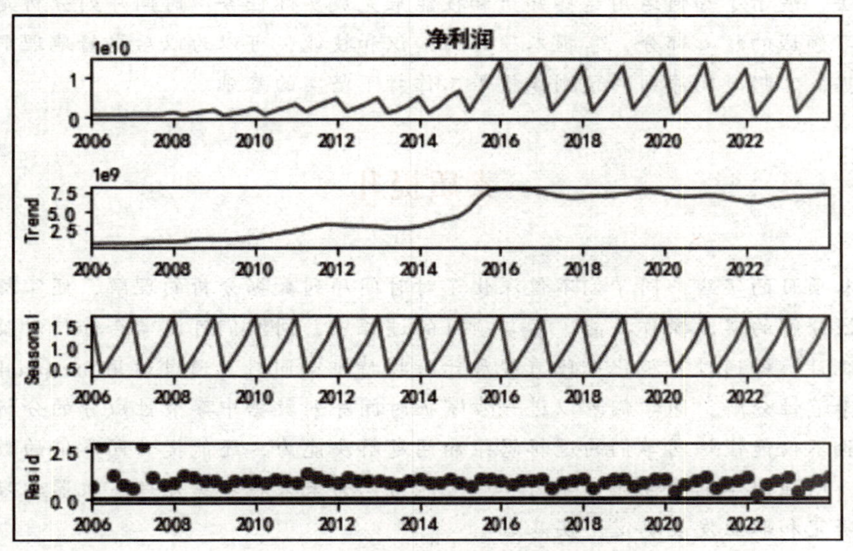

图8-27　可视化净利润季节性分解结果

【知识拓展】

对时间序列进行季节性分解后，后续可以进行一系列的分析和预测工作。具体来说，后续可做的工作包括以下几个方面：

1.分析季节性模式。通过季节性分解，可以清晰地看到时间序列中的季节性模式。这有助于识别出季节性因素的影响程度和周期性变化的规律，从而更深入地理解数据的变化特征。

2.比较不同时间序列。当去掉季节性因素后，可以更好地进行时间序列之间的比较。这有助于识别出不同时间序列之间的差异和相似之处，从而更客观地反映事物变化发展的规律。

3.建立预测模型。基于季节性分解后的数据，可以建立更准确的预测模型。例如，可以使用季节性指数平滑模型（ETS）、季节性自回归集成移动平均模型（SARIMAX）等方法，来捕捉季节性模式和进行预测。这些模型考虑了季节性因素的影响，因此可以提高预测精度。

4.制定决策策略。根据季节性分解的结果和预测模型，可以制定相应的决策策略。例如，在销售领域，可以根据季节性销售规律来制定营销策略、库存计划等；在农业领域，可以根据季节性气候规律来安排农作物的种植和收获时间。

5.进一步分析其他因素。除了季节性因素外，时间序列还可能受到趋势、周期性、随机性等多种因素的影响。在季节性分解的基础上，可以进一步分析这些因素的影响程度和作用机制，从而更全面地理解数据的变化规律。

项目小结

本项目通过编程实现股票数据的描述性统计及可视化展示、净利润数据的季节性分解及可视化展示两个任务，讲解了时间序列数据的处理方法和Statsmodels库的时间序列季节性分解方法，展示了如何运用这些知识和技能来完成实际任务。时间序列分析是数据处理和机器学习领域的核心部分，掌握本项目的知识和技能，可以为以后更好地理解、分析时间序列数据，掌握时间序列的预测建模等工作打下坚实的基础。

素质提升

通过本项目的实践，同学们不仅深化了对时间序列数据分析的理解，还掌握了数据处理和季节性分解的实际操作技能。参与项目的过程中，同学们可以学会如何对股票数据进行描述性统计，并通过可视化手段直观展示数据特征；同时，通过运用Statsmodels库进行净利润的季节性分解，同学们可以进一步掌握时间序列数据中季节性成分的分析方法。这些实践经验不仅能锻炼同学们的逻辑思维和问题解决能力，还能提升同学们的数据解读和表达能力，增强同学们的专业竞争力和适应能力，为未来在数据处理、机器学习和相关领域的深入研究和职业发展奠定坚实基础。

实战演练

一、单项选择题

1. 在时间序列分析中，以下描述中，不是时间序列数据普遍可能具有的特性的是（　　）。

A. 时间维度是关键，同样的变量在不同时间点上具有不同的取值

B. 数据可能会呈现出某种周期性的变化模式

C. 数据变化完全随机，没有任何可预测的模式或趋势

D. 数据可能受到季节性因素的影响，例如季节性的波动

2. 在Pandas中，有一个名为dates的Series对象，它包含了一组以字符串形式存储的日期时间数据，格式为'YYYY-MM-DD'（例如'2023-04-25'）。若希望将这些字符串转换为Pandas的datetime对象，以便进行时间序列分析。在以下选项中，能够正确执行这一转换的函数是（　　）。

A. dates.astype('datetime64[ns]')　　B. pd.to_datetime(dates)

C. type(dates)　　D. dates.strftime('%Y-%m-%d')

3. 在pandas中，假设存在一个DataFrame对象df，其中包含一个名为'timestamp'

的日期时间列。如果想按照'timestamp'列的日期降序对df进行排序，应该使用的代码是（　　）。

A. df.sort_values(by='timestamp')

B. df.sort_index(ascending=True)

C. df.sort_values(by='timestamp', ascending=False)

D. df.sort_index(by='timestamp', ascending=True)

4. 在时间序列分析中，季节性分解的目的是（　　）。

A. 识别时间序列数据中的周期性波动

B. 预测时间序列数据的长期变化趋势

C. 分析时间序列数据中的随机波动

D. 识别时间序列数据中的异常值

5. 在利用季节性分解的结果进行时间序列预测时，如果季节性变动不随趋势水平变化，那么应该使用（　　）来预测Y(t)。

A. 加法模型，即 Y(t)= T(t)+ S(t)+ e(t)

B. 乘法模型，即 Y(t)= T(t)* S(t)* e(t)

C. 指数模型，即 Y(t)= T(t)^S(t)* e(t)

D. 无须分解，直接使用原始数据进行预测

二、实操题

1. CRHC公司自2015年12月31日至2024年3月31日间的历史营业总收入数据保存在“CRHC_income.xlsx”文件中，其中包含报表日期和营业总收入两列数据，如图8-28所示（限于篇幅，仅展示部分数据）。编写Python程序对其进行描述性统计及可视化展示。

	A	B
1	报表日期	营业总收入
2	20240331	32182793000
3	20231231	234261514000
4	20230930	143035486000
5	20230630	87303227000
6	20230331	32378659000
7	20221231	222938637000
8	20220930	135563342000
9	20220630	81297098000
10	20220331	30647501000
11	20211231	225731755000
12	20210930	144459621000

图 8-28　CRHC公司历史营业总收入数据

2. 编写Python程序，实现历史营业总收入的季节性分解及可视化展示。

项目九
聚类分析与三维可视化

学习目标

【知识目标】

- 掌握K均值聚类算法
- 掌握手肘法
- 掌握均值–方差规范化方法
- 了解3D数据可视化

【技能目标】

- 能应用K均值聚类算法实现聚类
- 能应用手肘法选择聚类算法的最优参数
- 会应用均值–方差规范化对数据进行标准化处理
- 会使用简单的三维可视化方法展示数据

【素质目标】

- 通过理解聚类算法流程和应用聚类算法实现样本类别划分，培养学生对人工智能算法的初步认知
- 通过3D数据可视化编程，提升学生对三维空间图形的认知能力和理解能力

项目说明

安心保保险公司业务涵盖重大疾病保险、分红保险、机动车辆保险、健康险、意外伤害险、交通意外险、企业财产保险、少儿保险、养老保险等各类保险产品。为了有效地向客户销售公司的保险产品，提升保险销售的人群针对性，该公司业务部经理从公司ERP

系统中导出了存有保险公司销售明细数据的Excel文件“bx.xlsx”，如图9-1所示（限于篇幅，仅展示部分数据）。请根据此文件，帮助保险业务员对客户进行聚类分析，绘制聚类结果的三维散点图，辅助营销人员针对各类客户群体制订精准营销方案。

	A	B	C	D	E	F	G
1	用户ID	性别	年龄	年收入	产品保费	产品保额	投保份额
2	1	男	64	176971	1490.42	250000	2
3	2	男	74	179019	59.62	10000	6
4	3	男	73	57287	3577	600000	4
5	4	男	73	107837	298.08	50000	6
6	5	女	29	194726	2384.67	400000	3
7	6	女	45	55502	5365.5	900000	3
8	7	男	40	182318	59.62	10000	4
9	8	女	55	102955	5067.42	850000	5
10	9	女	59	111494	7452.08	1250000	1
11	10	男	70	181607	298.08	50000	6
12	11	男	44	248559	357.7	60000	5
13	12	女	65	166945	2980.83	500000	1

Sheet1　就绪　100%

图9-1 安心保保险公司销售明细数据

本项目包括以下三项任务：

1. 利用KMeans对保险客户进行聚类；

2. 利用数据预处理优化聚类结果，并将聚类结果三维可视化。

任务一 利用KMeans对保险客户进行聚类

任务分析

保险营销应建立在对市场进行细分和对目标市场进行选择的基础上。在进行保险营销前，保险公司应先识别市场中不同需求的客户群体，即细分市场，然后针对不同细分市场定位产品和营销策略。而细分市场识别就是对存量客户或潜在客户进行分组，并找到合适的类别标签为样本客户进行标注。

本任务将以安心保保险公司的客户销售明细数据为样本，利用KMeans对其进行聚类，形成具有不同特征的客户群体，为保险业务的精准营销打下基础。

相关知识

一、无监督学习认知

现实生活中常常会遇到数据细分的难题，尤其在缺乏先验知识、没有类别信息时，通过人工进行样本类别分类可能会比较盲目和困难，或者需要耗费特别高的分类成本。针对此类问题，通常人们会用无监督学习（Unsupervised Learning）模型来自动完成分类。

无监督学习本质上是一种统计方法，其主要根据类别未知（没有被标记）的样本数据来解决分类识别中的各种问题。无监督学习的分类过程是从一组没有任何类别标记的样本数据中，自动发现样本数据之间的隐藏特征，并以此特征构建分类模型的过程。构建好的模型能够实现对未分类数据的自动分类。也就是说，无监督学习能够自动根据数据中隐藏的规律和特征构建分类模型，人工参与的成分非常少。

根据无监督学习能发现数据中的规律性和相似性的特点，可将其应用到需要从未标记数据中发现隐藏模式和结构的领域，如市场细分、社交网络分析、推荐系统、异常行为检测（如洗钱行为、信用卡盗刷行为）等。

无监督学习算法较多，常见的有聚类、关联规则、降维等。本项目将主要使用聚类算法完成保险客户的自动分类，形成细分市场，为精准营销方案的制订提供帮助。

【知识拓展】

与无监督学习对应的是有监督学习。有监督学习根据一组已有明确分类的样本数据，寻找到一个能描述样本数据和其对应分类标签之间的最优映射关系，这个映射关系即机器自动学习到的分类模型。此模型可用于将未知分类的新样本，划分到正确的类别中。

二、聚类算法认知

（一）聚类算法

聚类算法是最常见的无监督学习算法之一。聚类算法依据样本数据隐藏的内在相似性，寻找能将大量未知标签样本划分为多个类别的最优模型。聚类算法能将数据集中的样本划分为若干个不相交的子集（即不同类别），每个子集称为一个“簇”。最优聚类模型能使自动分类后的数据达到这样的效果：类别内的数据相似度较大，类别间的数据相似度较小。

（二）K均值聚类算法

1.K均值聚类算法认知

K均值聚类算法（K-means Clustering Algorithm，简称KMeans算法）是聚类算法中最经典的算法之一，其中的K是预先给定的类别数量（K也称为聚类算法的超参数）。KMeans算法的步骤为：（1）首先从N个样本数据中任意选择K个样本作为初始聚类中心（也称为初始质心、初始簇中心）；（2）接着根据剩余其他样本与K个聚类中心（也称质心、簇中心）的相似度（通常可用距离代表相似度，即分别计算其他样本与K个聚类中心的距离），分别将这些样本分配给与其最相似的聚类中（即由K个聚类中心所代表的K个聚类）；（3）所有其他样本都分别分配给最相似的聚类中心后，形成K个聚类结果（也称K个簇）；（4）重新计算所形成的K个聚类的新聚类中心（该聚类中所有样本数据的均值），即更换各个K聚类的聚类中心；（5）不断重复迭代（2）（3）（4）步骤，直到各个聚类（也称簇）中的样本数据不再变化，或者达到指定的迭代次数为止。

K均值聚类算法的聚类过程如图9-2所示。

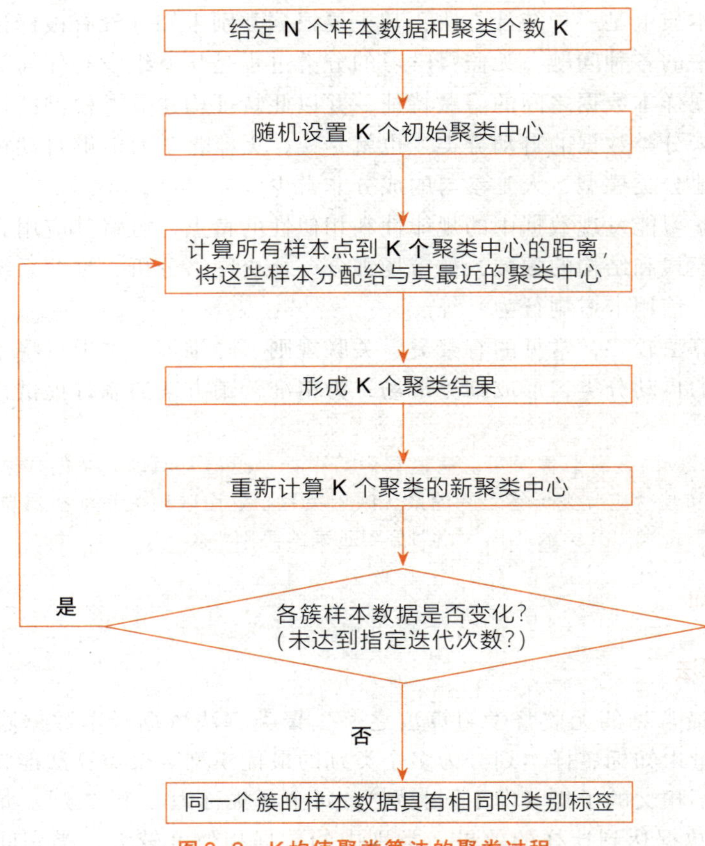

图 9-2　K均值聚类算法的聚类过程

2.KMeans()方法认知

sklearn.cluster包提供了KMeans()方法，在使用KMeans算法进行聚类时，需先导入sklearn.cluster包。代码如下：

```
from sklearn.cluster import KMeans
```

KMeans()方法的基本语法如下：

```
sklearn.cluster.KMeans(n_clusters=8,init='k-means++', random_state=None, algorithm
='auto')
```

函数中各参数的含义如下：

n_clusters：要生成的簇的数量，或者聚类个数，默认值为8。

init：初始聚类中心的获取方法，通常直接使用默认方法“k-means++”。

random_state：确定用于聚类中心初始化的随机数生成方式。通常使用一个整数来保证随机生成的确定性，默认值为None。

algorithm：指KMeans()函数聚类时所用到的聚类算法，共有三种取值：'auto'、'full'和'elkan'。'full'是指经典的基于距离的算法；'elkan'是基于三角不等式的算法，'elkan'利用三角形的任意两边之和大于第三边、任意两边之差小于第三边的三角形性质，来减少距离的计算，因而更高效；但'elkan'目前不支持稀疏数据，建议在数据密集时使用'elkan'算法，在数据稀疏时使用'full'算法。此参数默认值为'auto'，表示KMmeans()函数将根据数据值是否稀疏自动选择算法。

例如，代码kmeans = KMeans(n_clusters=4)使用KMeans()方法创建聚类对象kmeans，并指定聚类个数为4。

【知识拓展】

Sklearn包是机器学习领域非常热门的一个开源包，它整合了众多机器学习算法。Sklearn的基本功能分为六大部分：数据预处理、数据降维、回归、分类、聚类和模型选择。Anaconda发行版中已经集成了Sklearn包，直接导入即可使用。

3.fit()方法认知

fit()方法是聚类对象的一个方法，用于对样本数据进行聚类。其基本语法如下：

```
fit( x, epochs)
```

其中：x为欲聚类的数据集。epochs为迭代次数或循环次数，指图9-2中的聚类循环次数，用来结束聚类时簇的循环更新，可省略；省略时，以各簇样本是否停止变化作为聚类循环更新的结束条件。

例如，若有样本数据保存在data变量中，对data的聚类操作可以按下面的方法实现：

```
# 使用 KMeans 对data进行聚类
kmeans = KMeans(n_clusters=4) # 创建聚类对象 kmeans
kmeans.fit(data)              # 对data进行聚类
```

通过调用fit方法，KMeans算法会学习样本数据的特征，并计算出每个样本数据点应该归属的簇，从而得到聚类结果。

4.KMeans的labels_属性认知

kmeans.labels_是使用fit()方法对样本数据进行训练后得到的一个属性，此属性包含了每个数据点所属的簇标签（即类别标签），这些标签通常是整数，指示每个数据点属于哪一个簇。

例如，如果有10个数据点，使用KMeans进行3簇的聚类，那么kmeans.labels_将是一个长度为10的数组，其中每个元素的值为0、1或2，表示对应的数据点属于第0个簇、第1个簇还是第2个簇。

KMeans对象的属性较多，后续任务中涉及哪个属性就介绍哪个属性，这里不作统一介绍。

至此，KMeans算法的基本内容已讲解完毕。需考虑这样一个问题：KMeans是一种根据给定K值自动确定最佳样本类别的无监督学习算法，即该算法在完成聚类时，需要指定n_clusters（聚类的个数，默认为8个类别）参数的值，即KMeans算法的K值。明显地，K值大小将决定聚类结果，不同K值将产生不同的聚类结果。那么K值为多少时，KMeans才能形成最佳样本类别划分呢？

确定K值的常见方法有手肘法、轮廓系数法、Gap统计量法和Silhouette统计量法等，限于篇幅，此处仅介绍利用手肘法确定K值的过程。

5.手肘法认知

手肘法用于绘制簇内误差平方和（Sum of Squared Errors，SSE）与K值之间的关系图，由于此图形的形状与手肘形状相似，故名手肘法。

簇内误差平方和是指各个簇中所有样本点到其质心距离的平方和，对于某个给定K值产生的聚类结果，可以采用欧几里得距离公式计算簇内误差平方和：簇内误差平方和= $\sum_{j=1}^{k}\sum_{i=1}^{n}(x_i - \mu_i)^2$。其中，k为聚类个数，n为第k个簇中样本的个数，$x_i$为第k个簇内的第i个样本，$\mu_i$为第k个簇的质心。簇内误差平方和越小，则分类效果越好。

利用计算机进行KMeans聚类时，不需要手工计算簇内误差平方和。Kmeans.inertia_属性可以返回某个K值对应聚类结果的簇内误差平方和。可以直接将多个K值与对应的Kmeans.inertia_属性值绘制成折线图，通常随着K值的增加，Kmeans.inertia_属性值会逐渐降低，但降低幅度会逐渐减小。观察Kmeans.inertia_属性值随K值变化的幅度，找到Kmeans.inertia_属性值下降速度开始变慢的“拐点”，这个“拐点”就是最佳K值。

三、K均值聚类算法应用示例

为了更清晰地演示K均值聚类算法的应用，下面分4步来讲解一个案例。

K均值聚类算法应用示例

（一）随机生成一组样本数据

图9-3所示的代码定义了一个形状为(50,2)的二维随机数矩阵，此矩阵由numpy包的random.rand()函数（随机函数）生成。

```
import numpy as np      # 导入科学计算包
import seaborn as sns   # 导入seaborn绘图包
import matplotlib.pyplot as plt    # 导入matplotlib.pyplot绘图包

# 生成一个形状为 (50, 2) 的随机数矩阵
data = np.random.rand(50, 2)
data  # 输出data
```

```
array([[1.19805137e-01, 5.23879695e-03],
       [4.61435901e-02, 6.54084829e-01],
       [8.54026653e-01, 9.07396210e-01],
       [7.40023489e-01, 4.21982093e-01],
       [4.51033640e-01, 4.65092114e-01],
       [3.93504561e-01, 8.84679143e-01],
```

图9-3 生成二维随机数矩阵作为聚类样本

从图9-3中可以看出，data是个嵌套列表（限于篇幅，仅截取部分数据），其中的每个元素都是一个列表，这些嵌套在里面的每个列表都可以看作是一个由x坐标和y坐标组成的数据点（即样本数据），data共有50个这样的数据点。如图9-4所示的代码绘制了未聚类前的data数据。

```python
# 绘制未聚类前的样本数据
plt.figure(figsize=(4, 3))  # 设置图表大小为4×3英寸
sns.scatterplot(x=data[:, 0], y=data[:, 1])
plt.show()
```

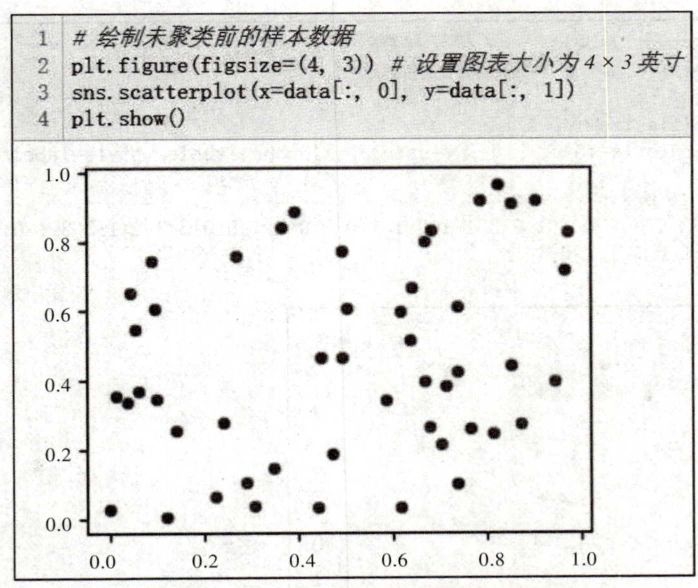

图 9-4　绘制未聚类前的样本数据

（二）对50个数据点进行聚类

图9-5所示的代码实现了对50个数据点的聚类操作。

```python
# 从sklearn.cluster中导入KMeans
from sklearn.cluster import KMeans
# 使用 KMeans 进行聚类
kmeans = KMeans(n_clusters=4)     # 创建聚类个数为4的kmeans对象
kmeans.fit(data)     # 调用kmeans.fit()方法对data进行聚类
```

图 9-5　Kmeans 聚类

（三）提取聚类标签

在聚类完成后，使用kmeans.labels_提取聚类标签，print(labels)输出了这些标签。如图 9-6 所示，由于kmeans对象指定了簇个数为4，故labels共有4个不同的类别标签：0、1、2、3；同时，data中有50个数据点，故labels共有50个标签，依次对应说明50个数据点分别所属的类别标签。sns.scatterplot(x=data[:, 0], y=data[:, 1], hue=labels, style=labels)以data中所有数据元素的x坐标为横轴数据，以data中所有数据元素的y坐标为纵轴数据，以labels区别4个簇的数据点颜色和形状，可视化呈现了k均值聚类算法对这50个数据的聚类结果。

```
labels = kmeans.labels_    # 提取聚类标签
print(labels)              # 输出类别标签
# 绘制图表
plt.figure(figsize=(4, 3))
sns.scatterplot(x=data[:, 0], y=data[:, 1], hue=labels, style=labels)
plt.show()
```

```
[0 2 3 1 1 2 3 3 1 1 2 0 1 1 0 3 1 1 0 1 1 0 3 0 2 1 0 0 3 3 2 1 3 3 1 0 3
 3 0 1 2 1 3 2 0 0 3 1 1 0]
```

图 9-6 原图

图 9-6　可视化聚类后的结果

【知识拓展】

NumPy 是 Python 中用于科学计算的包，可以用于复杂的数学和科学计算，是许多数据科学和科学计算项目中不可或缺的库之一。numpy.random.rand( ) 是 NumPy 包中的一个函数，用于生成 0 到 1 之间均匀分布的随机数，或指定形状的多维随机数矩阵。

（四）获取簇内误差平方和

如图 9-7 所示的代码获取并显示了聚类后的簇内误差平方和。

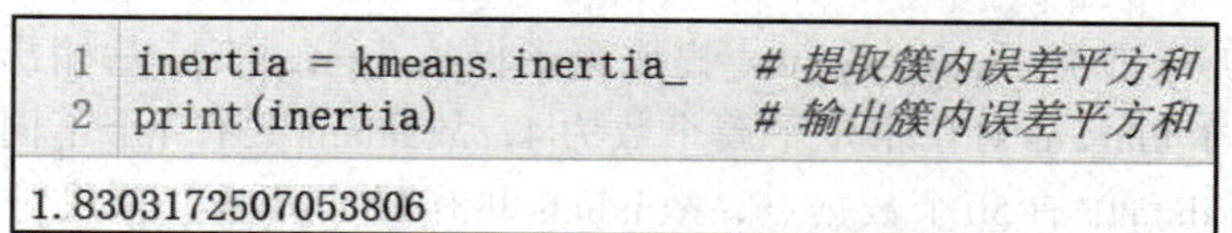

```
inertia = kmeans.inertia_     # 提取簇内误差平方和
print(inertia)                # 输出簇内误差平方和
```

```
1.8303172507053806
```

图 9-7　K 为 4 时的簇内误差平方和

任务实施

本任务包括三大步：第一步，利用聚类法将安心保保险公司的保险客户群体分为 3 类；第二步，使用手肘法确定最优保险客户聚类个数，以最佳聚类个数对客户群体进行聚类；第三步，对聚类结果进行分析。

一、利用聚类法将安心保保险公司的保险客户群体分为3类

利用KMeans对保险客户进行聚类

步骤1：新建一个Python文件，命名为“项目九-任务一.ipynb”。

步骤2：使用Markdown模式为程序添加一个说明性标题，输入下列内容并运行：

```
### 一、利用聚类法将保险客户群体分为3类
```

步骤3：导入pandas、numpy和sklearn.cluster包。代码如下：

```
import pandas as pd              # 导入pandas包
import numpy as np               # 导入numpy包
from sklearn.cluster import KMeans  # 从sklearn.cluster模块导入KMeans方法
```

步骤4：读取Excel文件“bx.xlsx”中保存的保险公司销售明细数据。

```
df = pd.read_excel('bx.xlsx')   # 读取保险公司销售明细数据
df.head()                       # 显示前5行数据
```

运行代码，输出df的前5行数据，如图9-8所示。

	用户ID	性别	年龄	年收入	产品保费	产品保额	投保份额
0	1	男	64	176971	1490.42	250000	2
1	2	男	74	179019	59.62	10000	6
2	3	男	73	57287	3577.00	600000	4
3	4	男	73	107837	298.08	50000	6
4	5	女	29	194726	2384.67	400000	3

图9-8　df的前5行数据

步骤5：使用df.dtypes检查df各列数据类型，代码如下：

```
df.dtypes #检查df各列数据类型
```

运行代码，结果如图9-9所示。从图中可以看出，df中既有int、float类型数据，还有object类型数据，各列数据类型也符合数据本身的特征。

```
用户ID      int64
性别       object
年龄        int64
年收入       int64
产品保费    float64
产品保额      int64
投保份额      int64
dtype: object
```

图9-9　检查df各列数据类型

步骤6：利用describe()函数对df数据进行统计特征描述，观察df数据的范围、大小和波动趋势等。代码如下：

```
df.describe(include='all')   # 用describe()函数描述数据特征
```

include='all'表示对df中所有列进行统计特征描述，缺省此参数时，仅对df中的数值型列进行统计特征描述。运行代码，结果输出如图9-10所示。

	用户ID	性别	年龄	年收入	产品保费	产品保额	投保份额
count	500.000000	500	500.000000	500.000000	500.000000	5.000000e+02	500.000000
unique	NaN	2	NaN	NaN	NaN	NaN	NaN
top	NaN	女	NaN	NaN	NaN	NaN	NaN
freq	NaN	265	NaN	NaN	NaN	NaN	NaN
mean	250.500000	NaN	47.432000	138943.698000	2913.228200	4.886600e+05	3.904000
std	144.481833	NaN	16.000294	69030.837889	2351.238877	3.943929e+05	1.746105
min	1.000000	NaN	21.000000	32177.000000	59.620000	1.000000e+04	1.000000
25%	125.750000	NaN	34.000000	80473.500000	596.170000	1.000000e+05	2.000000
50%	250.500000	NaN	46.000000	142434.000000	2682.750000	4.500000e+05	4.000000
75%	375.250000	NaN	62.000000	182189.750000	4471.250000	7.500000e+05	5.000000
max	500.000000	NaN	75.000000	319590.000000	8942.500000	1.500000e+06	7.000000

图9-10 对df所有列的描述性统计

由描述性统计结果可知，df共有500条数据，根据各列统计结果的分析可以得出：

① 从性别来看，保险客户中女性稍多，占人群总数的53%（265÷500×100%）。

② 从年龄上看，最小的为21岁，最大的为75岁，平均年龄为47岁，50%的人年龄在34到62之间。可见保险购买者大多为中年人或未退休人群，而在实际中，此年龄段人群的收入亦较为稳定。

③ 从年收入来看，最低年收入为32 177元，最高年收入为319 590元，平均年收入约为138 943元，75%以上人群的年收入在804 73.5元以上，客户群体整体收入较好。

④ 从产品保费来看，最低保费为59.62元，最高保费为8 942.5元，平均保费约为2 913元，平均保费约占平均年收入的2.1%。依据保险“双十定律”之总保费支出占年收入10%为宜可知，当前人群的平均保费支出远低于平均年收入，那么针对此人群的保险需求还可以深入挖掘，还可以利用合理的营销手段促成潜在的投保机会。

⑤ 从产品保额来看，最低保额为10 000元，最高保额为1 500 000元，平均保额为488 660元，平均保额约为平均年收入的3.52倍，依据保险“双十定律”之保险额度不要超过总收入的10倍可知，此人群的平均保额也远低于平均年收入，故而还可深入挖掘购买力。

⑥ 从投保份额看，平均投保份额为3.9次，投保份额中位数为4，由此可见二次营销和多次营销在保险营销中起着重要的作用。保险公司可从不同险种、不同被保险人的角度制定营销策略，挖掘存量客户的购买力。

【知识拓展】

保险的“双十定律”，也称“双十原则”，是指用年收入的10%购买保险、保险额度为年收入的10倍。简而言之，就是用10%的收入获得10倍收入的保障。

步骤7：依据年龄、投保份额和产品份额三个列对保险客户进行聚类。为更清楚地展示此聚类效果，下面分两步来说明。

步骤7.1：从df中提取年龄、投保份额和产品保额三个列作为数据集data。代码如下：

```
# 从df中提取'年龄','投保份额','产品保额'三列数据,保存到data中
data=df[['年龄','投保份额','产品保额']]
data.head()
```

运行代码，结果如图9-11所示。

	年龄	投保份额	产品保额
0	64	2	250000
1	74	6	10000
2	73	4	600000
3	73	6	50000
4	29	3	400000

图9-11　data数据的前5行

步骤7.2：创建聚类个数为3的KMeans对象，调用fit()方法将data聚类为3个类别。代码如下：

```
# 创建一个聚类个数为3的KMeans对象kmeans
kmeans = KMeans(n_clusters=3, random_state=0)
# 调用fit()方法对data进行聚类
cluster = kmeans.fit(data)
cluster
```

运行代码，输出cluster聚类对象：KMeans(n_clusters=3, random_state=0)。

步骤8：输出cluster对象的inertia_属性，查看聚类个数为3时的簇内误差平方和。代码如下：

```
# 查看簇内误差平方和
inertia = cluster.inertia_
inertia
```

运行代码，输出11104002002226.27。

需要注意的是，对于数据集data，其最优聚类个数不一定为3。下面将借助手肘法选出data的最优聚类个数。

二、使用手肘法确定最优保险客户聚类个数，以最佳聚类个数对客户群体进行聚类

步骤1：使用Markdown模式添加一个说明性标题，输入下列内容并运行：

```
### 二、使用手肘法确定最优保险客户聚类个数 ,以最佳聚类个数对客户群体进行聚类
```

步骤2：定义空列表inertia，用于保存将保险客户划分为不同簇时的每个簇的簇内误差平方和。代码如下：

```
# 创建一个空列表,用于存储每个聚类数量下的簇内误差平方和
```

```
inertia=[]
# n依次从1至10中取数,表示将data划分为n个簇
for n in range(1,11):
    # 创建KMeans对象:聚类个数为n,初始质心生成的随机种子为1
    cluster=KMeans(n_clusters=n, random_state=1)
    # 使用fit方法对data进行聚类
    cluster.fit(data)
    # 将每个聚类个数下的簇内误差平方和追加到列表inertia中
    inertia.append(cluster.inertia_)
inertia  # 输出列表中的值
```

簇内误差平方和越小，则分类效果越好。此段程序利用for循环依次将data划分为1至10个不同的簇，并返回各个簇的簇内误差平方和。列表inertia保存了这10个簇内误差平方和，即inertia[0]是将data划分为1个簇时的簇内误差平方和，inertia[1]是将data划分为2个簇时的簇内误差平方和，以此类推，inertia[9]是将data划分为10个簇时的簇内误差平方和。

运行代码，输出结果如图9-12所示。从图中可以看出，随着聚类个数的增加，簇内误差平方和呈逐渐减少的趋势。虽然前面讲过簇内误差平方和越小，分类效果越好，但这只是个相对说法，判断是否是最优聚类个数还需结合簇内误差平方和的变化幅度。

```
[77617352329270.08,
 22807351747743.777,
 11104002002226.27,
 5078434156802.004,
 3058644941505.41,
 1874521322248.3826,
 1347610572319.1602,
 899588083546.0804,
 626860722642.6179,
 509916016263.7116]
```

图9-12　inertia中的簇内误差平方和

步骤3：绘制簇内误差平方和折线图，找到聚类个数从1至10的簇内误差平方和下降速度开始变慢的“拐点”，这个“拐点”就是最佳聚类个数。代码如下：

```
import matplotlib.pyplot as plt              # 导入matplotlib.pyplot包
plt.figure(figsize=(6,3))          # 设置图表大小
# 以聚类个数为横轴、inertia为纵轴绘制折线图,'-'表示线条为虚线,'o'表示数据标记为圆圈
plt.plot(range(1,11), inertia, '-', marker='o')
plt.xlabel('Number of Clusters')      # 设置横轴标题为'Number of Clusters'
plt.ylabel('Inertia')              # 设置纵轴标题为'Inertia'
plt.show()                         # 显示绘制的图形
```

代码 plt.plot(range(1,11),inertia,'-',marker='o')中，range(1,11)生成的序列代表横轴数据，inertia列表的值代表纵轴数据，'-'表示线条为虚线，'o'表示数据标记为实心圆点。plt.xlabel()和 plt.ylabel()分别用来设置折线图的横轴标题和纵轴标题。

运行代码，结果如图9-13所示。从图中可以明显看出，随着聚类个数的增大，簇内误差平方和越来越小。而下降速度开始变慢的“拐点”出现在聚类个数为4的位置，故可将最优聚类个数设置为4。

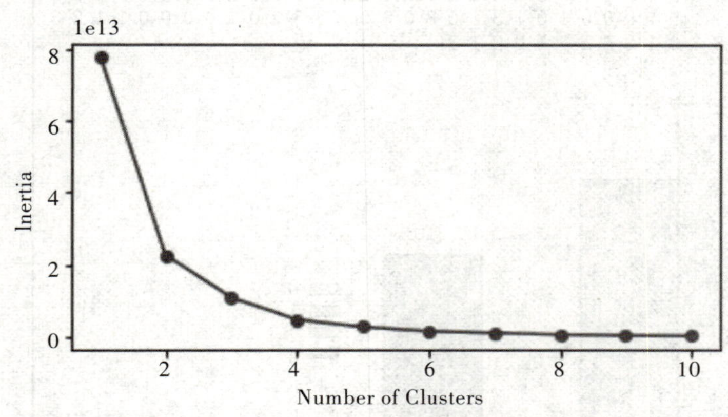

图9-13　利用手肘法找出最优聚类个数

步骤4：重新按照最优聚类个数对data进行聚类。代码如下：

```
# 创建聚类个数为4的聚类对象kmeans
kmeans = KMeans(n_clusters=4, random_state=0)
# 调用fit()方法对data进行聚类
cluster = kmeans.fit(data)
labels = kmeans.labels_  # 提取聚类标签
print(labels)            # 输出类别标签
# 绘制图表
import seaborn as sns
sns.displot(data,x=labels,discrete=True, hue=labels)
plt.show()
```

代码 print(labels)用于输出 data 中所有数据的类别标签。sns.displot(data,x=labels,discrete=True,hue=lables)用于绘制 data 数据的分布图，其中 data 参数是绘图数据；x=labels 表示以 labels 的类别为标签，即以 0、1、2、3 为横轴标签；discrete=True 表示将数据离散化，并以条形图的形式展示；hue=labels 参数表示对不同 labels 用不同的颜色展示。

运行代码，结果输出如图9-14所示。从图中可以看出，标记为0类的客户数量最多，超过175名；标记为2类的客户数量最少，不足50名。

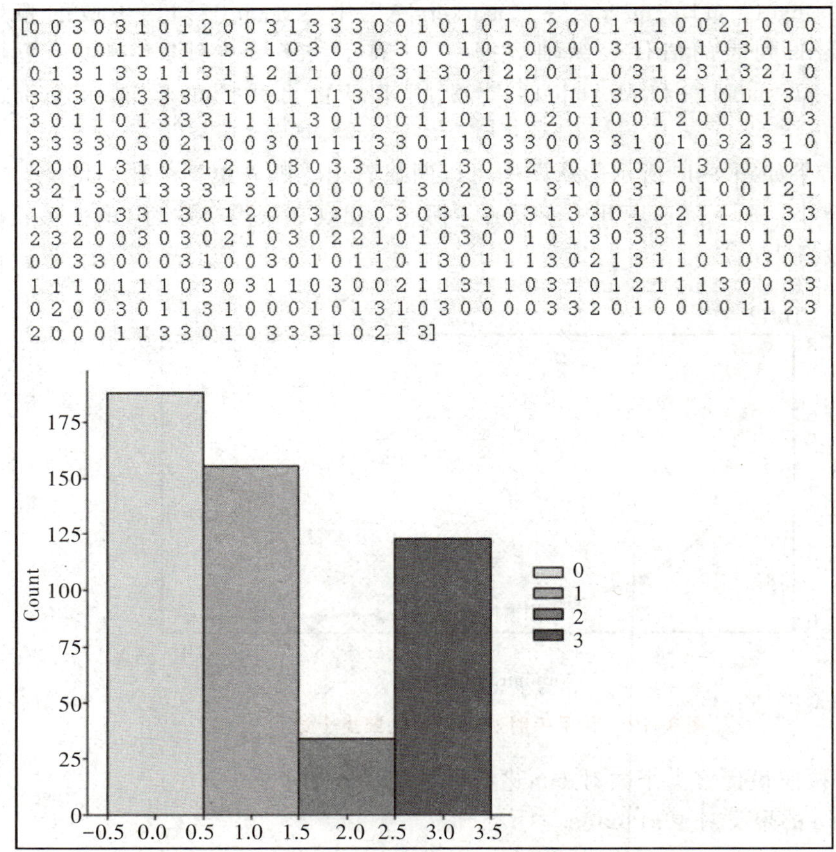

图 9-14 原图

图 9-14　data 聚为 4 类的效果

任务二　用数据预处理优化聚类结果并进行三维可视化展示

任务分析

由任务一第一步的步骤 6 可知，年龄最小为 21 岁，最大为 75 岁；投保份额最少是 1 次，最多是 7 次；产品保费最低为 59.62 元，最高为 8 942.5 元。对由这 3 个客户特征（即这 3 个列）组成的客户数据 data 进行聚类时，由于各特征的取值范围和单位（岁、次、元）均差异较大，取值范围小的特征对聚类的影响容易被弱化，而不同单位对聚类结果也会产生影响，从而可能会导致聚类结果不准确。为解决上面的问题，常需对样本数据先进行规范化，以提高聚类算法的性能（尤其是计算欧几里得距离时，规范化可以使聚类过程更高效）和结果的可靠性。

注意到 data 中每个客户样本均包括 3 个特征：该客户的年龄、投保份额和产品保费。聚类即是根据这 3 个特征将客户分到不同的类别。当聚类完成后，可以借助 3D 绘图，分别以 3 个特征作为 x 轴、y 轴和 z 轴数据，将这些客户样本绘制到三维图形中，方便清晰地观察所有客户的类别划分结果，为后续制定营销策略提供便利。

相关知识

一、聚类前的数据预处理

可以借助Sklearn包的均值-方差规范化方法，对聚类前的样本数据进行规范化处理（或称标准化处理）。

（一）均值-方差规范化方法认知

均值-方差规范化（也可称为Z-score标准化），是一种常见的数据规范化方法。此方法利用样本数据的均值和方差对每个样本数据进行规范化，其主要步骤包括：（1）计算样本的均值；（2）计算样本的标准差；（3）将每个样本数据减去样本均值后，再除以样本标准差，得到规范后的样本数据。计算公式如下：

$$x_{\text{均值-方差规范化}} = \frac{x - \text{mean}(x)}{\text{std}(x)}$$

其中，x是样本数据，mean(x)是样本数据的均值，std(x)是样本数据的标准差，$x_{\text{均值-方差规范化}}$是规范化后的样本数据。

经过均值-方差规范化后，样本数据将成为均值为0（所有样本的平均值变为0）、方差为1（样本数据分布具有单位方差）的规范化数据。

（二）利用StandardScaler实现数据规范化

StandardScaler是sklearn.preprocessing包中的均值-方差规范化模块，利用此模块可以方便地实现的样本数据的均值-方差标准化。

利用StandardScaler
实现数据规范化

利用StandardScaler实现数据规范化的步骤如下：

（1）导入均值-方差规范化模块StandardScaler。

```
from sklearn.preprocessing import StandardScaler
```

（2）利用StandardScaler创建均值-方差规范化对象scaler。

```
scaler = StandardScaler()
```

（3）调用scaler对象的fit()方法，对待处理的样本数据（这里是data）进行拟合训练。

```
scaler.fit(data)
```

（4）调用scaler对象的transform()方法，对数据进行标准化处理，即将数据按照特定比例缩放到指定范围内，这里是将原始数据data（赋值号右侧的data）转换为均值为0、标准差为1的数据data（赋值号左侧的data）。

```
data = scaler.transform(data)
```

若有样本数据data，使用均值-方差规范化方法对data进行规范化的示例代码如图9-15所示。此数组可能会因为随机初始化等因素而有所不同。

```
# 导入均值-方差规范化模块StandardScaler
from sklearn.preprocessing import StandardScaler
data = [[2000,-1,10],[1000,1,11],[10,2,-12]]
print('规范化前：\n',data)
scaler = StandardScaler()    # 创建均值-方差规范化对象scaler
scaler.fit(data)             # 对data进行拟合训练
data=scaler.transform(data)  # 返回规范化后的数据集data
print('规范化后：\n',data)
```

```
规范化前：
 [[2000, -1, 10], [1000, 1, 11], [10, 2, -12]]
规范化后：
 [[ 1.22679121 -1.33630621  0.65947801]
 [-0.00410298  0.26726124  0.75368915]
 [-1.22268823  1.06904497 -1.41316716]]
```

图9-15　均值-方差规范化示例

【知识拓展】

常用的数据规范化方法还有极差规范化，此方法是用每个样本数据减去样本最小值后，再除以样本最大值与样本最小值的差，得到新的规范化数据。规范化后的样本数据取值范围在[0,1]之间。极差规范化的计算公式如下：

$$x_{极差规范化}=\frac{x-\min(x)}{\max(x)-\min(x)}$$

其中，x表示未规范的样本数据，max(x)是样本数据最大值，min(x)是样本数据最小值，$x_{极差规范化}$是规范化后的样本数据。MinMaxScaler是sklearn.preprocessing包中的极差规范化模块，利用此模块可以方便地实现样本数据的标准化。利用MinMaxScaler实现数据规范化的步骤包括：

（1）使用from sklearn.preprocessing import MinMaxScaler命令导入极差规范化模块。

（2）使用MinMaxScaler()方法创建极差规范化对象，如scaler=MinMaxScaler()。

（3）调用scaler的fit()方法，对待处理的数据进行拟合训练，如scaler.fit(data)。

（4）调用scaler的transform()方法，对数据进行标准化处理，将数据缩放到指定的最小值和最大值之间，如scaler.transform(data)。

使用极差规范化进行样本规范化的示例如图9-16所示。

```
# 导入极差规范化模块MinMaxScaler
from sklearn.preprocessing import MinMaxScaler
data = [[2000,-1,10],[1000,1,11],[10,2,-12]]
print('规范化前：\n',data)
scaler = MinMaxScaler()      # 创建极差规范化对象scaler
scaler.fit(data)             # 对data进行拟合训练
data=scaler.transform(data)  # 返回规范化后的数据集data
print('规范化后：\n',data)
```

```
规范化前：
 [[2000, -1, 10], [1000, 1, 11], [10, 2, -12]]
规范化后：
 [[1.         0.         0.95652174]
 [0.49748744 0.66666667 1.        ]
 [0.         1.         0.        ]]
```

图9-16　极差规范化示例

二、3D绘图认知

（一）Matplotlib的三维绘图包mpl_toolkits.mplot3d

mpl_toolkits.mplot3d是Matplotlib库中用于绘制三维图形的工具包，mpl_toolkits.mplot3d提供了一系列的工具和函数，用于在三维空间中绘制诸如三维曲线、三维曲面等图形，还可显示三维坐标轴，旋转、缩放三维图形等。通过使用mpl_toolkits.mplot3d模块，用户可以更方便地创建和展示复杂的三维图形，以便更好地理解和分析数据。

（二）mpl_toolkits.mplot3d的Axes3D类

Axes3D是mpl_toolkits.mplot3d中的一个类。使用Axes3D可以构建一个三维坐标系的绘图区域，用户可在此三维空间中创建三维图形。

3D图形绘制示例

（三）3D图形绘制示例

1.使用Axes3D绘制三维曲面图

Axes3D的plot_surface()函数可以绘制三维曲面图形，示例如图9-17所示。

```
1  import numpy as np    # 导入numpy包
2  from mpl_toolkits.mplot3d import Axes3D  # 导入Axes3D类
3  import matplotlib.pyplot as plt     # 导入matplotlib.pyplot包
4  
5  # 创建图形和三维坐标轴对象
6  fig = plt.figure()  # 创建图形对象fig
7  ax = fig.add_axes([0.1, 0.1, 0.8, 0.8], projection='3d')  # 建立3D坐标轴ax
8  # 生成 x、y 坐标的数据
9  xarr = np.linspace(-5, 5, 100)  # 在-5至5范围内，等间距生成100个数值作为x轴数据
10 yarr = np.linspace(-5, 5, 100)  # 在-5至5范围内，等间距生成100个数值作为y轴数据
11 # 生成 z 坐标的数据
12 x, y = np.meshgrid(xarr, yarr)
13 z = x**2 + y**2  # 根据z=x**2+y**2计算z的值
14 # 绘制三维曲面
15 ax.plot_surface(x, y, z, cmap='viridis')  # cmap='viridis'用于设置颜色映射
16 # 显示图形
17 plt.show()
```

图9-17　Axes3D绘制三维曲面图形示例

前3行代码分别导入相关的包。

第6行和第7行代码首先用plt.figure()创建一个图形对象fig；然后用fig.add_axes([0.1，0.1，0.8，0.8]，projection='3d')在图形对象fig中添加三维坐标轴区域；参数[0.1，0.1，0.8，0.8]中的4个数字分别说明坐标轴区域相对fig图形的左侧、底部、宽度和高度的比例（每个数字必须介于0到1之间）；projection='3d'表示将该坐标轴设置为三维坐标轴。

第9行和第10行代码利用NumPy的linspace()函数分别在-5至5范围内，等间距生成100个数值作为x轴数据和y轴数据。

第12行代码以xarr作为横轴坐标，以yarr作为纵轴坐标，匹配生成形如(x,y)的点的

二维坐标x,y。

第13行代码根据z=x**2+y**2计算z的值。

第15行代码调用三维坐标对象ax的plot_surface()方法，以x、y、z为坐标数据绘制三维曲面图；cmap='viridis'用于设置颜色映射。

运行代码，生成的3D图形如图9-18所示。

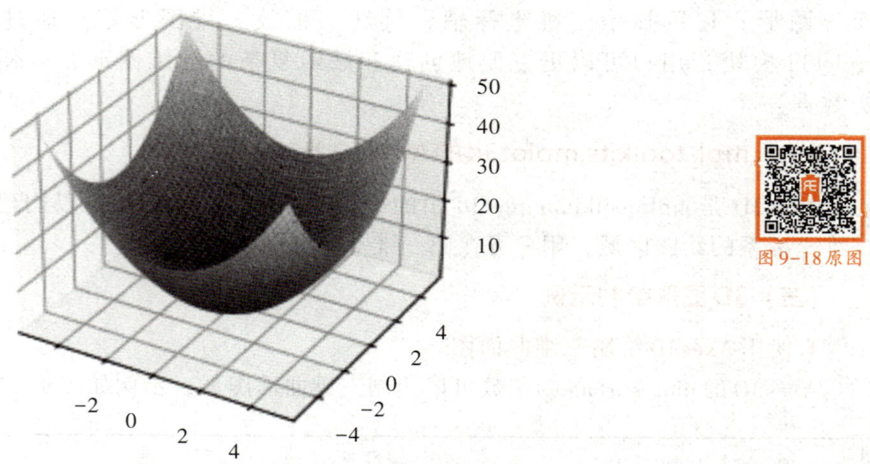

图9-18原图

图9-18 使用Axes3D绘制三维曲面图

2.使用Axes3D绘制三维折线图

Axes3D的plot()函数可以绘制三维折线图形，示例如图9-19所示。

```
1  fig = plt.figure()   # 创建图形对象fig
2  ax = fig.add_axes([0.1, 0.1, 0.8, 0.8],
3                    projection='3d')  # 建立3D坐标轴ax
4
5  # 定义x、y、z数据
6  x = [1,2,3,4,5]; y = [5,3,4,5,6]; z = [3,4,5,2,7]
7
8  # 绘制三维折线图
9  ax.plot(x,y,z,marker='o')
10 plt.show()
```

图9-19 Axes3D绘制三维折线图示例

第1行代码用plt.figure()创建一个图形对象fig；第2行和第3行代码用fig.add_axes([0.1，0.1，0.8，0.8]，projection='3d')在图形对象fig中添加3D坐标轴区域；第6行代码用分号连接起3条Python命令，这3条命令分别定义了x轴、y轴和z轴数据，第9行代码调用三维坐标对象ax的plot()方法，以x、y、z为坐标数据绘制三维折线图，其中参数marker='o'用于设置线条上的数据标记为实心圆点。

运行代码，生成的3D图形如图9-20所示。

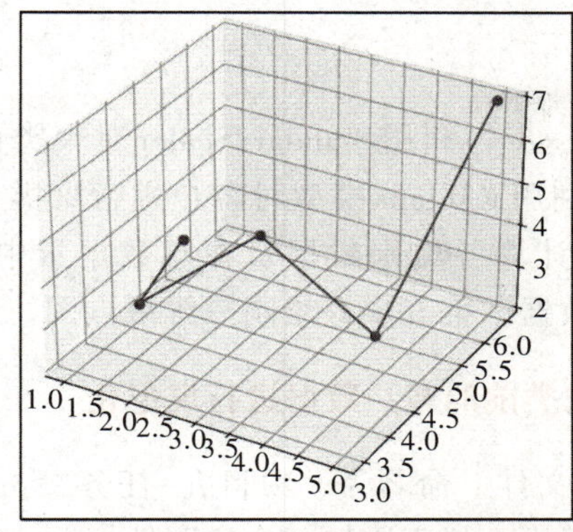

图 9-20　使用 Axes3D 绘制三维折线图

3. 使用 Axes3D 绘制三维散点图

Axes3D 的 scatter( ) 函数可以绘制三维散点图形，示例如图 9-21 所示。

```
1 fig = plt.figure()  # 创建图形对象fig
2 ax = fig.add_axes([0.1, 0.1, 0.8, 0.8],projection='3d')  # 建立3D坐标轴ax
3
4 # 定义x、y、z数据
5 x = np.random.rand(100); y = np.random.rand(100); z = np.random.rand(100)
6 # 绘制三维散点图
7 ax.scatter(x, y, z, c='r')
8 plt.show()
```

图 9-21　Axes3D 绘制三维散点图形示例

第 1 行代码用 plt.figure( ) 创建一个图形对象 fig；第 2 行代码用 fig.add_axes([0.1, 0.1, 0.8, 0.8],projection='3d') 在图形对象 fig 中添加 3D 坐标轴区域；第 5 行代码用分号连接起 3 条 Python 命令，这 3 条命令分别定义了 x 轴、y 轴和 z 轴数据，第 7 行代码调用三维坐标对象 ax 的 scatter ( ) 方法，以 x、y、z 为坐标数据绘制三维散点图，其中参数 c='r' 用于设置散点为红色。

运行代码，生成的 3D 图形如图 9-22 所示。

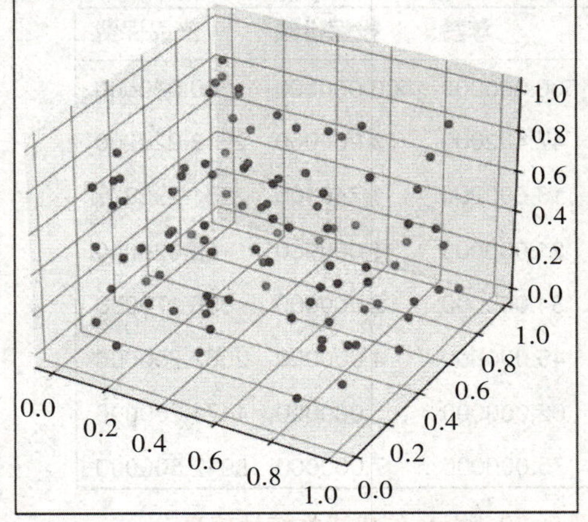

图 9-22 原图

图 9-22　使用 Axes3D 绘制三维散点图

任务实施

本任务包括六大步：第一步，利用StandardScaler对聚类前的客户数据进行规范化；第二步，利用KMeans模型对客户进行聚类，并获取聚类标签与质心；第三步，计算各类别数据量在总数据量中的占比；第四步，准备绘图用的三维数据；第五步，绘制三维散点图。

优化聚类及三维可视化展示聚类结果

一、利用StandardScaler对聚类前的客户数据进行规范化

步骤1：新建一个Python文件，命名为"项目九-任务二.ipynb"。

步骤2：使用Markdown模式为程序添加一个说明性标题，输入下列内容并运行：

```
### 一、规范化数据
```

步骤3：导入所需的Python包。代码如下：

```
import pandas as pd  # 导入pandas
import numpy as np  # 导入numpy
from sklearn.cluster import KMeans  # 导入KMeans
import matplotlib.pyplot as plt          # 导入matplotlib.pyplot
from mpl_toolkits.mplot3d import Axes3D           # 导入Axes3D
from sklearn.preprocessing import StandardScaler  # 导入StandardScaler
```

步骤4：读入Excel文件中的数据，并从数据中提取年龄、投保份额和产品保费等指标的数据。代码如下：

```
df = pd.read_excel('bx.xlsx')  # 读入Excel文件中的数据
data=df[['年龄','投保份额','产品保费']]  # 从df中提取年龄、投保份额和产品保费指标数据
data.describe()  # 查看data的描述性统计信息
```

运行代码，结果如图9-23所示。从中可以看出，3个指标之间的数据差异比较大，若不先对数据进行规范化处理就直接聚类，则会降低聚类的精确度，进而影响决策的精准度。

	年龄	投保份额	产品保费
count	500.000000	500.000000	500.000000
mean	47.432000	3.904000	2913.228200
std	16.000294	1.746105	2351.238877
min	21.000000	1.000000	59.620000
25%	34.000000	2.000000	596.170000
50%	46.000000	4.000000	2682.750000
75%	62.000000	5.000000	4471.250000
max	75.000000	7.000000	8942.500000

图9-23　data的描述性统计信息

步骤5：在聚类前先对数据进行规范化操作。代码如下：

```
scaler = StandardScaler()  # 创建StandardScaler对象scaler
scaler.fit(data)         # 调用fit()拟合data
data = scaler.transform(data)  # 调用transform()对数据进行规范化处理
data  # 显示规范化后的数据
```

运行代码，生成经过均值-方差规范化处理后的新数据data，如图9-24所示。

```
array([[ 1.03651804, -1.09151921, -0.60573732],
       [ 1.6621325 ,  1.20158837, -1.21487703],
       [ 1.59957105,  0.05503458,  0.28258999],
       ...,
       [ 1.72469394, -1.09151921,  2.56686387],
       [-1.09057113, -0.51824231,  1.1709173 ],
       [ 1.16164093,  1.20158837, -0.47883464]])
```

图9-24　规范化后的新数据data

二、利用KMeans模型对客户进行聚类，并获取聚类标签与质心

步骤1：使用Markdown模式添加一个说明性标题，输入下列内容并运行：

```
### 二、利用KMeans模型对客户进行聚类,并获取聚类标签与质心
```

步骤2：按照最优聚类个数对data进行聚类。代码如下：

```
cluster =KMeans(n_clusters=4, init='k-means++', random_state=1,algorithm='elkan')
cluster.fit(data)
```

代码首先创建一个KMeans对象cluster，并按照本项目任务一中得到的最优K值设置聚类个数为4，质心初始化方法为'k-means++'，随机种子为1，算法为'elkan'；接着调用cluster.fit(data)对数据集data进行拟合训练，形成4个簇。

运行代码，输出训练好的KMeans模型：KMeans(algorithm='elkan', n_clusters=4, random_state=1)。

步骤3：通过KMeans对象的centers_属性获取质心的三维坐标（由于聚类的客户数据由年龄、投保份额和产品保费等3个指标构成，每个客户都是一个包含3个特征的数据点，因而质心也是包含3个特征的3维数据）。代码如下：

```
centroids = cluster.cluster_centers_   # 获取聚类结果中所有类别的中心点坐标
centroids
```

代码使用cluster.cluster_centers_获取各聚类中心的坐标。运行代码，结果如图9-25所示。

```
array([[ 1.06164517,  0.6659034 , -0.21920125],
       [-0.04104031, -0.40817315,  1.23792407],
       [-0.11451849, -1.0010018 , -0.71327303],
       [-0.90966428,  0.85762223, -0.27610535]])
```

图9-25　获取质心的三维坐标

步骤4：通过KMeans对象的labels_属性获取样本类别标签。代码如下：

```
labels = cluster.labels_    # 获取聚类结果中每个样本所属的类别标签
labels
```

代码使用cluster.labels_获取每个样本的类别标签。运行代码，输出结果如图9-26所示。

```
array([2, 0, 0, 0, 2, 1, 2, 1, 1, 0, 3, 2, 0, 0, 0, 3, 2, 2, 1, 2, 1, 2,
       3, 3, 1, 2, 3, 0, 1, 1, 0, 2, 1, 1, 0, 2, 3, 0, 2, 0, 0, 1, 1, 2,
       1, 1, 3, 2, 1, 2, 2, 0, 0, 2, 0, 2, 3, 1, 2, 0, 2, 0, 2, 3, 1, 1,
       0, 0, 1, 3, 2, 2, 3, 0, 0, 1, 3, 1, 2, 0, 3, 0, 0, 0, 3, 1, 1, 0,
       0, 2, 3, 0, 3, 3, 3, 1, 1, 1, 3, 3, 1, 3, 2, 3, 1, 0, 0, 1, 1, 3,
       2, 3, 0, 3, 2, 0, 2, 3, 2, 3, 1, 2, 3, 1, 1, 3, 0, 2, 3, 0, 1, 2,
       1, 0, 3, 0, 1, 1, 2, 3, 3, 2, 1, 2, 0, 3, 2, 2, 3, 0, 1, 1, 2, 3,
       2, 3, 2, 1, 1, 3, 1, 2, 0, 3, 2, 3, 1, 1, 2, 0, 1, 2, 1, 0, 0, 2,
       2, 0, 1, 2, 3, 0, 1, 3, 0, 2, 2, 0, 0, 2, 2, 0, 1, 1, 3, 0, 1, 2,
       1, 1, 1, 3, 3, 2, 1, 1, 2, 3, 3, 3, 3, 2, 2, 0, 0, 1, 2, 3, 1, 2,
       0, 3, 1, 2, 2, 3, 2, 3, 3, 1, 1, 1, 0, 2, 2, 3, 2, 0, 1, 3, 1, 3,
       3, 0, 2, 1, 3, 0, 1, 2, 0, 2, 3, 0, 0, 2, 2, 2, 1, 2, 1, 1, 1, 2,
       0, 2, 2, 3, 0, 2, 0, 0, 0, 2, 0, 2, 0, 3, 3, 1, 3, 3, 1, 3, 0, 2,
       2, 2, 1, 3, 3, 2, 0, 0, 1, 1, 1, 3, 1, 2, 0, 2, 0, 3, 3, 1, 1, 0,
       0, 0, 0, 2, 2, 2, 0, 0, 3, 2, 3, 2, 2, 0, 0, 3, 1, 0, 1, 3, 3, 3,
       0, 0, 0, 1, 0, 1, 3, 2, 1, 0, 3, 2, 1, 1, 0, 3, 0, 1, 1, 1, 2, 0,
       2, 2, 2, 0, 0, 0, 3, 2, 3, 0, 2, 1, 3, 1, 3, 0, 2, 1, 2, 2, 3, 3,
       2, 3, 2, 0, 1, 2, 0, 2, 2, 1, 0, 1, 1, 3, 1, 0, 3, 1, 1, 0, 3, 0,
       1, 3, 0, 1, 0, 3, 1, 2, 3, 2, 3, 3, 1, 1, 2, 3, 1, 2, 2, 3, 2, 3,
       1, 3, 2, 0, 2, 2, 1, 1, 1, 3, 0, 0, 3, 2, 1, 2, 1, 1, 0, 1, 0, 2,
       3, 2, 3, 0, 0, 1, 0, 3, 2, 2, 1, 0, 0, 3, 0, 3, 3, 1, 2, 1, 3, 3,
       3, 0, 3, 2, 2, 3, 3, 2, 1, 3, 1, 2, 3, 2, 2, 3, 0, 1, 0, 1, 2, 3,
       2, 1, 3, 3, 3, 0, 0, 2, 0, 2, 0, 0, 2, 1, 1, 0])
```

图9-26 获取每个样本的类别标签

步骤5：将聚类结果中每个样本的类别标签添加到df的'label'列中。代码如下：

```
df['label'] = labels  # 将聚类结果中每个样本的类别标签添加到df的'label'列中
df  # 查看df
```

运行代码，输出结果如图9-27所示。

	用户ID	性别	年龄	年收入	产品保费	产品保额	投保份额	label
0	1	男	64	176971	1490.42	250000	2	2
1	2	男	74	179019	59.62	10000	6	0
2	3	男	73	57287	3577.00	600000	4	0
3	4	男	73	107837	298.08	50000	6	0
4	5	女	29	194726	2384.67	400000	3	2
...	...	...	...	...	...	...	...	...
495	496	男	72	66602	5663.58	950000	4	0
496	497	男	27	155041	298.08	50000	2	2
497	498	女	75	307162	8942.50	1500000	2	1
498	499	男	30	72829	5663.58	950000	3	1
499	500	女	66	206359	1788.50	300000	6	0

500 rows × 8 columns

图9-27 在df中添加类别标签

步骤6：保存df数据到Excel文件result.xlsx中。代码如下：

```
df.to_excel('result.xlsx',index=False) # 保存df数据到Excel文件result.xlsx中
```

代码中，参数index=False表示不要将df的index保存到文件中。运行代码后，在当前程序文件夹下找到result.xlsx文件，打开文件，查看数据，结果如图9-28所示。

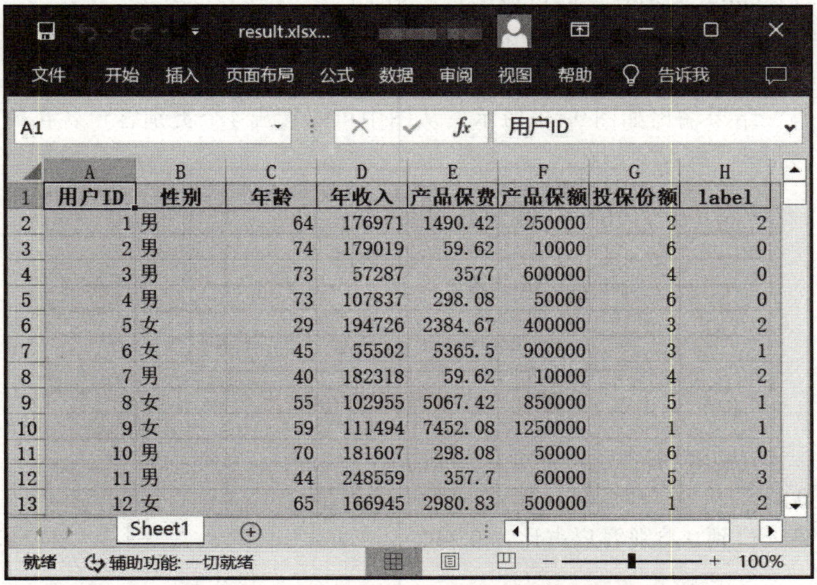

	A	B	C	D	E	F	G	H
1	用户ID	性别	年龄	年收入	产品保费	产品保额	投保份额	label
2	1	男	64	176971	1490.42	250000	2	2
3	2	男	74	179019	59.62	10000	6	0
4	3	男	73	57287	3577	600000	4	0
5	4	男	73	107837	298.08	50000	6	0
6	5	女	29	194726	2384.67	400000	3	2
7	6	女	45	55502	5365.5	900000	3	1
8	7	男	40	182318	59.62	10000	4	2
9	8	女	55	102955	5067.42	850000	5	1
10	9	女	59	111494	7452.08	1250000	1	1
11	10	男	70	181607	298.08	50000	6	0
12	11	男	44	248559	357.7	60000	5	3
13	12	女	65	166945	2980.83	500000	1	2

图9-28　result.xlsx文件中的数据

三、计算各类别数据量在总数据量中的占比

步骤1：使用Markdown模式添加一个说明性标题，输入下列内容并运行：

```
### 三、计算各类别数据量在总数据量中的占比
```

步骤2：计算每个类别的数据量占总数据量的比例，以便更好地针对不同客户群体设计营销策略。为降低难度，下面分5小步来讲解。

步骤2.1：将"用户ID"按所属label分组，并统计各组客户数量。代码如下：

```
# 将用户ID按所属label分组,并统计各组客户数量
count_group=df['用户ID']. groupby(by=df['label']).count()
count_group   # 输出各组客户数量
```

运行代码，结果输出如图9-29所示，从图中可以看出4个类别分别所包含的客户数量。

```
label
0      122
1      125
2      133
3      120
Name: 用户ID, dtype: int64
```

图9-29　统计各组客户数量

步骤2.2：基于“用户ID”列统计全部客户数量。代码如下：

```
total_count=df['用户ID']. count()
total_count #输出全部客户数量
```

运行代码，得到总客户人数为500。

步骤2.3：计算各类别客户的占比。代码如下：

```
proportion=count_group/total_count
proportion #输出各类别客户的占比
```

运行代码，结果输出如图9-30所示，从图中可以看出4个类别客户各自的占比。

```
label
0    0.244
1    0.250
2    0.266
3    0.240
Name: 用户ID, dtype: float64
```

图9-30　各类别客户的占比

步骤2.4：输出0类别客户占比。代码如下：

```
proportion[0]
```

运行代码，得到0类别客户占比为0.244。

【思考】

如何输出其他类别客户的占比？

步骤2.5：输出各类别客户数量的百分比占比。代码如下：

```
print(f'类别0占比{proportion[0]*100}%,类别1占比{ proportion[1]*100}%,\
类别2占比{proportion[2]*100}%,类别3占比{proportion[3]*100}%')
```

注意，代码中使用了\符号将一行代码分写成两行代码。当Python代码过长时，可以使用\来实现代码换行，但\符号右面不能再有任何其他符号。

运行代码，结果输出如图9-31所示，从图中可以看出4个类别客户各自的百分比占比。

```
类别0占比24.4%,类别1占比25.0%,类别2占比26.6%,类别3占比24.0%
```

图9-31　各类别客户的占比

四、准备绘图用的三维数据

步骤1：使用Markdown模式为程序添加一个说明性标题，输入下列内容并运行：

```
### 四、准备绘图用的三维数据
```

步骤2：设置绘制参数，使得图形中的中文能够正常显示。代码如下：

```
plt.rcParams['font.sans-serif']=['Microsoft YaHei']   #用微软雅黑字体显示中文
```

运行代码，完成设置。

步骤3：读入带类别标签的客户数据。代码如下：

```
df = pd.read_excel('result.xlsx')  # 读入带类别标签的客户数据
df.head()
```

运行代码，结果输出如图9-32所示。

	用户ID	性别	年龄	年收入	产品保费	产品保额	投保份额	label
0	1	男	64	176971	1490.42	250000	2	2
1	2	男	74	179019	59.62	10000	6	0
2	3	男	73	57287	3577.00	600000	4	0
3	4	男	73	107837	298.08	50000	6	0
4	5	女	29	194726	2384.67	400000	3	2

图9-32　读入带类别标签的客户数据

步骤4：从df中分别提取年龄、投保份额和产品保费数据，作为绘图用的x、y、z三维数据。输入以下代码并运行：

```
x = df['年龄']
y = df['投保份额']
z = df['产品保费']
```

五、绘制三维散点图

步骤1：使用Markdown模式为程序添加一个说明性标题，输入下列内容并运行：

```
### 五、绘制三维散点图
```

步骤2：绘制三维散点图。代码如下：

```
# 创建图形和三维坐标轴对象
fig = plt.figure(dpi=100) # 创建图形对象 fig
ax = fig.add_axes([0.1, 0.1, 0.8, 0.8], projection='3d') # 建立3D坐标轴 ax
sc = ax.scatter(x, y, z, c=df['label'], s=60)  # 绘制三维散点图
ax.view_init(elev=30,azim=30) # 3D图形的视图参数
# 添加坐标轴,顺序为z,y,x
ax.set_zlabel(str(z.name),fontdict={'size':10,'color':'red'})
ax.set_ylabel(str(y.name),fontdict={'size':10,'color':'red'})
ax.set_xlabel(str(x.name),fontdict={'size':10,'color':'red'})
plt.legend(*sc.legend_elements()) # 获取图例元素并显示图例
plt.show()
```

代码先用plt.figure(dpi=100)创建一个分辨率为100的图形对象fig；接着建立3D坐标轴ax；再调用ax.scatter(x, y, z, c=df['label'], s=60)绘制三维散点图，并生成三维散点图对象sc，其中参数s=60表示数据点的大小为60像素，c = df['label']表示按照标签给各类别的数据点上色。

ax.view_init()方法用于设置3D图形的视角参数：elev为视角升降参数、azim为z轴旋

转参数（更多示例参见【知识拓展】）。

函数 ax.set_zlabel()、ax.set_ylabel()和 ax.set_xlabel()分别用于在图形中添加 z、y 和 x 坐标轴标签，同时设置了各坐标轴标签的字体大小和字体颜色。

plt.legend()用于在图形中添加图例，参数 sc.legend_elements()是 matplotlib 库中的一个函数，用于获取图例元素。

运行代码，得到如图 9-33 所示的三维聚类效果图。

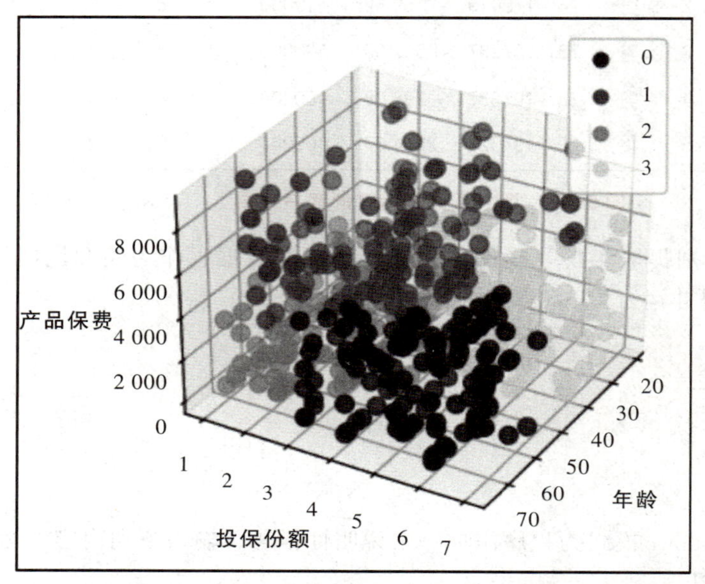

图 9-33　视角为（elev=30，azim=30）的聚类图

图 9-33 原图

从图中可以直观地感受到不同年龄、不同产品保费额度的客户，其投保份额是不同的，因为 4 个簇分别显示在三维视图上下、左右、前后的不同空间。基于此图形，安心保保险公司可以尝试针对不同类别的客户采用对应的精准营销策略。例如，针对绿色标记、类别为 2 的客户，由于此群体的产品保费高于 5 000 元，同时投保份额并不高，因而可以有针对性地开展二次营销或多次营销；针对保费低于 5 000 元的客户，又可以细分为投保份额较低的客户（蓝色标记、类别为 1）和投保份额较高的客户（紫色标记、类别为 0），针对这两种客户就可以进行差异化营销：对标签为 1 的客户不需过多开展多次营销，而对标签为 0 的客户可以开展其他保险产品的营销；而黄色标记、标签为 3 的客户很明显地属于投保份额较高的群体，针对此部分客户又可以制定其他精准营销策略。

◎提示

需要注意的是，针对三维数据 x、y 和 z 作图时，x、y 和 z 应具有相同长度，也就是 x、y 和 z 应具有相同的元素个数。

【知识拓展】

三维空间视图的视角不同，呈现在二维平面上的图像也不同。可以用 Matplotlib 中 3D 图形绘制的 ax.view_init(elev，azim)设置视角参数，实现多角度的聚类效果观测。此函数中，参数 elev 为视角升降参数，参数 azim 为 z 轴旋转参数。

图 9-34 所示的为调整 ax.view_init 的视角升降参数 elev=10 和 z 轴旋转参数 azim=0 的聚类效果

(ax.view_init(elev=10, azim=0))。图9-35所示的为调整ax.view_init的视角升降参数elev=5和z轴旋转参数azim=90的聚类效果(ax.view_init(elev=5, azim=90))。

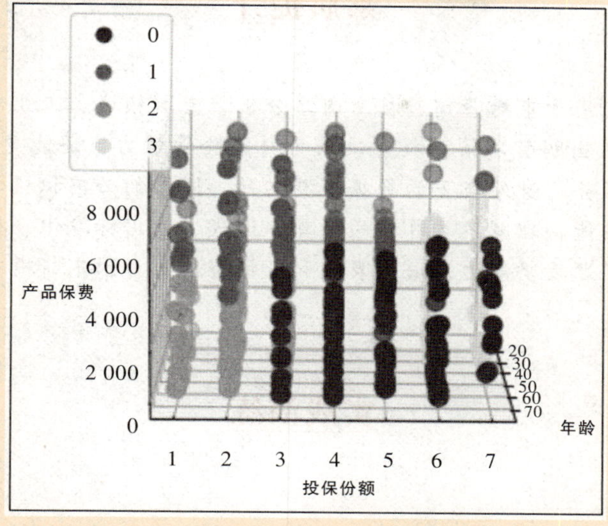

图9-34　视角为(elev=10,azim=0)的聚类图

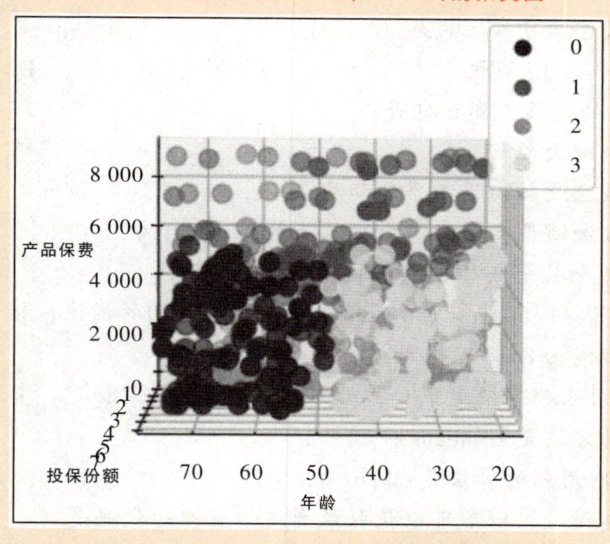

图9-35　视角为(elev=5,azim=90)的聚类图

项目小结

聚类算法是最常用的无监督学习算法之一，该算法能在样本标签未知时，实现样本数据的细分。本项目以安心保保险公司的保险客户聚类分析为例，详细讲解了KMeans算法聚类过程、聚类前的数据预处理、基于训练好的聚类模型进行未知样本数据的类别标记，以及采用Matplotlib的3D绘图绘制聚类图等知识和技术，为应用Python实现聚类分析、引导读者未来学习Python机器学习技术铺好了通路。

素质提升

聚类分析广泛应用于市场营销、社交网络分析、金融领域、工业制造等方面，助力人们洞察数据关联，做出明智决策，提升决策力与风险管控力，还能更好地满足客户需求，提供个性化产品与服务。身处当下的数据浪潮之巅，同学们必应积极学习与运用聚类算法等数据分析知识和技能，理解聚类算法的计算、迭代、数据标准化、模型搭建和视图展现过程，锻炼逻辑和问题攻坚能力，培养表达和数据解读能力，不断提升自我素养、专业能力和个人竞争力。

实战演练

一、单项选择题

1. 以下属于无监督学习算法的是（　　）。

A. 神经网络　　B. 随机森林　　C. 均值聚类　　D. 线性回归

2. 关于聚类个数的选择，错误的是（　　）。

A. 最优聚类个数越大越好

B. 最优聚类个数应使簇内误差平方和尽量小

C. 簇内误差平方和随聚类个数的增加呈下降趋势

D. 找到最优聚类个数是成功应用KMeans算法的前提

3. 下面关于聚类代码cluster = KMeans(random_state=1)的描述，错误的是（　　）。

A. 生成的簇的数量为8

B. random_state用来确定聚类中心初始化的随机数生成

C. 质心初始化的方法是k-means++

D. KMeans聚类所用到的算法是elkan

4. KMeans函数建模后，以下可以获取聚类质心坐标的代码是（　　）。

A. centroids = cluster.cluster_centers_　　B. labels = cluster.labels_

C. centroids = cluster.cluster_centers　　D. labels = cluster.labels

5. 若要设置三维坐标轴ax，则填空处的程序代码应该是（　　）。

```
fig = plt.figure()
ax = (填空处)
```

A. Axes3D()

B. fig.add_axes([0.1, 0.1, 0.8, 0.8], projection='3d')

C. fig.add_subplot(2,2,1)

D. fig.add_axes([0.1, 0.1, 0.8, 0.8])

二、实操题

make_blobs 是 sklearn 包的聚类数据生成器，常被用来生成聚类算法的测试数据。make_blobs 能根据指定的特征数量、中心点数量、范围等生成若干类数据，这些数据可用于测试聚类算法的效果。

```
from sklearn.datasets import make_blobs
x,y = make_blobs(n_samples=500,n_features=2,centers=4,random_state=1)
```

按上述代码生成的测试数据如图 9-36 所示。请以 4 为聚类个数，对这些数据进行聚类分析，并查看样本标签和质心坐标。

```
from sklearn.datasets import make_blobs
import matplotlib.pyplot as plt

x, y = make_blobs(n_samples=500, n_features=2, centers=4, random_state=1)
x
```

```
array([[-6.92324165e+00, -1.06695320e+01],
       [-8.63062033e+00, -7.13940564e+00],
       [-9.63048069e+00, -2.72044935e+00],
       [-2.30647659e+00,  5.30797676e+00],
       [-7.57005366e+00, -3.01446491e+00],
       [-1.00051011e+00,  2.77905153e+00],
       [-4.81826839e+00, -2.77214822e+00],
       [-5.33964799e+00, -1.27625764e+00],
       [-7.94308840e+00, -3.89993901e+00],
       [-5.54924525e+00, -3.41298968e+00],
       [-5.14508990e+00, -9.54492198e+00],
       [-7.09669936e+00, -8.04074036e+00],
       [-5.82641512e+00, -1.96346196e+00],
       [-1.83198811e+00,  3.52863145e+00],
       [-7.34267235e+00, -3.16546482e+00],
       [-7.34072825e+00, -6.92427252e+00],
       [-7.94653906e+00, -3.36768655e+00],
       [-8.24598536e+00, -8.61315821e+00],
       [-1.98197711e+00,  4.02243551e+00],
```

```
x.shape
```

```
(500, 2)
```

图 9-36　聚类算法测试数据

主要参考文献

[1] 黄红梅，张良均．Python数据分析与应用［M］．北京：人民邮电出版社，2018.

[2] 李刚．疯狂Python讲义［M］．北京：电子工业出版社，2019.

[3] 乔冰琴，王建虹．大数据技术在财务中的应用（Python版）［M］．上海：同济大学出版社，2023.

[4] 高翠莲，乔冰琴，王建虹．财务大数据基础［M］．北京：高等教育出版社，2021.

[5] MCKINNEY W．利用Python进行数据分析［M］．陈松，译．3版．北京：机械工业出版社，2023.

[6] 黑马程序员．Python数据分析与应用：从数据获取到可视化［M］．2版．北京：中国铁道出版社，2024.